本丛书由澳门基金会策划并资助出版

澳门特别行政区法律丛书

澳门特别行政区法律丛书

澳门证据法

Macau Evidence Law

赵琳琳 / 著

社会科学文献出版社
SOCIAL SCIENCES ACADEMIC PRESS (CHINA)

澳門基金會
FUNDAÇÃO MACAU

总　序

自 1995 年澳门基金会开始编辑出版第一套"澳门法律丛书"至今，整整 17 年过去了。在历史的长河中，17 年或许只是短暂一瞬，但对澳门来说，这 17 年却具有非同凡响的时代意义：它不仅跨越了两个世纪，更重要的是，它开创了"一国两制"的新纪元，首创性地成功实践了"澳人治澳、高度自治"的政治理念。如果说，17 年前我们编辑出版"澳门法律丛书"还仅仅是澳门历史上首次用中文对澳门法律作初步研究的尝试，以配合过渡期澳门法律本地化政策的开展，那么，17 年后我们再组织编写这套更为详细、更有深度的"澳门特别行政区法律丛书"，便是完全受回归后当家作主的使命感所驱使，旨在让广大澳门居民更全面、更准确、更深刻地认识和了解澳门法律，以适应澳门法律改革的需要。

目前，在澳门实行的法律包括三个部分，即《澳门基本法》、被保留下来的澳门原有法律和澳门特别行政区立法机关新制定的法律；其中，《澳门基本法》在整个澳门本地法律体系中具有宪制性法律的地位，而被保留下来的以《刑法典》、《民法典》、《刑事诉讼法典》、《民事诉讼法典》和《商法典》为核心的澳门原有法律，则继续作为澳门现行法律中最主要的组成部分。正因为如此，澳门回归后虽然在政治和经济领域发生了巨大的变化，但法律领域相对来说变化不大。这种法制现状一方面表明澳门法律就其特征而言，仍然保留了回归前受葡萄牙法律影响而形成的大陆法系成文法特色；另一方面也表明澳门法律就其内容而言，"老化"程度比较明显，不少原有法律已经跟不上澳门社会发展的步伐。近几年来，澳门居民要求切实加强法律改革措施的呼声之所以越来越强烈，其道理就在于此。从这一意义上说，组织编写"澳门特别行政区法律丛书"，既是为了向澳门地区内外的广大中文读者介绍澳门特别行政区的法律，同时也是为了对澳门法律作更系统、更深入的研究，并通过对澳门法律的全面梳理，激浊扬清，承前启后，以此来推动澳门法律改革的深化与发展。

与回归前出版的"澳门法律丛书"相比，"澳门特别行政区法律丛书"除了具有特殊的政治意义之外，其本身还折射出很多亮点，尤其是在作者阵容、选题范围与内容涵盖方面，更具特色。

在作者阵容方面，"澳门特别行政区法律丛书"最显著的特点就是所有的作者都是本地的法律专家、学者及法律实务工作者，其中尤以本地的中青年法律人才为主。众所周知，由于历史的原因，澳门本地法律人才的培养起步很晚，可以说，在1992年之前，澳门基本上还没有本地华人法律人才。今天，这一状况得到了极大的改善，由澳门居民组成的本地法律人才队伍已经初步形成并不断扩大，其中多数本地法律人才为澳门本地大学法学院自己培养的毕业生：他们年轻，却充满朝气，求知欲旺盛；他们初出茅庐，却敢于思索，敢于挑起时代的重任。正是有了这样一支本地法律人才队伍，"澳门特别行政区法律丛书"的编辑出版才会今非昔比。特别应当指出的是，参与撰写本套法律丛书的作者分别来自不同的工作部门，他们有的是大学教师，有的是法官或检察官，有的是政府法律顾问，有的是律师；无论是来自哪一个工作部门，这些作者都对其负责介绍和研究的法律领域具有全面、深刻的认识，通过长期的法律教学或法律实务工作经验的积累，通过自身孜孜不倦的钻研和探索，他们在相应部门法领域中的专业水平得到了公认。毋庸置疑，作者阵容的本地化和专业性，不仅充分展示了十多年来澳门本地法律人才的崛起与成熟，而且也使本套法律丛书的权威性得到了切实的保证。

在选题范围方面，"澳门特别行政区法律丛书"最显著的特点就是范围广、分工细。如上所述，澳门法律具有典型的大陆法系成文法特色，各种社会管理活动都必须以法律为依据；然而，由于澳门是一个享有高度自治权的特别行政区，除少数涉及国家主权且列于《澳门基本法》附件三的全国性法律之外，其他的全国性法律并不在澳门生效和实施；因此，在法律领域，用"麻雀虽小，五脏俱全"来形容澳门法律再合适不过了。正是考虑到澳门法律的全面性和多样性，我们在组织编写"澳门特别行政区法律丛书"时，采用了比较规范的法律分类法，将所有的法律分为两大类：第一类为重要的部门法领域，包括基本法、刑法、民法、商法、行政法、各种诉讼法、国际公法与私法、法制史等理论界一致公认的部门法；第二类为特定的法律制度，包括与选举、教育、税务、金融、博彩、劳资关系、居留权、个人身份资料保护、环境保护等社会管理制度直接相关的各种专项法律。按此分类，本套法律丛书共计 34 本（且不排除增加的可能性），将分批出版，其规模之大、选题之全、分类之细、论述之新，实为澳门开埠以来之首创。由此可见，本套法律丛书的出版，必将为世人认识和研究澳门法律，提供一个最权威、最丰富、最完整的资料平台。

在内容涵盖方面，"澳门特别行政区法律丛书"最显著的特点就是既有具体法律条款的解释与介绍，又有作者从理论研究的角度出发所作的评析与批判。在大陆法系国家或地区，法律本身与法学理论是息息相关、不可分割的，法学理论不仅催生了各种法律，而且也是推动法律不断完善、不断发展的源泉。澳门法律同样如此，它所赖以生存的理论基础正是来自大陆法系的各种学说和理念，一言以蔽之，要真正懂得并了解澳门法律，就必须全面掌握大陆法系的法学理论。遗憾的是，受制于种种原因，法学理论研究长期以来在澳门受到了不应有的"冷落"；法学理论研究的匮乏，客观上成为澳门法律改革步履维艰、进展缓慢的重要原因之一。基于此，为了营造一个百家争鸣、百花齐放的法学理论研究氛围，进一步深化对澳门法律的认识和研究，提升本套法律丛书的学术价值，我们鼓励每一位作者在介绍、解释现行法律条款的同时，加强理论探索，大胆提出质疑，将大陆法系的法学理论融入对法律条款的解释之中。可以预见，在本套法律丛书的带动下，澳门的法学理论研究一定会逐步得到重视，而由此取得的各种理论研究成果，一定会生生不息，成为推动澳门法律改革发展的强大动力。

编辑出版"澳门特别行政区法律丛书"无疑也是时代赋予我们的重任。在《澳门基本法》所确立的"一国两制"框架下，澳门法律虽是中国法律的一个组成部分，但又具有相对的独立性，从而在中国境内形成了一个独特的大陆法系法域。我们希望本套法律丛书在中国内地的出版，可以让所有的中国内地居民都能更深刻、更全面地了解澳门、熟悉澳门，因为澳门也是祖国大家庭中的一个成员；我们也希望通过本套法律丛书在中国内地的出版，为澳门和中国内地法律界之间的交流架起一道更宽阔、更紧密的桥梁，因为只有沟通，才能在法律领域真正做到相互尊重、相互理解、相互支持。

编辑出版"澳门特别行政区法律丛书"显然还是一项浩瀚的文字工程。值此丛书出版之际，我们谨对社会科学文献出版社为此付出的艰辛努力和劳动，表示最诚挚的谢意。

澳门特别行政区法律丛书

编委会

2012 年 3 月

前　言

　　在诉讼活动中，认定案件事实离不开证据，但是由于历史文化、司法制度、诉讼程序等方面的差异，英美法系和大陆法系的证据法律制度也存在较大不同。英美法系国家和地区一般制定了专门的证据法，大陆法系国家和地区则普遍没有独立的证据法，相关证据制度通常分散在各个诉讼法中。澳门深受欧洲大陆法系的影响，一直也没有独立的证据法，有关证据制度散见于《刑事诉讼法典》《民事诉讼法典》《行政诉讼法典》《民法典》《公证法典》以及特别刑法等法律规范中。虽然大陆法系没有独立的证据法，但这并不能说明证据制度不重要，在司法审判中，证据的认定往往直接影响法官的裁判结果。放眼世界，大陆法系和英美法系的差别正在日益缩小，彼此都在互相学习和借鉴对方制度中的优点和经验。在对抗制和当事人主义诉讼模式的背景下，英美法系的证据法起步很早，其独特的证据制度彰显了诉讼证明规律，具有一定的科学性，尤其是鉴于陪审团参与审判的特殊性，证据规则在司法实践中发挥了极大的作用，对其他法域也产生了深远的影响。

　　目前法学理论界尚未对澳门证据制度进行统一梳理和系统研究，但证据在诉讼、仲裁、公证等活动中的重要作用毋庸置疑。为了推进澳门证据

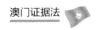

理论的深入研究，并完善相关立法，以便更好地在实践中理解和运用证据，笔者尝试对澳门证据制度作出全面分析，包括刑事证据制度、民事证据制度和行政证据制度等。在研究路径上，以证据法学理论为基础，从分析澳门现行立法中的证据规定着手，结合澳门三级法院裁判文书中有关证据的认定和评价，再对比其他法域的证据制度、证明实践以及最新发展进行总结，以检视澳门现行证据制度的得失，进一步完善澳门的证据制度及证明活动。

澳门法律制度的发展不能脱离世界发展潮流，随着社会的飞速发展，尤其是互联网技术的显著进步，法律制度包括证据制度必然也会受到很深的影响。当今世界的诉讼程序逐步体现出数据化、智能化的特点，而证据作为诉讼的必要手段，相关制度亦不能停滞不前。目前，澳门只是在公共地方录像监控、打击电脑犯罪、通讯截取等方面作出了及时回应，其他方面还需要进一步跟进。无论从澳门自身发展还是从加强区域合作来说，法律都需要与时俱进。如今，中国司法机关的智能化改革如火如荼，最高人民法院、最高人民检察院、公安部、司法部等陆续出台了有关电子数据、区块链证据等方面的司法解释，实现了现代科技的证据化应用，不仅大大便利了诉讼参与人，也便利了办案机关。澳门的法律改革需要迎头赶上。尤其是证据法学已进入电子证据时代，澳门在审判实践中亦出现了大量电子证据，而立法尚未作出适时调整，这方面还主要取决于法官的自由心证。然而，电子证据的收集、审查、固定、保全及审查判断，均具有很强的专业性，需要纳入立法进行统一规范。

除了学习域外的最新经验，澳门亦需检讨现有的证据制度。毕竟，有些内容照搬自葡萄牙，有些内容是澳门回归以前规定的，与当下澳门社会的实际发展情况并不相称，应及时作出修正。例如，证据方法的规定可适当优化；取得证据的方法需要增加；应结合社会发展的新变化适当调整法庭调查方式；等等。也就是说，澳门证据制度应当在保留自身原有特色的基础上，检视和完善已有制度中不合时宜的规定，吸取社会发展的最新成果，以便为法官查明案件事实奠定更好的制度基础，也为保障诉讼参与人的合法权益、提高诉讼效率提供有力支持。

总而言之，本书的写作在一定程度上有利于填补澳门法学研究的相关空白领域，便于对澳门证据制度感兴趣的人士学习和研究，有利于促进与其他地区相关领域的学术交流与合作，也有利于总结澳门在证据立法和司法实践中的经验和教训，指导未来的修法和实践活动。全书分为三编，分别为总论、证据论和证明论。每一部分兼顾刑事、民事和行政三个领域，结合证据法的理论，分析澳门相关立法和实践。不过，由于此课题的研究难度很大，资料也比较匮乏，涉及面又广，加之笔者能力有限，书中难免有不尽如人意之处，希望可以抛砖引玉，促进相关领域的学术研究与沟通交流。

目　录

第一编 **总论**

无论在日常生活中，还是在法律领域里，证据的重要性都不言而喻。法律程序或司法裁判通常涉及认定事实和适用法律两种不同的思维判断。一般而言，法学院学生、法律工作者在入学或入行之后就开始学习钻研法律专业知识和技能，以便正确理解和运用法律；相比之下，认定事实所需的专业技巧却没有获得应有的重视。因此，证据法学比其他法律学科发展得缓慢，这和证据的重要性是不匹配的。古今中外的司法实践已充分证明，实现司法公正和提高诉讼效率均离不开证据和证明作用的发挥。如果没有证据，民事当事人就难以证明自己的主张，检察官则无法指控犯罪，法官也无从查明案件真相，因此，必须充分重视证据法的研究和学习。

第一章
概述

法治的价值在于准确的事实认定，否则，权利义务都将失去意义。[①]"事实审理者没有重新见到过去发生的事的能力。"[②] 已经过去的事实难以完整再现，只能借助于证据去了解已经发生的事实，因此，证据的意义主要在于发现案件事实真相，为正确适用法律奠定坚实的事实基础。证据法能够成为独立学科，就是在于其具有独立的研究对象和研究方法，凝聚了人类发现、收集、审查和运用证据的经验和规律。事实上，人类社会的纠纷解决史、诉讼制度史或司法制度史都包含了证据制度的发展史。

第一节　证据法的性质

证据法是规范证据的收集、运用、采信的一系列规范的总和。英美学

---

① 〔美〕罗纳德·J. 艾伦：《证据法革新的框架》，汪诸豪、李吟译，《证据科学》2013 年第 5 期，第 626 页。

② 沈达明编著《英美证据法》，中信出版社，1996，第 3 页。

者认为陪审制、宣誓和对抗制诉讼程序是促成证据法发展的三大因素。[①] 证据法在英美法系更为发达，的确和陪审制有很大关系。毕竟，陪审员是法律的门外汉，没有经过法律专业知识的学习，缺乏法律职业的训练。面对复杂的诉讼证据和庭审情况，必须用一套完善的证据规则来引导陪审员作出准确的判断。因此，"证据法仍然只是大陆法系的一个次要方面，普通法系国家却拥有更为复杂的证据法学"。[②] 虽然证据法在两大法系中的地位有所差别，但是其重要性和独特性都无法被抹杀。关于证据法的性质，学界存在一定争议。大多认为证据法属于诉讼法、程序法的范畴，也有人认为证据法是实体法，还有人认为证据法兼具实体法和程序法的双重性质。

一 证据法是程序法

证据法是发现案件事实真相的法则。已发生的事实不能在法庭上重现，利害关系人又试图加以掩饰，在此情况下，为了获知真相，审判者只有以证据法则为准绳。因此，证据法是诉讼法的一部分，规定了关于证据的一切法则。[③] 一些法律制度把证据法视为诉讼法的一部分，从某种意义上说，这是一个不值得争论的问题。[④] 从立法方式来看，大陆法系中有些国家或地区的证据制度也主要来自诉讼法的规定，例如，中国的证据制度主要体现在三大诉讼法及相关司法解释中。

二 证据法是实体法

英国法学家亚纳曾言："证据法是研究事物真伪的实体法，它应该同规定权利义务的实体法以及标明诉讼手续的程序法鼎足而立。"[⑤] 证据问题本质上属于实体法问题，所有实体法上的构成要件事实都包含证据问题，缺乏证据证明的事实无法被采纳，除非当事人没有争议，只不过诉讼

---

① 徐昕：《英国民事诉讼与民事司法改革》，中国政法大学出版社，2002，第222页。
② 〔美〕约翰·J. 凯博思奇：《证据法典化、统一立法与分别立法》，封利强译，《证据科学》2008年第2期，第231页。
③ 周荣编著《证据法要论》，商务印书馆，1936，第2页。
④ 〔美〕罗纳德·艾伦：《证据法、诉讼法和实体法的关系》，张保生等译，《证据科学》2010年第6期，第761页。
⑤ 王昌学：《证据与断案》，新疆大学出版社，1988，第4页。

法上的证据问题显得更突出而已。由于证据方法往往涉及实体权利义务的内涵，故对证据方法加以限制，应属法律保留的范畴。① 有些国家和地区在自己的民法典中规定了若干证据法则，尤其是举证责任的分配问题。例如，《法国民法典》贯彻了一个思想：证明责任分配问题不是简单的技术性规定，而是实体法上对权利义务关系和当事人的利益分配，应当在实体法中规定。②

三　证据法既是实体法又是程序法

就澳门法律来看，实体法和程序法中均有证据制度的规定。例如，澳门《刑事诉讼法典》第三卷"证据"，共分三编，包括一般规定、证据方法和取得证据之方法，自第 111 条至第 175 条，总共 65 个条文；澳门《民事诉讼法典》第三卷"普通宣告诉讼程序"中也有书证、陈述证据、鉴定证据和人证等规定；澳门《民法典》第四分编第三章也是"证据"。可见，澳门证据法具有双重属性，在实体法和程序法中都有关于证据的专门章节。

四　证据法是裁判法

作为澳大利亚《1995 年证据法》的起草者，澳大利亚法律改革委员会将"证据法归类为裁判法的一部分"。裁判法是指法庭裁判规则，包含大量的证明力规则和证据采信规则，与实体法、程序法有很大不同。澳大利亚联邦证据法的立法结构是以庭审证明过程为逻辑脉络，或者说"是按照审判活动中通常出现的证据事项的顺序组织的"。③ 这种说法也有一定合理性，其提出主要是基于证据的用途。在很多情形下，证据规则是为了指导裁判，尤其是在有陪审制的国家和地区。

---

① 李惠宗：《法定证据主义的幽灵》，《法令月刊》2010 年第 3 期，第 7 页。
② 张卫平：《外国民事证据制度研究》，清华大学出版社，2003，第 456 页。
③ 刘强：《澳大利亚联邦证据法的主要特点》，《人民法院报》2019 年 6 月 28 日第 08 版。

第二节　证据法学的研究对象及相关学科

证据法学是研究证据立法和相关司法实践的学科。将证据法学作为独立学科，有利于把握诉讼证明的特征，进而正确认识和判断证据，促进司法公正。不同证据制度背后其实具有很多共性。例如，证据法学的研究对象既包括有关证据的立法，也包括运用证据加以证明的实践活动。两者均十分重要，立法可以指导实践；反之，实践也可以推动立法的发展。

一　证据法学的研究对象

首先，证据法学研究证据立法。两大法系中证据法的形式和载体有所不同。英美法系的证据法一般不分民事证据法与刑事证据法，除了证据法典，还有判例法。例如，英国虽有处理具体证据法问题的成文证据法，但其证据法体系是判例法。① 香港证据法是由一些习惯法和制定法混合而成的法则，是法庭审讯案件时辨明证据真假和证明力强弱的标准。② 大陆法系则通常在成文法中规范证据制度的相关问题。

其次，证据法学研究运用证据加以证明的实践活动。美国现实主义法学代表人物弗兰克法官宣称，法院的事实调查是司法的弱点所在，即阿基里斯之踵。③ 不过，"直到今天，英美法系法院仍然时常宣布：司法权力的基本属性中并不包括事实发现"。④ 办案人员难以了解过去事实的全貌，只能借助于证据尽可能去还原真相。但是这一还原过程会受到各种主客观因素的影响，稍有不慎就可能导致事实认定的错误。因此，证据在使用过程中的一系列问题都需要加以研究和规范。

① 沈达明编著《英美证据法》，中信出版社，1996，前言。
② 刘玫、卢莹：《香港与内地刑事诉讼制度比较研究》，中国人民公安大学出版社，2015，第314页。
③ 陈卫东、谢佑平主编《证据法学》，复旦大学出版社，2005，第33页。
④ 〔美〕米尔伊安·R.达玛什卡：《司法和国家权力的多种面孔》，郑戈译，中国政法大学出版社，2004，第59、183页。

二　证据法学与相邻学科的关系

任何学科都不是孤立的，证据法也不可能独立发生作用，必须借助于其他法律得以落实；反之，这也有利于其他法律达到实施目标。证据法学的形成和发展与许多学科关系密切，明显带有文理交叉的特点。在法律学科中，证据法学的相邻学科可能是最多的，这些学科的研究方法和成果对于证据法学具有很大的借鉴意义，证据法学的发展有赖于其他学科的进步。英美证据法大师威格摩尔的后半生致力于一部跨学科的专著——《司法证明原则：源自逻辑学、心理学和一般经验并在司法裁判中予以阐明》。尤其是现代证据法学，已经被深深打上了自然科学的烙印。例如，物证的发现、提取、分析等需要借助物理学、化学、生物学等技术。除了自然科学，社会科学对于研究证据法学也极有帮助，包括社会学、经济学、政治学、人类学、心理学、历史学等。当然，这些相关学科和证据法学之间的关联有远有近，笔者这里主要从哲学、逻辑学、心理学等五个关系密切的学科进行论述。

（一）证据法学与哲学

哲学是所有学科的科学基础。哲学研究普遍性、基础性的问题，涉及存在、价值等领域，是对自然知识、社会知识以及思维知识的概括总结。关于证据法学的理论基础，中国内地法学界就曾在 21 世纪初展开过大讨论。[①] 一般认为，证据法学的理论基础是认识论和价值论，这本身体现了哲学思想。证据是对案件事实的一种反映，对证据的认识活动也是司法裁判的基础。从认识论的角度看，人们通常认为，每一种怀疑都能够揭示事实证据存在的漏洞，所以，只有首先怀疑能够怀疑的每一样东西，然后消除掉这些怀疑，才可能形成可靠的理解。[②] 认识论对于证据真伪的审查判断以及疑罪的处理方式均具有启发意义。基于认识论的行为主义，任何事物，除非参照我们已经接受的标准，否则都不能被看作一种证明；真实与证明

[①] 请参见陈瑞华《从认识论到价值论——证据法学理论基础的反思与重构》，《法学》2001 年第 1 期；张建伟：《证据法学的理论基础》，《现代法学》2002 年第 2 期；易延友：《证据法学的理论基础——以裁判事实的可接受性为中心》，《法学研究》2004 年第 1 期。

[②] 〔德〕维特根斯坦：《哲学研究》，李步楼等译，商务印书馆，1996，第 61 页。

是一个社会实践的问题。① 价值论对于证据法学的意义主要体现在证据的取舍方面。诉讼中的某些证据可能是符合事实真相的，但由于违背了人类社会的某些价值，仍然会被排除或限制使用。在这个意义上，证据法学的理论基础可以说是法律价值及平衡、选择理论。②

（二）证据法学与逻辑学

法官自由心证的重要基础是证据，心证的形成还需要借助法官的理性和逻辑判断。证据的审查判断是一项复杂的、高级的逻辑思维活动，需要运用多种逻辑方法，例如，数理分析、辩证分析、大数据分析、归纳与演绎、分析与综合等。在证据法领域，逻辑推理的作用尤为突出。在诉讼证明中，大量证据是间接证据，单独看起来可能是支离破碎的，证明力非常有限，这就需要审查者和判断者运用推理法则去了解、分析、判断证据和证据之间、证据和案件事实之间的联系，从而对案件事实作出准确的认定。

（三）证据法学与心理学

诉讼主体运用证据的心态及其由于证据活动中一系列新情况、新问题所引发的心理反应，即一种以权利保护为核心、以证据为工具之一的诉讼活动中发生的心理现象就是证据心理。③ 如今，证据法学与心理学的交叉研究日益增多，尤其是针对自白、陈述及证言类的证据。这类证据深受人类心理现象的多重影响。

从心理学的角度来看，自白是违反人类天性的不利己行为，其动机往往错综复杂，包括出于恐惧、嫁祸、希求减刑、逃避重罪等。甚至基于心理学的观点，性情忧郁之人每有自陷于罪的倾向，可谓千态百样，种种动机均可能扭曲自白的真实性，贬损其价值，使其失去原本的效力。④ 在现实活动中，审讯的场景完全不同于日常生活环境。首先，人只要被拘禁，与日常生活隔绝，就会失去心理上的安稳；其次，审讯一般不会在短时间内结束；再次，即使是言语，也会使人受到难以恢复的心理创伤。⑤ 可以说，

---

① 〔美〕理查德·罗蒂：《哲学和自然之镜》，李幼蒸译，商务印书馆，2003，第165～172页。
② 张建伟：《证据法学的理论基础》，《现代法学》2002年第2期，第42页。
③ 鲁千晓：《应用诉讼心理学——诉讼主体心理指南》，法律出版社，2012，第163页。
④ 陈佳琳：《审判外自白之研究》，台湾中正大学法律研究所硕士论文，1996，第1页。
⑤ 〔日〕浜田寿美男：《自白的心理学》，片成男译，中国轻工业出版社，2006，第71～73页。

自白是最复杂的一种证据，与心理活动关系密切。

对于证人，他们没有照相机般的功能，不能准确无误地观察、固定和回忆眼前发生的一切，他们观察、叙述事物会受到自身认识能力、周围环境、偏见、预期倾向性以及律师对有关事物的技术描述的极大影响。[①] 此外，询问方式也很重要。哈佛大学心理学教授丹尼尔·沙克特指出："暗示性问题产生的记忆扭曲会产生明显的错误信息……即使是微妙的暗示，并不包括特定的不正确信息，也能影响目击证人的测试成绩。"[②] 有时，无须人的语言或者动作，某件物品或者某种状态都可能对证人起到暗示作用，从而影响或干扰其作出正确指认或陈述。

（四）证据法学与侦查学

侦查主要是指刑事诉讼中的调查取证工作和有关的强制性措施。侦查行为大多是为了调查取证，因而与证据法学的关系十分密切。证据从发现到提取固定的各个环节大多属于侦查工作的范畴。证据可以为刑事案件的侦查提供线索或者突破口。刑事案件发生后，现场勘查人员应第一时间赶到现场进行勘查检验，提取遗留罪证，询问目击证人，判断犯罪嫌疑人的逃亡路径，并分析各种可能性。通常来说，侦查的质量直接影响到取证的质量，及时准确的侦查有利于固定保全证据，明确侦查方向，锁定犯罪嫌疑人，也会为之后的起诉和审判活动奠定扎实的证据基础。

（五）证据法学与司法鉴定学

现代证据法学建立在科学技术的基础之上，其发展与遗传学、生理学、解剖学、皮肤学、指纹学、物理学、化学等关系密切。"伴随着过去50年惊人的科学技术进步，在司法领域，新的事实确认方式已经开始挑战传统的事实认定方法。越来越多的对于诉讼程序非常重要的事实现在只能通过高科技手段查明。"[③] 可以说，各类案件事实的查明都不同程度地依赖科技

[①] David A. Binder Paul Bergman, *Fact Investigation from Hypothesis to Proof*, New York：West Publishing Co., 1984, p. 4.

[②] 〔美〕丹尼尔·夏科特：《记忆的七宗罪》，李安龙译，中国社会科学出版社、海南出版社，2003，第146页。

[③] 〔美〕米尔建·R. 达马斯卡：《漂移的证据法》，李学军等译，中国政法大学出版社，2003，第200页。

手段，尤其是互联网时代的到来，电子数据日益普遍，证据的收集和审查方法均发生了巨大变化。根据中国合格评定国家认可委员会 2015 年 6 月 1 日发布的《司法鉴定/法庭科学机构认可领域分类》，目前司法鉴定领域包括法医、物证、声像资料和电子物证。国外使用的"Forensic Science"术语通常被译为"法庭科学"，总体代表司法系统中为解答涉案或法律纠纷问题（即物证鉴定）所运用的各专门科学学科。[①] 法庭科学用于各类性质的案件，主要是刑事侦查等活动；法庭科学专家则收集、保全和分析科学证据，并且在诉讼中作为专家证人、技术顾问或专家辅助人，为当事人提供法律服务，帮助法官发现事实真相。2017 年 11 月 22 日，英国皇家学会网站还颁布了两本科学证据指南。

第三节　澳门证据法的渊源

正如英国证据法学家威廉·特文宁所言："证据法的历史就是在不同时代为应对具体难题所作的一系列重大局部反应的历史。"[②] 目前，澳门没有独立的证据法，但是澳门并不缺乏证据制度，这些制度大多照搬自葡萄牙法，也有部分制度是澳门回归以后针对现实需要作出的新规定，总的来看是长期诉讼实践的经验总结。就法律渊源而言，澳门相关证据制度分散在澳门三大诉讼法典、澳门《刑法典》、澳门《民法典》、澳门《公证法典》及若干特别刑法等法律规范中。

一　基本法

宪法和基本法共同构成了特别行政区的宪制基础。《澳门基本法》没有直接规定证据制度，但是在宪制层面规定了澳门居民的权利保障机制，实际上为证据制度提供了规范依据和价值支撑。例如，《澳门基本法》第 4 条规定，澳门特别行政区依法保障澳门居民和其他人的权利和自由；第 6 条规定，澳门特别行政区以法律保护私有财产权。该法第 28 条规定，澳门居民

---

① 李兆隆等：《"鉴证科学"与"法庭科学"之辩》，《刑事技术》2012 年第 2 期，第 51 页。
② 〔英〕威廉·特文宁：《证据理论：边沁与威格摩尔》，吴洪淇、杜国栋译，中国人民大学出版社，2015，第 1 页。

的人身自由不受侵犯。澳门居民不受任意或非法的逮捕、拘留、监禁。对任意或非法的拘留、监禁，居民有权向法院申请颁发人身保护令。该法第29条还规定了无罪推定原则，可见重视程度之高。此外，该法第30条规定，澳门居民的人格尊严不受侵犯；第31条规定，澳门居民的住宅和其他房屋不受侵犯；第32条规定，澳门居民的通讯自由和通讯秘密受法律保护。这些规定直接或间接地影响了证据制度的设计，也是证据取舍的重要依据。

二 诉讼法

1996年8月15日，前澳门总督通过第48/96/M号法令，核准颁布了澳门《刑事诉讼法典》，该法典于1997年4月1日生效。在此之前，澳门一直沿用的是1929年《葡萄牙刑事诉讼法典》，时间长达68年之久。回归后，该法典直到2013年才进行第一次修订，并于2014年1月1日起开始施行。目前澳门《刑事诉讼法典》第三卷专门规定了"证据"的相关问题，包括证明对象、证据的合法性、证据的禁用方法、证据的自由评价和证据方法等。澳门《民事诉讼法典》第三卷第一编第三章"诉讼之调查"中则规定了书证、当事人陈述、鉴定证据、勘验和人证等。澳门《行政诉讼法典》第二章规定了采用证据声请的变更、调查证据、人证及当事人陈述、证据调查原则等；第七章规定了预行调查证据的前提和步骤等。澳门《公证法典》还规定了公证文书的效力和认证等。

三 实体法

除了诉讼法以外，作为实体法的澳门《民法典》第二编第四分编第二章"证据"部分（第334～390条）的内容也比较全面，包括证据的功能、举证责任及其倒置、关于证据的约定、反证、反对法定完全证据的方法，以及推定、自认、书证、鉴定证据、勘验、人证等。此外，澳门《民法典》第67～82条明确规定，任何人在毫无任何区分下均享有基本权利，基本权利不得放弃或转让，并受特别保护。个人权利包括生命权、自由权、身心完整权、名誉权、保留私人生活隐私权、私人书信及住所不可侵犯的权利、保护个人资料权、肖像权及言论权、个人资料真实性、姓名权及拥有其他识别个人身份方式的权利。该等权利在刑法中亦受到保护。上述有关权利的规定实际上也间接与证据制度有关，例如，取证程序必须建立在充分保障权利的基础上，不得侵犯诉讼参与人的合法权利等。

四 其他法律

除了澳门《刑法典》，澳门还有很多单行刑法和附属刑法。这些立法中既包含实体内容，也包括程序内容，自然也涉及证据制度。例如，第2/2006号法律《预防及遏止清洗黑钱犯罪》第二－A章规定了调查取证的特别诉讼措施。第17/2009号法律《禁止不法生产、贩卖和吸食麻醉药品及精神药物》（以下简称《禁毒法》）第23条规定了被扣押的植物、物质或制剂的检验及销毁程序；第24条规定了鉴定程序，在鉴定时可进行血液、尿液或其他必要的分析；第25条规定了法医学鉴定；第26条规定了在公众地方及交通工具搜索与搜查的程序；第27条规定了尿液样本的取检规则；等等。第11/2009号法律《打击电脑犯罪法》第15条规定了扣押程序；第16条规定了特别措施；等等。

五 国际公约

《澳门基本法》第40条规定，《公民权利和政治权利国际公约》《经济、社会及文化权利国际公约》和国际劳工公约适用于澳门的有关规定继续有效，通过澳门的法律予以实施。目前，适用于澳门特别行政区的国际公约涉及多种类别：人权类；外交、国防类；民航类；建立国际组织类协议、海事类；海关类；国际犯罪类；国际私法类；教育、科技、文化、体育类；劳工类；邮政电信类；禁毒类；经济金融类；资源环保类；道路交通类；卫生类。其中，和证据制度关系比较密切的是人权类国际公约，包括《公民权利和政治权利国际公约》《经济、社会及文化权利国际公约》《消除一切形式种族歧视国际公约》《禁止酷刑和其他残忍、不人道或有辱人格的待遇或处罚公约》《儿童权利公约》等。此外，刑事犯罪类公约，例如，《联合国反腐败公约》、《联合国打击跨国有组织犯罪公约》、联合国《制止向恐怖主义提供资助的国际公约》等也有涉及证据规定的条款。

第二章
澳门证据法的基本原则

　　原则是规则的基础，具有综合性、抽象性、稳定性、全局性、指导性等特点，可谓"规则的规则"。在法律推理中，原则也是权威的出发点，因而十分重要。原则可以是普遍适用的指导方针，而不是无所不在的约束，在通往原则的路上及原则的路旁，为权宜之计提供了一定的偏差范围。[①] 各种原则的选择在程度和重要性方面都有一定的余地，必要时还可相对地解决问题。[②] 原则在法律规范中的作用不可忽视。就证据法而言，其体系就是将抽象的原则具体化，形成一套规则，再通过相关制度和程序加以运作。在澳门证据法的基本原则中，直接言词原则、辩论听证原则、集中审理原则、自由心证原则是三大诉讼共同遵守的；至于无罪推定原则，严格来讲是刑事诉讼的基本原则，《澳门基本法》第29条第2款也对该项原则作出了规定。

---

① 〔美〕亚历山大·M. 比克尔：《最小危险的部门——政治法庭上的最高法院》，姚中秋译，北京大学出版社，2007，第267页。
② 〔英〕彼得·斯坦、约翰·香德：《西方社会的法律价值》，王献平译，中国人民公安大学出版社，1989，第127页。

第一节　无罪推定原则

无罪推定原则源于启蒙运动。意大利著名刑法学家贝卡利亚在其著作《论犯罪与刑罚》中提出了著名的无罪推定理论：任何人在未受法官判决之前，不能被称为罪犯。如今，无罪推定原则已然成为现代刑事诉讼的前提和基石，在有些国家和地区甚至属于宪法性原则。无罪推定原则与证据法也有着紧密的联系，例如，举证责任、疑罪从无等。

一　无罪推定原则的内涵

无罪推定原则的经典表述是：在法院依法作出生效裁判之前，任何人有权被推定为无罪。《世界人权宣言》《公民权利和政治权利国际公约》等国际文件均规定了无罪推定原则。《世界人权宣言》第 11 条第 1 款规定："凡受刑事控告者，在未经获得辩护上所需的一切保证的公开审判而依法证实有罪以前，有权被视为无罪。"《公民权利和政治权利国际公约》第 14 条第 2 款亦规定："凡受刑事控告者，在未依法证实有罪之前，应有权被视为无罪。"《欧洲人权公约》第 6 条第 2 项亦规定："受到指控被认为实施犯罪的人，在依法被证明有罪之前，应被假定为无罪。"欧盟还曾经专门发表了《绿皮书——无罪推定》。

无论是大陆法系还是英美法系，均强调无罪推定原则。例如，《葡萄牙宪法》第 32 条第 2 款、《意大利宪法》第 27 条第 2 款等。英国上议院议员约翰·绅奇勋爵形容该原则是"贯穿英国刑事法的金线"。香港特别行政区继承了英国普通法的传统，无罪推定原则贯穿香港刑事诉讼程序的每个步骤。除判例以外，香港亦通过成文法明确、清晰地确认了这一原则及对其延伸权利的保障。《香港人权法案条例》第 11 条第 1 款规定："受刑事控告之人，未经依法确定有罪以前，应假定其无罪。"

台湾学者曾指出，无罪推定原则的意义可分为三个层次：第一个是宪法层次，基于公平裁判的理念，将无罪推定提升至宪法层次的基本权利概念；第二个是诉讼法层次，将无罪推定与举证责任一起论述，在证据法范围内确认该法则的适用界限及内涵的诉讼概念；第三个是宣示性原则，关于被告的人格、自由应予尊重以及应受人道对待的观念，对于侦查、追诉及审判机关具有规范意义，也就是说，不是将无罪推定视为强制性规范，而是作为标题式规范的宣示性原则，存疑时应作出对被告人最有利的考量，仅在有关系的范围内，间接肯定无罪推定而已。① 总之，无罪推定原则有利于保障被追诉者在刑事诉讼中的主体地位，尽可能避免发生无辜者被判有罪的重大错误。

无罪推定原则与不自证己罪原则具有密切关系。欧洲人权法院在1993年方克诉法国案（Funke v. France）以及1994年桑德斯诉联合王国案（Saunders v. the United Kingdom）中，肯定不自证己罪原则以及沉默权属于公平法院的保障范围。此外，罪疑唯轻原则也常常和无罪推定原则一起使用。如果办案机关已穷尽所有法定方法调查某案件事实，仍无法证明被追诉者从事该犯罪，则应作出对其有利的解释或认定。

二 澳门法中的无罪推定原则

《澳门基本法》第29条第2款规定："澳门居民在被指控犯罪时，享有尽早接受法院审判的权利，在法院判罪之前均假定无罪。"这条规定于该法第三章"居民的基本权利和义务"，可见，澳门在宪制性文件中确立了无罪推定原则。此外，根据澳门《刑事诉讼法典》第49条第2款，"……在有罪判决确定前推定嫌犯无罪"。当一个人涉嫌犯罪进入刑事诉讼程序后，其在诉讼程序中保持嫌犯的身份。基于无罪推定原则，嫌犯依法享有各种诉讼权利，如沉默权、辩护权等。因此，嫌犯有权不回答任何实体就指控事实所提出的问题，有权自己选任辩护人或请求法官指定辩护人，申请司法援助等。无罪推定还意味着嫌犯没有义务提出证据证明自己无罪，控方承担举证责任并应提出足够证据证明嫌犯有罪。如果综合全案证据，法官无法达到内心确信，就应作出"疑罪从无"的裁判。如果案件存疑，则疑点利益归于被告。例如，在某毒品案中，经过三次审判听证，原审法院仍然未能查明上诉人持有毒品中供自己吸食和提供给他人的分量，因此，根据疑点利益归被告原则，判处上诉人触犯澳门《禁毒法》第11条规定及处罚

---

① 廖福特：《无罪推定之权利——三角法律论证》，载李建良主编《宪法解释之理论与实务》（第9辑），"中研院"法律学研究所，2017，第517~518页。

较轻的生产和贩卖罪。①

在澳门，无罪推定原则还与司法保密原则有一定关系，司法保密有利于保障无罪推定的落实。澳门《刑事诉讼法典》第 76 条第 1 款规定，从作出起诉批示时起，刑事诉讼程序才能公开；在无预审的情况下，则自作出指定听证日的批示时起公开。对于公开审判的案件，公众可旁听，媒体可叙述或转述诉讼行为的书录等。在此之前，所有诉讼参与人和以任何方式接触或知悉该诉讼程序的人，如法官、检察官、司法辅助人员、警察、律师、证人、鉴定人、翻译人员以及媒体工作者等，都应当遵守司法保密原则，以免诉讼程序受到社会舆论的影响。避免嫌犯个人信息在审判前公开，也是为了防止毁灭、伪造、隐藏证据或串供等干扰证据的行为。违反该项义务可构成澳门《刑法典》规定的"违反司法保密罪"，最高可被判监禁 2 年或科处最高 240 日罚金。

第二节　直接言词原则

大陆法系的审判活动奉行直接言词原则，一般要求案件调查以口头方式进行，让裁判者亲身观察证据的可靠性及其与案件事实之间的关联，从而避免间接审理和书面审理的弊端。只有在特殊情况下，才能有条件地进行间接审理。自 1877 年开始，《德国刑事诉讼法典》和《德国民事诉讼法典》都遵循了言词原则和直接原则。② 澳门三大诉讼程序也贯彻了直接言词原则。

一　直接言词原则的内涵

直接言词原则实际上包括两个方面：直接审理原则和言词审理原则。所谓直接审理，就是法官应当亲自出席法庭，聆听审讯；当事人及其他诉讼参与人也应该尽可能参与庭审，在法庭上亲自行使诉讼权利、履行诉讼义务。所谓言词审理，就是所有证据原则上应当在法庭上以口头方式提出，

---

① 澳门特别行政区中级法院第 964/2018 号刑事诉讼程序上诉案裁判书。
② 包献荣：《德国直接言词原则》，《人民法院报》2018 年 12 月 7 日第 08 版。

经过双方对质，才能作为法官裁判的依据。中国古代司法官审判案件时就强调"五听"的方法，即"辞听、色听、气听、耳听、目听"，强调法官当庭对当事人和其他诉讼参与人察言观色，以辨明证据的真伪。《德国刑事诉讼法典》第 250 条"直接询问原则"规定："如果事实的证明基于人的感知，应当在法庭审理中询问此人。询问不允许以宣读先前询问笔录或书面陈述代替。"根据台湾地区"刑事诉讼法"的相关规定，审判可以说是在法官面前进行的犯罪事件重构，基于直接审理原则的要求，应该尽量运用最为接近事实的证据方法。对于使用严格证明的调查证据程序尤其重要，其具体展现则为人证与书证的关系，简言之，就应经严格证明的本案犯罪事实而言，禁止朗读侦查中的讯问笔录来替代审判庭上对人的直接讯问。①

二　澳门法中的直接言词原则

总的来看，澳门对于直接言词原则的要求是比较严格的。根据澳门《刑事诉讼法典》第 116、117 条，如果证言内容来自听闻某些人所说的事情，法官可传召其作证；否则该部分证言不得作为证据方法，除非存在法定的例外情况。此外，对公众所述的事情或公开流传的谣言所作的复述，也不得采纳为证言。澳门《民事诉讼法典》第 440 条规定了口头原则，即对案件调查属重要的行为应以口头方式进行，但不影响法律指定须对有关措施作记录的规定。在澳门的审判实务中，原则上证人证言的调查必须在庭审中进行，并且遵守直接、口头原则，否则就会成为澳门《刑事诉讼法典》第 336 条第 1 款中的禁止衡量的证据。② 直接言词原则要求法官直接听取人证，通过亲身接触证据形成心证，从而作出公正的决定。③ 法官的心证不能通过授权或他人作出。从审级来看，一审法院较上诉法院具备更好的条件去审查和评价证据的可信性和证明力，尤其是庭上调查的证据。④ 因此，原审法院依法享有自由心证，而上诉法院的事实审判权是有限的，只有原审法院在证据评定上出现偏差、违反法定证据效力的规定或违反一般

---

① 林钰雄：《刑事法理论与实践》，中国人民大学出版社，2008，第 40～41 页。
② 澳门特别行政区中级法院第 1098/2017 号刑事诉讼程序上诉案裁判书。
③ 澳门特别行政区中级法院第 368/2014 号刑事诉讼程序上诉案裁判书。
④ 澳门特别行政区中级法院第 899/2016 号民事及劳动诉讼程序上诉案裁判书。

经验法则的情况下才可作出变更。[①]

第三节　辩论听证原则

在直接言词原则的基础上，证据调查和听证程序还需要遵守辩论原则。澳门受大陆法系的深刻影响，一般说来，所有证据均应当在法庭上出示，经过双方当事人当庭质证，才能被法官采纳。澳门终审法院明确指出："辩论原则旨在让有关利害关系人可以陈述其意见，并把请求人没有提出的事实或其他遗漏的法律依据告诉法院知悉，让法院对有关情况有更多、更完整的了解，使其作出更加公正的判决。"[②]

一　辩论听证原则的内涵

就证据而言，辩论是诉讼双方围绕证据的真实性、关联性及合法性进行主张和反驳的一种活动。辩论原则一方面有利于保障当事人的程序参与权，另一方面有利于法庭兼听则明。辩论原则也是平等武装的需要，平等武装意味着必须在各方当事人之间保持平衡，当一方当事人有机会向法庭提交证据或者反驳对方的证据时，也必须给予另一方当事人同等的机会。[③]在刑事案件中，如果被害人已身故，则不能参加庭审亲自讲述，这可能导致辩论原则不能完全发挥，也阻碍了法院对证据作出批判性审查。这种审查对法院认定该证据的可靠性及真实性大有裨益，对最后形成的法官心证必然起到积极作用。[④]不过，由于当事人的专业知识和诉讼经验大多不足，在现代诉讼中，辩论原则的充分实现离不开律师的参与，有时律师在审判中会起到决定性作用。

[①]　澳门特别行政区中级法院第 822/2018 号民事及劳动诉讼程序上诉案裁判书。
[②]　澳门特别行政区终审法院第 31/2007 号刑事诉讼程序上诉案裁判书。
[③]　〔瑞士〕萨拉·J.萨默斯：《公正审判——欧洲刑事诉讼传统与欧洲人权法院》，朱奎彬、谢进杰译，中国政法大学出版社，2012，第 138 页。
[④]　澳门特别行政区中级法院第 224/2013 号刑事诉讼程序上诉案裁判书。

二 澳门法中的辩论听证原则

辩论原则是澳门《刑事诉讼法典》的基本原则之一，在调查证据上，法官须确保尊重辩论原则。澳门《刑事诉讼法典》第六卷第三编"预审"第三章规定了"预审辩论"程序。预审辩论是就侦查及预审过程中得到的事实迹象及法律资料是否足以支持将嫌犯提交审判进行辩论。该法第283条第3款规定："法官须确保就所调查之证据进行辩论，并确保嫌犯或其辩护人可在最后就证据表明立场。"该法第308条还规定："一、就听证过程中出现之附随问题，由法院在听取就该等问题有利害关系之诉讼主体陈述后作出裁判。二、在听证过程中提出证据必须遵从辩论原则。"为此，澳门《刑事诉讼法典》提供了一系列制度保障。任何人被视为嫌犯时，应被告知诉讼权利及义务。嫌犯有权呈交证据及声请进行其认为必要的证据诉讼程序。诉讼程序不论以书面或口头形式作出，均须使用澳门官方语言之一，否则无效。如果诉讼参与人不懂或不谙使用官方语言，则有权免费获得合适的传译员协助。如果需要将文件翻译成官方语言，亦须指定翻译员。不过，嫌犯有权保持沉默，不得被迫回答由任何实体就归责事实所提出的问题，以及就其所作的与该等事实有关的声明内容所提出的问题，且不会因沉默而遭受不利后果。

为了切实保障嫌犯的辩论权，在下列情形下必须依法为嫌犯提供律师援助：对被拘留嫌犯进行首次司法讯问时；在预审辩论及听证时；在嫌犯缺席审判时；嫌犯是聋哑人；就嫌犯不可归责性或低弱的可归责性提出问题；在平常或非常上诉时；法律规定的其他情况。此外，案件情节显示援助嫌犯是必需及适宜的，法官可为其指定辩护人。嫌犯享有与其辩护人私下联络的权利，且联络内容是保密的，辩护人受其职业保密原则的约束。

澳门《民事诉讼法典》第3条亦规定了当事人进行原则及辩论原则。未经一方当事人提出请求，且另一方没有机会申辩的，法院不得解决引致诉讼的利益冲突。只有在法定的例外情况下，才可未经事先听取某人陈述而采取针对其的措施。在整个诉讼过程中，法院应确保当事人具有实质平等的地位。尤其在行使权能、防御方法及适用程序上的告诫及制裁方面，法官应自己遵守并使人遵守辩论原则。在当事人没有机会就法律问题或事实问题作出陈述时，法官不得对该等问题作出裁判，即使是依职权审理，也是如此，但明显无须当事人作出陈述的情况除外。

澳门《民事诉讼法典》第438条还进一步规定，未经当事人的辩论听证，不得接纳及调查有关证据，除非法律另有规定。对于有待形成的证据，如果证据所针对的当事人需要到庭，则须向其通知所有准备行为及证据调查行为，以便其依法参与；对于先前已形成的证据，应让该当事人就证据被接纳一事或就证据的证明力提出争执。不过，辩论原则也有限制或例外。法官可驳回或确认无效，如明显无须听取他方当事人的陈述，则可以不听取；在临时返还占有及假扣押程序中，无须作初端辩论；在保全程序中，由法官确定是否进行初端辩论，因为有关的听证可能会对措施的目的及效力造成风险；在破产程序中，可在不听取被声请人的陈述下作出破产宣告。[①]

第四节　集中审理原则

为了彻底贯彻直接言词原则，还应当采用集中审理的方式。裁判的集中性与裁判者的亲历性密切相关。集中审理有两个基本要求：裁判者不更换和裁判过程不间断。[②] 集中审理有利于证据调查。在集中的审判期日询问证人，使证人当庭进行询问及交互诘问，法官依据其言词陈述的语气及反应等态度，能直接获得正确的心证，作为证言价值判断的准据。[③] 澳门三大诉讼法典均体现了集中审理的要求。

一　集中审理原则的内涵

诉讼期间拖延过长的抱怨声从德国继受罗马法以来就没有停过，有人形容诉讼拖延是一种恐怖的幽灵，驱之不散；也有人说这是一种除不掉的恶，或者说是所有先进国家的癌症之痛；更有人传神地描述说整部民诉法

---

① 〔葡〕利马：《民事诉讼法教程》（第二版），叶迅生、卢映霞译，澳门法律及司法培训中心，2009，第10～11页。

② 陈瑞华：《刑事诉讼中的问题与主义》（第二版），中国人民大学出版社，2013，第20页。

③ 林俊益：《刑事集中审理制》，《月旦法学教室》2005年总第31期，第24页。

史就是一部对抗诉讼延滞史。① 21世纪初民事诉讼制度的最大改革是实行集中审理制度。集中审理原则是指法院对其受理的案件一般应在相对集中的时间和场所连续不断地进行，某一案件审理结束并宣判以后，再着手审理另一案件，以避免不同案件的互相影响。从诉讼公正角度来看，集中审理使得法官必须在一段时间内将全部精力放在一起案件上，不至于因为同时审判或中断审判而导致事实和证据的认定错误。从诉讼效率角度来看，当事人应承担促进诉讼迅速进行的义务，将所掌握的事实、证据及相关诉讼资料尽可能在审前提出，让彼此对双方掌握证据的情况有所了解，避免突袭审判的弊端；同时，法官也必须促进当事人及早了解案情并整理争点，试行和解或集中调查证据，使言词辩论更有效率，发挥各审级应有的功能，健全诉讼制度，进而提升裁判品质及司法公信力。②

可见，集中审理需要配备完善的庭前程序。在审判期日之前，双方当事人应交换证据，并在法官的协助下整理争议焦点。这样，开庭时当事人可围绕争点进行举证和辩论；至于双方没有争执的事项，法庭则无须再花时间调查证据。2017年《人民法院办理刑事案件第一审普通程序法庭调查规程（试行）》规定，法庭应当坚持集中审理原则，规范庭审准备程序，避免庭审出现不必要的延迟和中断。承办法官应当在开庭前阅卷，确定法庭审理方案，并向合议庭成员通报开庭准备情况。召开庭前会议的，可以依法处理可能导致庭审中断的事项，组织控辩双方展示证据，归纳控辩双方争议焦点。为了保障当事人充分行使权利，法官应承担阐明义务。当事人的主张不完整或不明确时，法官也要适时向当事人阐明，让当事人不会因为不懂法律而主张错误的权利或没有作出完全的陈述而导致败诉的结果。台湾地区《民事诉讼集中审理程序参考要点》第16条亦提及，审判长或受命法官在诉讼进行中，应随时注意阐明权规定的行使。

二 澳门法中的集中审理原则

根据澳门《刑事诉讼法典》第309条第1款，"听证系连续进行，听证之进行无任何中断或押后，直至终结为止"。该条第6款还规定，押后的时

---

① 吴从周：《集中审理原则实施满五周年再考——着重于回顾其在德国民事诉讼法史上之起源与在台湾之双重继受》，《月旦民商法》2005年总第8期，第87~88页。
② 台湾"司法院"编《民事诉讼法部分条文对照表暨总说明》，台北自刊，2000，第1页。

间不得超过 60 日，否则已作之证据调查因丧失效力而须重新进行听证。澳门《民事诉讼法典》第 439 条亦规定，诉讼证明措施应尽可能在同一行为中进行；如须中止该行为，则应尽快继续进行。为了促进集中审理，澳门《民事诉讼法典》第 444、445 条规定了预行调查证据及其方式等内容，类似于一种证据保全制度。如果有理由担心其后不可能或极难取得某些人的陈述或证言，或不可能、极难通过鉴定或勘验查核某些事实，可以预先取得有关陈述或证言，或进行鉴定或勘验，亦可在提起诉讼前进行。声请预先调查证据的人必须扼要说明相关理由，并准确叙述应予证明的事实；如果须取得当事人陈述或证人证言，则应当指出该人的身份资料。澳门《民事诉讼法典》第 557 条还规定了法官完全参与原则。据此，只有参与了辩论及审判听证中所有调查及辩论行为的法官，才可参与对事实事宜的裁判。如果法官在辩论及审判期间死亡或长期不能参与，则先前所作的行为须重新作出；如果是暂时不能参与，则中断听证一段必要期间，但有关情况显示重新作出先前所作行为较适宜的除外；对决定中断听证或重新作出行为的裁判不得提起上诉，但该裁判应由主持继续进行的听证或主持新听证的法官以附有理由说明的批示作出。被调任、任用于更高职级或退休的法官，应先完成有关审判；但属强迫退休或因无能力担任有关职务而须退休者，或重新作出先前所作行为较适宜的，不在此限。即使正式负责有关案件的法官恢复工作，代任法官仍继续参与有关程序。

此外，集中审理离不开法官作用的发挥，法官依法行使诉讼程序的领导权及调查原则，依职权采取或命令采取一切必需措施，使得诉讼程序能依规则迅速进行，并拒绝作出任何无关或纯属拖延程序的行为。如果欠缺的诉讼前提是可以弥补的，法官须依据职权采取措施予以弥补，命令作出使诉讼程序符合规范所需的行为，或在诉讼中出现主体变更时，请当事人作出相关行为。根据诉讼合作原则，在主导及参与诉讼程序方面，司法官、诉讼代理人及当事人应相互合作，以便迅速、有效、合理地解决争议。澳门《民事诉讼法典》第 559 条规定了听证连续性的要求。听证应当连续进行，仅因不可抗力、有绝对需要，或在法定情形下才可以中断。如果听证不能在一日内终结，主持听证的法官须指定在下一个工作日继续进行，即使该日为法院假期亦然；如果在该日内听证仍不能终结，则指定在紧接的工作日继续进行，如此类推。对于原已指定在继续听证之日进行的审判应另定日期进行，以便法院先结束已开始的听证，然后再开始另一听证，除非有重大理由而无须先结束已开始的听证。

第五节　自由心证原则

从古代到中世纪之前,在 12 世纪的西欧,认定事实和审查证据一般通过三种非理性方式完成:宣誓、神明裁判和决斗。[①] 西欧"托神裁判"常常在案件真伪不明时,以神的意志来确定当事人主张的真伪,例如用烧红的铁块、滚烫的开水、投入大江大河等残忍办法来认定是非。[②] 到了封建社会,社会生产力水平逐渐提高,国家机器日益发达,封建主实行纠问式的诉讼模式,国家公诉开始取代私人追诉,刑讯被合法化,口供被视为"证据之王","法定证据制度"取代了"神示证据制度",封建统治者以立法形式确立了证据方法和证明要求,深化了对证据、证明规律的认识。刑事案件只要存在符合法定证明力要求的证据,法官即应作出有罪判决。[③] 不过,法定证据制度压抑了法官的自由裁量权,法官成了机械适用法条的机器。因此,这种制度也必将被取代。古罗马时期对证据评价不存在任何法定规则的制约,当时已出现自由心证主义的萌芽。1649 年英国在"人民约法"纲领中首次确立自由心证原则,18 世纪末的法国资产阶级革命胜利之后正式确认了这一原则,随后,其他资本主义国家也陆续将其写入各自法典。例如,《德国刑事诉讼法典》第 261 条规定,自由心证对证据调查的结果,由法官根据其在审理的全过程中建立起来的内心确信而决定。《日本刑事诉讼法》第 318 条规定,证据的证明力由法官自由判断。

一　自由心证原则的内涵

在漫长的人类历史中,从神示证据走向自由心证,无疑是一种极大的

[①] 〔比〕R. C. 范·卡内冈:《英国普通法的诞生》,李红海译,中国政法大学出版社,2003,第 80 页。

[②] 〔日〕石井一正:《日本实用刑事证据法》,陈浩然译,五南图书出版有限公司,1988,第 2 页。

[③] 〔法〕贝尔纳·布洛克:《法国刑事诉讼法》,罗结珍译,中国政法大学出版社,2008,第 79 页。

进步，影响非常深远。"心证"一词原为日文，日文又来自法文 l'intime con-
viction，内心确信之意。① 自由心证的葡萄牙语是 livre convicção。心证是指
合理、科学的心证，即裁判官应本其健全的理性作出合理判断，并非允许
裁判官任意擅断，亦非纯粹自由裁量。② 采取自由心证的理由主要在于以下
四个方面：①自由心证是一种自然而然的认知方式，没有创造新的证据评
价方式，而是对日常生活中习以为常的评价方式的认可；②从行为的哲学
基础来看，自由心证原则立足于认识的相对性，符合人的认识规律；③自
由心证原则体现了对人性的尊重，表现为对公民和法官权利的尊重，同时
还表现为对公民和法官理性的信赖；④自由心证与混合式诉讼模式是相对
应、契合的。③ 日本学者三月章认为实行自由心证还是法定证据的关键在于
对法官是否信任，即"事实存在与否的判断，常以某种经验法则为大前提，
自由心证主义则将何为经验法则的判断委任于法官，可见，其基础是对法
官的信任。反之，法定证据主义则预先对何为经验法则加以规定，法官须
据此行事，以防止法官擅断性判断。可见，其出发点是对法官的不信任"。④

此外，自由心证原则与证据裁判原则之间是何种关系？有些国家同时
规定了这两个原则，有些国家只规定了其中一个原则。证据裁判原则是现
代证据制度乃至诉讼制度的基石。一般认为，证据裁判原则至少包含以下
三层含义：①对事实问题的裁判必须依靠证据，没有证据不得认定事实，
没有证据既包括没有任何证据，也包括证据不充分的各种情形；②裁判所
依据的证据必须具有证据能力；③裁判所依据的证据必须经过法庭调查。⑤
大陆法系普遍规定了证据裁判原则。日本 1876 年《断罪依证律》将原《改
定律例》规定的"凡断罪，依口供结案"的典型的口供主义表述修改为
"凡断罪，依证据"，并规定"依证据断罪，完全由法官确定"。这样就把法
国的自由心证原则分别规定为证据裁判原则和自由心证原则。⑥《日本刑事
诉讼法》第 317 条亦规定，认定事实，应当依据证据。《韩国刑事诉讼法》

---

① 陈光中：《自由心证》，载《中国大百科全书》（法学卷），中国大百科全书出版社，1984，
第 835 页。

② 陈朴生：《刑事诉讼法实务》，自版，1992，第 256 页。

③ 张卫平：《自由心证原则的再认识：制约与保障——以民事诉讼的事实认定为中心》，《政
法论丛》2017 年第 4 期，第 14 页。

④ 〔日〕三月章：《日本民事诉讼法》，汪一凡译，五南图书出版有限公司，1997，第 433 页。

⑤ 陈卫东：《论刑事证据法的基本原则》，《中外法学》2004 年第 4 期，第 415 页。

⑥ 陈光中等：《司法改革问题研究》，法律出版社，2018，第 359 页。

第 307 条规定了证据裁判主义，即认定事实应当以证据为依据；对犯罪事实的认定，要达到排除合理怀疑的证明标准。台湾地区"刑事诉讼法"第 154 条第 2 款亦规定："犯罪事实应依证据认定之，无证据不得认定犯罪事实。" 法国、德国、意大利、俄罗斯的刑事诉讼法典至今只规定了自由心证原则，而未专门规定证据裁判原则。毋庸置疑，证据裁判原则仍然具有深刻的历史意义，其确立了裁判的基础在于证据的认定。

从概念上讲，自由心证的特质是基于自由判断而形成内心的相信或确信，不需要基于证据，而证据裁判却需要根据证据作出。显然，自由心证解决的是"信不信"的问题，而证据裁判解决的是"能不能证明"的问题，二者的区分是非常严格的，属于完全不同的概念。① 台湾学者陈朴生认为：①无证据，即无心证；②自由心证，乃选择证据中的证据，并非证据外的证据；③自由心证是判断证明力的心理要素，并非证据裁判主义的例外；④通过有证据能力的证据形成心证，并非以自由心证判断证据能力，亦不许以自由心证创造证据能力；⑤自由心证是由调查证据而形成，既不得以自由心证缩小调查范围，亦不许证据未经合法调查而形成自由心证；⑥无关联性的证据，既无从形成自由心证，亦不许以心证使证据与事实相关联；⑦心证由直接或推理而形成；⑧依经验法则形成心证，并非以经验法则作为证据；⑨依论理法则形成心证，并不得以论理法则作为证据；⑩依自由心证判断证据证明力，并非以心证制造证据，更不得以心证作为证据。② 简而言之，证据裁判原则是自由心证主义的基础，法官对案件事实的认定主要来自证据，心证离不开证据；并且作为裁判基础的证据必须是具有关联性、真实可靠且合乎法律要求的，法官基于这样的证据，根据法律、知识、良心、逻辑、经验等进行自由评价，对案件形成心证，进而作出裁判。

二 澳门法中的自由心证原则

澳门《刑事诉讼法典》第 114 条规定了证据的自由评价，即评价证据系按经验法则及有权限实体之自由心证为之，但法律另有规定者除外。澳门三级法院在不同性质的案件中以各种方式阐述了自由心证的内涵。例如，

---

① 马贵翔：《论证据裁判主义与自由心证的衡平》，《北方法学》2017 年第 6 期，第 66 页。
② 陈朴生：《刑事证据法》，三民书局，1979，第 554～555 页。

澳门中级法院在第 833/2011 号刑事诉讼程序上诉案裁判中指出："对于在庭审上所作证据的认定是全凭法官的个人心证而获得，当中需要依循的不是考虑正反证据在数量上的多寡，更不是以哪方面的证据数目的多寡作为形成心证的考虑条件。事实上，证据的认定是一个复杂的心理过程，通过对证据的直接近距离接触，当中加插了审判者既有的生活经验和逻辑法则来对各种被审查的证据作出批判，从而在最后得出是否采纳某种证据的决定。"为了让民众了解法官心证的形成过程，法官必须在裁判书中进行一定说明。澳门《刑事诉讼法典》第 355 条"判决书的要件"第 2 款规定："紧随案件叙述部分之后为理由说明部分，当中列举经证明及未经证明的事实，以及阐述即使扼要但尽可能完整、且作为裁判依据的事实上及法律上的理由，亦列出用作形成法院心证且经审查及衡量的证据。"澳门中级法院曾经在裁判书中指出，关于澳门《刑事诉讼法典》第 355 条第 2 款首部的解释——根据该条，案件叙述部分之后为理由说明部分，当中尤其列举已证及未证事实——应当力主：如果通过诸如算术一样的运算，通过"排除其余"的方法，得以查明已证及未证的事实，则应视作该规范的要求已获满足。虽然建议采用逐一专门指明已证及未证事实这一分条列举的方式，但该方式不是强制必需的。不能单向且先验地主张专门列举未证的事实，否则就是过度为了形式而牺牲实质。①

（一）　自由心证原则的例外

证据自由评价原则的例外可分为两类。一类是法定证据或法律规定的证据，有时法律强制规定法官必须由某种特定证据方式得出某一结论，该类型的证据可分为充分证据、完全证据和最完全证据；另一类是必需证据，即为证明某一特定事实，法律要求特定的证据方式。② 澳门《刑事诉讼法典》第 149 条第 1 款规定："鉴定证据固有之技术、科学或艺术上之判断推定为不属审判者自由评价之范围。"该法典第 154 条还指出："如并无对公文书或经认证文书之真确性或其内容之真实性提出有依据之质疑，则该文书所载之实质事实视作获证明。"

---

① 澳门特别行政区中级法院第 113/2003 号刑事诉讼程序上诉案裁判书。
② 〔葡〕利马：《民事诉讼法教程》（第二版），叶迅生、卢映霞译，澳门法律及司法培训中心，2009，第 254 页。

（二）自由心证原则的保障机制

法院独立和法官独立在澳门特别行政区具有一系列的制度保障，除了《澳门基本法》以外，澳门《司法组织纲要法》第 1 条也规定："澳门特别行政区享有独立的司法权和终审权。"澳门《司法组织纲要法》第 5 条规定了法院独立："一、法院是独立的，根据法律对属其专属审判权范围的问题作出裁判，不受其他权力干涉，亦不听从任何命令或指示。二、上款规定不包括《澳门基本法》所规定的情况及有义务遵守上级法院在上诉中所作裁判的情况。三、法院的独立性按澳门《司法官通则》所作的规定，透过法官的不可移调及无须负责，以及设有一个独立的管理及纪律机关予以保障。"澳门《司法官通则》第 4 条则特别规定了法官独立："澳门特别行政区法官依法进行审判，不听从任何命令或指示。"在审判独立原则下，各级法院之间互相独立，上级法院不得干预下级法院法官的自由心证。

澳门三级法院多次在裁判书中强调自由心证原则，禁止当事人用上诉的方法质疑法官的自由心证，只要没有确认其存在明显的审理证据方面的错误。[①] 当事人可行使上诉权，由上诉法院审查原审法院在认定事实和适用法律问题上是否犯错。不过，就事实问题提起的上诉，上诉人必须指出原审法院认定事实有误，而并非单纯不认同原审法院的心证，或仅指出原审法院的心证有别于本人的心证。因为一审法院比上诉法院具备更好的条件去审查和评价证据的可信性和证明力，尤其是庭上调查的证据。如果上诉法院不认为原审法院在认定事实时有误，那么即使上诉法院在重新审查证据后形成的自由心证有别于一审法院的心证，亦不足以说明一审法院有错。[②] 原审法院依法享有自由心证，故上诉法院的事实审判权并非完全没有限制，只有在原审法院在证据评定上出现偏差、违反法定证据效力的规定或违反一般经验法则的情况下，上诉法院才可作出变更。[③] 也就是说，这种谴责仅限于针对查明事实的合法性，不直接涉及该等事实存在或不存在。[④] 可见，澳门上级法院非常尊重下级法院的自由心证。

---

① 澳门特别行政区中级法院第 652/2010 号刑事诉讼程序上诉案裁判书。
② 澳门特别行政区中级法院第 899/2016 号民事及劳动诉讼程序上诉案裁判书。
③ 澳门特别行政区中级法院第 900/2018 号民事及劳动诉讼程序上诉案裁判书。
④ 澳门特别行政区终审法院第 12/2002 号司法上诉案裁判书。

（三）心证形成的说理机制

事实审理的自由心证是澳门诉讼程序的核心原则，法官作为一个平常的人、主观的人，在运用法律所赋予的审理证据自由的武器时，需要遵循法律对此自由附加的证据原则和客观标准，遵守一般生活经验法则。法律也不期望上诉法院以其心证代替原审法院所形成的心证，更不容许上诉人以己心证去质疑法律所保护的自由心证，但要求法院在审理证据时必须对证据作出批判性分析，尤其要指出心证所依据的证据。① 毕竟，证据的自由评估不是单纯主观的活动，为了让当事人及外界了解法官心证的形成过程，并对法院裁判进行外部监督，法官应当在裁判中说明对事实的取舍理由，指明形成心证的证据，② 以确保相应判决在审查证据方面符合逻辑、合乎情理，而不是一项没有逻辑、武断、矛盾或明显违反一般经验规则的裁判。③

---

① 澳门特别行政区中级法院第 366/2018 号刑事诉讼程序上诉案裁判书。
② 澳门特别行政区中级法院第 10/2002 号刑事诉讼程序上诉案裁判书。
③ 澳门特别行政区中级法院第 8/2005 号刑事诉讼程序上诉案裁判书。

第二编　证据论

证据是用于证明案件事实的依据。诉讼证据具有证明力和证据能力时，才能被法官采纳作为裁判的依据。其中，证明力是指证据所具有的证明案件事实的作用，证明力有大小之分；证据能力通常是立法对于证据资格的一种限制。

第三章

证据概述

所有案件事实都是发生在过去且无法完全还原的历史。"历史事实不是什么可以被你捡起来抚弄的具体东西，如一块砖头或一块石头那样；在某种意义上，历史事实是人为的——它是人们从原始材料中选择出来的结果。"① 无论是当事人还是办案人员，都不可能再回到过去，只能借助证据将已发生的案件事实呈现在诉讼过程中。因此，证据是诉讼的关键所在，没有证据，诉讼程序难以进行，法官也无法裁判。

第一节　证据的概念及功能

"证据是法治的基石。"② 证据和事实、证据形式、证据资料、证据方法之间的关系，可谓众说纷纭，许多国家和地区作出了不同的解读和规范，

---

① 〔英〕汤因比：《汤因比论汤因比》，王少如、沈晓红译，三联书店，1997，第13页。
② 〔美〕罗纳德·J. 艾伦：《刑事诉讼的法理和政治基础》，张保生等译，《证据科学》2007年第5期，第162页。

但也有共性可循。例如，在西方发达国家，"证据""证明"等概念通常严格以庭审为中心，"evidence""testimony"都是法庭上的正式证据，在法庭以外则使用"material""information""statement""deposition""affidavit"等词。①

一　证据的概念

英国学者边沁在《证据的理论基础》中指出证据是一种事实："任何一件事实一旦进入人的头脑，其效力、倾向性或宗旨就是产生对某一事实的存在的说服力。"其中，前一种事实称作"证据事实"，被其证明的另一种事实称作"第一位事实"，这两种事实之间的关系就是关联性。②《牛津法律大辞典》对证据的定义是：事实、事实推论和陈述，有助于使法院或其他调查主体确信特定事实，即某些尚不明确但正在调查的状态，所导致的特定结果。③ 笔者认为，证据和事实是不同的。事实应该是客观存在的、真实的，事实只能有一个；证据则可真可假，可能是伪造或变造的，需要去伪存真。不过，两者关系密切，经过调查确认的证据可以作为认定事实的根据。具体来说，事实是指现在或过去的具体历程或状态，并且具有可验证真伪的性质。④ 事实是支持判案的依据，而证据是用以证明有关事实的方法，如果所陈述的事实不足以支持有关诉讼理由的成立，那么不论何种证据方法都不能令该诉讼理由成立。⑤ 将证据与事实混同，在逻辑上难以自洽，且不符合诉讼的实际情况。

《中华人民共和国刑事诉讼法》将证据界定为证据材料。该法第50条第1款规定："可以用于证明案件事实的材料，都是证据。"材料的内容真假混杂，需要通过调查才能进一步认定。日本则对证据资料与证据方法进行了区分。证据资料是指所有可能与待证案件事实有直接或间接关系的材料，其必须通过特定方法才能呈现；证据方法是探求证据材料内容的调查

① 魏晓娜：《审判中心视角下的证据法基本概念》，《证据科学》2016年第3期，第285页。
② 毕玉谦：《民事证据法及其程序功能》，法律出版社，1997，第112页。
③ 〔英〕戴维·M.沃克：《牛津法律大辞典》，李双元等译，法律出版社，2003，第399页。
④ 林钰雄：《诽谤罪之实体要件与诉讼证明——兼评大法官释字第五〇九号解释》，《台大法学论丛》2003年第2期，第73页。
⑤ 澳门特别行政区中级法院第449/2016号民事及劳动诉讼程序上诉案裁判书。

手段。美国则将证据视为证据依据。《美国联邦证据规则》对证据的解释是：证据是用来证明或反驳某项争议事实的工具，包括证言、书证、物证和其他任何展示在陪审团或法庭面前用以证明争议事实存在与否的事物。

总的来看，中国、日本、美国等对于证据的界定比较符合逻辑和司法实践情况。证据不同于事实，证据的范围大于事实的范围，其本身可能为真、可能为假，其作用是为了证明案件事实。不过，澳门法律中没有"证据资料"的概念，也没有对"证据"下定义，但是有"证据方法"的一套规范，证据能否被采纳主要取决于法官的自由心证。

二 证据的功能

证据是诉讼的灵魂和重心。没有证据，当事人无法证明自己的主张，法官难以查明案件真相，诉讼活动可能停滞不前或者漫无目的，实体公正和程序公正都无从谈起。

首先，证据具有查明真相、减少误判的功能。澳门《民法典》第 334 条规定，证据具有证明事实真相的功能。英美证据法的理论基础是乐观理性主义，对于过去事实的正确认识，可以而且只能通过对证据进行理性的推理而获得，从而法律的目的就是通过对事实材料的精确决断而获得正确的决定。[①] 不过，美国学者亚历克斯·斯坦的观点比较特别。他认为，证据法史在不确定状态下分配错误风险，而不是促进发现真相。[②] 可以说，诉讼证据是沟通过去事实和当前诉讼的唯一渠道。

其次，证据可以保障当事人权利，避免司法不公。在某种程度上，打官司就是打证据。进入诉讼领域的证据需要同时满足许多条件，才能被法官采纳。因此，对当事人来说，证据相当于诉讼武器或诉讼工具，通过证据可以阐明自己的主张，反驳对方的主张，进而维护自己在诉讼中的合法权益。

再次，证据可以在一定程度上约束裁判者的自由裁量权。例如，英美法系的大量证据规则从产生背景来看，很大一部分原因是为了约束和引导

---

① 易延友：《证据法的体系与精神——以英美法为特别参照》，北京大学出版社，2010，第 49 页。
② 〔美〕亚历克斯·斯坦：《证据法的根基》，樊传明等译，中国人民大学出版社，2018，第 1 页。

陪审团。陪审员行使判断事实的重要职能，但是又缺乏专业知识和诉讼经验，为了防止他们被误导，证据规则的作用不可或缺。

最后，证据也有利于提高审判效率。尤其是在对抗式审判中，双方的举证和质证活动如果缺乏证据规则的规范，可能造成庭审时间的拖延。即使在职权主义审判中，立法也常常会规定法庭对证据的调查顺序，这也确保了庭审的有序和高效。

不过，对于证据的积极作用也不能过分夸大。毕竟，证据自身存在先天不足。第一，证据总是不完全的；第二，证据一般是非结论性的；第三，证据总是含糊的；第四，证据总体上是不协调的；第五，证据来源于其所具有的不尽完美的可信性等级。① 正因如此，需要证据法来规范证据的收集、使用、调查、判断等活动，尽可能发挥其正面功能。

第二节　证据的证明力与证据能力

诉讼是在公权力机关法院主持下依法解决争议的活动，因此，诉讼证据的要求一般高于日常生活中的证据要求，其必须同时具有证明力和证据能力，才有可能被法官采纳。证明力和证据能力是英美法系对证据的两个基本要求。中国内地法律界则通常认为证据应具备三个属性：客观性、关联性及合法性。其中，客观性、关联性与证明力有关；合法性与证据能力有关。但也有学者认为合法性不是证据的属性。对于"证据事实"而言，合法性要求是不合逻辑的；对于"证据载体"而言，合法性要求则是合情合理的。同时，在证据法中限定证据的法定种类，也违背了证据运用的基本规律，将大量有助于证明证据事实的证据载体排除于"法定证据形式"之外，不利于全面客观地揭示案件的事实真相。② 这一说法有一定道理，不过，无论是证据事实还是证据载体，都是证据的一部分，因此，整体而言，证据必须具有合法性。

---

① 〔美〕特伦斯·安德森：《证据分析》（第二版），张保生等译，中国人民大学出版社，2012，第328～329页。
② 陈瑞华：《证据的概念与法定种类》，《法律适用》2012年第1期，第30页。

一 证明力

证明力是指证据对案件事实的证明作用、证明价值等。一般来说，客观存在的、与案件事实有关联的证据具有证明力；虚假的、伪造的或者与案件无关的证据，则不具有证明力。因此，证明力首先是有无的问题，其次才是大小的问题。对于有证明力的证据，由于其与待证事实的关系不同，证明作用有大小之分。证据法中关于证明力的规制一般包括证明力有无的规则，证明力大小的规则，证明力优先顺序的规则等。证明力涉及案件事实的认定问题，需要结合个案的具体情况来判断，一般属于裁判者自由心证的范畴。

二 证据能力

证据能力亦称证据资格，一般是指证据资料所具有的用以认定案件事实的法律上的资格。证据能力的概念起源于英美法系的当事人主义诉讼制度，但与避免浪费诉讼时间，减少误判，以及维持审判公平，诉讼程序安全有极密切的关联，因而在职权主义诉讼制度中是不可忽略的重要概念。[1]就通说而言，无须排除的证据原则上具有证据能力，有了证据能力之后，还要经过法定证据方法及法定调查程序才具有证据资格，进而由法官判断证明力的高低。[2] 如今，两大法系的证据法中就证据能力设置了多项规则，例如，证人资格规则，限期举证规则，法庭质证规则，非法证据排除规则等。

---

① 黄东熊：《刑事诉讼法论》，三民书局，1999，第 210 页。
② 王兆鹏等：《刑事诉讼法（上）》，承法数位文化有限公司，2012，第 21 ~ 26 页。

第四章
证据方法

　　方法就是手段。证据方法是指调查证据资料并用于证明待证事实的手段，也是将证据呈现在法庭上的方法或载体。不同法域对于证据方法的划分有所不同。日本学者松冈义正指出："证据方法者，即就证据目的物之事项，为得审判官确信证据目的物之真否所利用之物体也。"① 中村英郎则认为证据方法是调查证据中成为调查对象的有形物，具体可分为人证和物证。其中，证人、鉴定人、当事人本人属于前者；文书、勘验目的物属于后者。② 葡萄牙学者通常将其民法典中有关证据的规定称为实体证据法；将民事诉讼法典中有关证据方法的规定称为形式证据法，并认为葡萄牙民事证据制度中证据方法主要有六种，即推定、自认、书证、鉴定、司法勘验和人证。③ 台湾地区"刑事诉讼法"规定了五种证据方法，即被告、证人、鉴定人、书证和勘验。其中，被告及证人同属于供述证据，在诉讼程序上分

---

①　〔日〕松冈义正：《民事证据论》，张知本译，中国政法大学出版社，2004，第 17～29 页。

②　〔日〕中村英郎：《新民事诉讼法讲义》，陈刚等译，法律出版社，2001，第 197 页。

③　〔葡〕Candida da Silva Antunes Pires：《民事诉讼法入门》（第一卷），冯文庄译，澳门大学法学院、澳门基金会，1996，第 140～141 页；António Menezes Cordeiro, *Tratado de Direito Civil*, 5. *Parte Geral, Exercício Jurídico*, Coimbra：Almedina, 2015, p. 506。

别适用不同的调查程序，各自的权利及义务亦不相同。美国证据方法通常分为人证和证物。除了人证以外，所有在法庭上提出的、以感官功能加以辨认的证据都是证物。检察官及律师的论告、答辩及言行只是用来帮助法庭了解案情，并不是证据，不能据以判断事实。证物的种类繁多，学理上依据其性质不同可分为实物证据、展示性证据、录音录影、有独立法律意义的文件、公务和业务记录五大类。① 香港证据法因受到英美法系的影响，比较务实，没有明确的证据分类，根据证据形式的不同，将证据分为口述证据（testimonial evidence）、文书证据（documentary evidence）和实物证据（real evidence）。

在澳门，证据方法是指审判者针对某一事实用以形成其确信的素材。如果就法律事实的存在或证明，法律规定某种特别手续，该手续不得予以免除。② 法院需要以某种特定类别的证据方法证明相关事实的存在，确定某证据方法的证明力。③ 澳门《刑事诉讼法典》第二编规定了"证据方法"。该法典第115～155条将证据方法分成以下七大类：人证；嫌犯、辅助人和民事当事人之声明；通过对质之证据；通过辨认之证据；事实重演；鉴定证据；书证。澳门《民事诉讼法典》第450～548条则规定了书证、通过当事人陈述的证据、鉴定证据、勘验和人证。此外，澳门《民法典》第338条第2款规定在相同条件下，排除某种法定证据方法的约定或采纳某种与法定证据方法不同方法的约定均无效；然而，如规范证据的法律规定是以公共秩序上的理由为依据，则上述约定在任何情况下均属无效。

第一节　人证

人证是诉讼中最传统、最常见的证据方法。人证对于案件事实的证明作用比较复杂，可能从不同角度反映案件的真实情况，但也具有自身局限性，容易出错，显得特别脆弱。人证先天具有以下四个不可靠因素：①人不一定老实，可能作伪证；②人的观察不一定正确；③人的记忆不一定准

---

① 吴巡龙：《照片的证据性质》，《台湾法学杂志》2010年总第166期，第222～225页。

② 〔葡〕利马：《民事诉讼法教程》（第二版），叶迅生、卢映霞译，澳门法律及司法培训中心，2009，第254页。

③ 澳门特别行政区终审法院第5/2004号行政上诉案裁判书。

确；④人的表达不一定清楚。① 证人存在认知错误和记忆损耗的危险，即使针对某一事实的现场，由于很多时候每个个体看待事物的方式不同，对同一现实可能作出不同的表达。证人还存在有意或无意的偏袒风险，主要表现为隐瞒对当事人不利的事实，或者事先准备使当事人受益的事实。② 因此，必须对人证进行适当规范，以发挥其积极作用，防止其负面效果，确保裁判事实的准确性。

一　证人的资格

澳门《刑事诉讼法典》第 118 条和澳门《民事诉讼法典》第 517 条规定了证人的作证能力。凡未因精神失常而处于禁治产状态的人，均具备证人能力，仅在法定情况下才可拒绝作证。如果为了评估证言的可信性而必须检查证人的身体健康及精神健全状况，且可在不拖延诉讼正常进行的情况下进行，司法当局须作出该检查，查核不影响作证的进行。澳门《民法典》第 390 条规定，证人证言的证明力由法院自由判断。

（一）证人的年龄

儿童的认知能力和表达能力有限，属于弱势证人，对于成年人的某些行为会采取容忍态度，有时很难准确表达自己遭受的伤害。联合国《儿童权利公约》第 12 条规定："缔约国应确保有主见能力的儿童有权对影响到其本人的一切事项自由发表自己的意见，对儿童的意见应按照其年龄和成熟程度给以适当的看待。"同时，联合国《关于在涉及罪行的儿童被害人和证人的事项上坚持公理的准则》规定了儿童受到有尊严和有同情心的对待的权利。"在整个司法过程中应当以关爱和敏感的态度对待儿童证人，考虑到他们的个人处境和紧迫需要、年龄、性别、伤残情况和成熟程度，并充分尊重他们的身体、精神和道德的完整性；在为确保司法过程的公平和公正结果而必须保持证据收集工作高标准的同时，应当将对儿童私生活的干涉限制到最低必要限度；为了避免给儿童造成更多的痛苦，应当由受过训练的专业人员以敏感的、尊重人的和周密的方式进行面谈、检查和其他形

---

① 黄东熊：《刑事诉讼法研究》（第三册），元照出版公司，2017，第 4 页。
② 〔葡〕利马：《民事诉讼法教程》（第二版），叶迅生、卢映霞译，澳门法律及司法培训中心，2009，第 286 页。

式的调查；（对儿童证人的所有活动）均应在考虑到儿童特殊需要的适当环境中以具有儿童敏感性和同情心的方式进行。他们还应当以一种儿童能够使用并且理解的语言进行。"

根据普通法的规定，人只有理解宣誓的意义和后果才可宣誓，具有宣誓能力是儿童作证资格的前提条件。[①]《美国联邦证据规则》第601条规定："每个人都有作证的能力，除非本证据规则另有规定。"美国司法实践中设置了儿童资格的预先审核程序，以考察儿童是否理解说真话的义务，是否理解真实和幻想之间的差异。[②] 英国1998年《刑事司法法令》（Criminal Justice Act）第32条和第33条A款规定："在刑事诉讼程序中，儿童证言可以被要求通过电视连接或通过录像带采访的方式提供。"根据英国1999年《青少年司法和刑事证据法》，在刑事诉讼程序中，17岁以下的证人有权依法请求帮助；在部分性侵害、绑架、攻击性案件中，有权依法请求予以特殊保护。香港《证据条例》要求证人通常必须年满7岁，其中第3条第1款规定，下列人士在任何诉讼程序中无资格作供：①年龄7岁以下的小童，但法院认为其对接受质询的事实有正确领会并能正确叙述者则不在此限；②证人是精神不健全人士。

在大陆法系中，《德国刑事诉讼法典》规定，只要可期待未成年人在法庭上作出能为人理解的陈述，则可成为证人，只有无法理智表达或交流的精神病人及幼儿才不具有证人资格。[③]《俄罗斯联邦刑事诉讼法典》第280条第1款规定："不满14岁的被害人和证人参加询问时，以及根据法庭的裁量年满14岁不满18岁的被害人和证人参加询问时，应有教师在场。对有生理缺陷的未成年被害人和证人进行询问时，在任何情况下均应有教师在场。"《中华人民共和国刑事诉讼法》第60条的规定没有简单设置年龄限制，证人能否作证取决于证人的辨别能力和表达能力，凡是知道案件情况的人，都有作证的义务。生理上、精神上有缺陷或者年幼，不能辨别是非、不能正确表达的人，不能作证人。

澳门法律对于儿童证人作出了特别规定。澳门《民事诉讼法典》第617条规定，未满7岁的未成年人以及就其生理缺陷所不能认识的事实，不得作

---

① I. H. Dennis, *The Law of Evidence*, London：Sweet & Maxwell Press, 1999, p. 419.

② Christopher B. Mueller, Laird C. Kirkpatrick, *Evidence*, New York：Aspen Publishers, 2003, pp. 434 – 435.

③ 邵建东主编《德国司法制度》，厦门大学出版社，2010，第283页。

证。澳门《刑事诉讼法典》第 4 条则就漏洞填补作出原则性规范。"如果出现未有规定之情况，而本法典之规定亦不能类推适用，则遵守与刑事诉讼程序相协调之民事诉讼程序规定；如无此等规定，则适用刑事诉讼程序之一般原则。"此外，如果是未满 16 岁的人就性犯罪提供证言，可鉴定其人格。

（二）证人身份的障碍

澳门《民事诉讼法典》第 518 条规定，凡在有关案件中能以当事人身份作陈述之人，均不得以证人身份作证言。也就是说，证人是当事人以外的人。澳门《刑事诉讼法典》第 120 条规定下列人员不得以证人身份作证：①同一案件或相牵连案件中的嫌犯或共同嫌犯，在此身份维持期间；②已成为辅助人，自成为辅助人之时起；③民事当事人。该条中的禁止作证是指禁止同一案件或有牵连案件中的任一被告以证人身份提供证言，但并不妨碍众被告以被告身份提供陈述，亦不妨碍法院在自由心证的范围内利用该等陈述形成心证，即使针对其他共同被告亦然。[1] 在诉讼程序分开处理的情况下，同一犯罪或相牵连犯罪的嫌犯可以证人身份作证。例如，A 和 B 是同案嫌犯，但嫌犯 B 涉及的犯罪行为部分已通过终审法院裁决得到终局裁判，这样，在针对上诉人 A 的重审中，不会亦不可能给对 B 已作出的裁判带来任何影响。在终审法院对同案嫌犯（证人）B 作出确定判决的那一刻起，B 已失去法律期望给予嫌犯权利保护的正当合理理由。相反，曾经的同案嫌犯 B 必须履行另一法定义务，即以证人的身份在庭审上作证以协助法院寻找事实的真相。[2]

德国实务见解采纳形式上的共同被告概念，并且承认所谓的"暂时性分离"。也就是说，为了使同一程序的共同被告作为证人，承认法院可以暂时将原来合并的审理程序分离，并分成两种情况处理：①暂时性分离的共同被告，就与其无关的事项，即仅涉及其他共同被告的事项，可作为证人；②就其共同犯罪的事项，不得作为证人，否则仍属就自己的犯罪作为证人。[3]

台湾地区在调查共同被告时，程序是否须分离，学说及实务上尚有争议。就共同被告和共犯的关系而言，共同被告是诉讼法上的概念，是指同

---

① 澳门特别行政区中级法院第 374/2019 号刑事诉讼程序上诉案裁判书。
② 澳门特别行政区中级法院第 678/2017 号刑事诉讼程序上诉案裁判书。
③ 林钰雄：《刑事诉讼法》（上册·总论编），元照出版公司，2013，第 532 页。

一诉讼程序中的被告有数人，而共犯是实体法上的概念，故共同被告并不等同于共犯。不过，台湾 2004 年"大法官解释（释字第 582 号）"提出，刑事审判上的共同被告是为诉讼经济等原因，由检察官或自诉人合并或追加起诉，或由法院合并审判所形成，其间各被告及犯罪事实仍独立存在。所以，对其他共同被告的案件而言，共同被告是被告以外的第三人，本质上属于证人。

二　证人的权利和义务

在澳门的诉讼审判中，证人的出庭作证意识比较强，出庭状况良好。澳门立法上对证人的权利和义务有明确的规范。证人不依法履行出庭作证义务或者不如实陈述的，应承担相应的法律责任。

（一）宣誓或承诺

根据澳门《刑事诉讼法典》第 81 条，证人必须作出以下宣誓："本人谨以名誉宣誓，所言全部属实，并无虚言。"此外，在诉讼程序的任何阶段，鉴定人及传译员须作出承诺："本人谨以名誉承诺，尽忠职守。"上述宣誓及承诺须向有权限的司法当局作出，该司法当局须事先警告应作出宣誓或承诺的人，指明如果其拒绝或不遵守该宣誓及承诺将受到的处分。拒绝宣誓或承诺等同于拒绝作证或执行职务。一旦宣誓或承诺，无须在同一诉讼程序的同一阶段内再次作出。不过，下列人员无须作出宣誓及承诺：①未满 16 岁之人；②身为公务员且在执行职务时参与诉讼行为的鉴定人及传译员。

（二）拒绝作证权

拒证权即证人拒绝作证的权利，其背后的价值基础是"社会期望通过保守秘密来促进某种关系。社会极度重视某些关系，宁愿为捍卫保守秘密的性质，甚至不惜失去与案件结局关系重大的情报"。[①] 许多国家和地区结合本地的制度、历史、文化等规定了不同范围的拒证权，澳门亦设定了一

---

① 〔美〕乔恩·华尔兹：《刑事证据大全》，何家弘译，中国人民公安大学出版社，1993，第 283 页。

套相关制度。

1. 因血亲及姻亲而拒证

家庭是社会的基本单位，保护家庭成员之间的伦理亲情对于稳定社会是至关重要的。因此，亲属间的拒证权在全世界受到广泛认可，但是仅限于一定范围内的亲属。澳门《刑事诉讼法典》第121条规定，下列人员可拒绝以证人身份作证言：①嫌犯的直系血亲卑亲属、直系血亲尊亲属、兄弟姊妹、二亲等内的姻亲、收养人、嫌犯所收养的人及嫌犯的配偶，以及与嫌犯在类似配偶状况下共同生活的人；②曾为嫌犯的配偶或曾与嫌犯在类似配偶状况下共同生活的人，就婚姻或同居存续期间所发生的事实。有权限接收该证言的实体须提醒上述人员有权拒绝作证，否则所作证言无效。

在澳门民事诉讼中，除非诉讼目标是调查子女的出生或死亡，否则下列人员可拒绝以证人身份作证：①在涉及直系血亲卑亲属的案件中，直系血亲尊亲属可拒绝作证，反之亦然；②在涉及女婿或儿媳的案件中，岳父、岳母或翁姑可拒绝作证，反之亦然；③在配偶一方或前任配偶一方是当事人的案件中，配偶另一方或前任配偶另一方可拒绝作证；④现在或曾经与案件中任一当事人以事实婚方式共同生活的人可拒绝在该案中作证。法官应提醒上述人士具有拒证权。

2. 因保密而拒证

根据澳门诉讼制度，须保守职业秘密、遵守公务员保密义务或保守本地区机密的人，应推辞就保密事实作证。具体而言，律师、医生、新闻工作者、信用机构成员、宗教司祭或各教派司祭及法律容许或规定须保守职业秘密的其他人，可推辞就涉及职业秘密的事实作证。如果有理由怀疑推辞的正当性，处理该附随事项的司法当局须进行调查；如果调查结论是该推辞不正当，则该司法当局须命令作证或声请法院命令作证。处理该附随事项的法院的上级法院，以及当该附随事项向终审法院提出时，终审法院可决定无须保守职业秘密而作证，只要显示出按照刑法适用规定及原则是合理的。此外，不得向公务员询问其在执行职务时知悉且构成秘密的事实。关于构成澳门特别行政区机密事实的证言，由特别法规范。澳门特别行政区机密尤其包括即使透露并不构成犯罪，但一旦透露仍可能对澳门特别行政区内部、对外安全或对澳门特别行政区基本原则的维护造成损害的事实。如果证人提出有关事实构成澳门特别行政区机密，则应在30日内通过有权限当局确认；如果经过30日未获确认，则证人应当作证。

（三）亲自出庭的义务

根据直接言词审理的要求，证人作证应当是亲身行为，在任何情况下均不得授权他人作证。依规则被传召或通知之人，无合理解释而不在指定日期、时间到达指定地点，法官须判处未到场者缴付 1.5UC 至 8UC[①] 的款项。法官可依职权或应声请命令拘留无合理解释而不到场的人，而拘留时间是实施有关措施的必要时间，并可判处该人缴付因其不到场而引致的开支，尤其是与通知、事务处理及各人往来有关的开支。不过，因不可归责的事实而导致其不能到场的，视为有合理解释的不到场。不可能到场应按下列情况作出告知：①在可预见的情况下，应最迟提前 5 日或尽早告知；②在不可预见的情况下，应在指定作出有关诉讼行为的日期及时间时告知。在上述告知内，须指出有关理由、可找到不到场之人的地方，以及可预见此障碍持续的时间，否则视为无合理解释的不到场。不可能到场的证据资料应随上述告知一并提交，但不可预见的障碍不在此限，在这种情况下，可在 5 日内提交有关证据资料。如果需要对人证作出调查，不可指定多于 3 名证人。如果不能到场的理由是患病，不到场之人则须呈交医生检查证明，并指明不可能到场或严重不便到场的情况，以及此障碍可能持续的时间；然而，该医生检查证明的证据价值可被任何可采纳的证据方法所质疑及推翻。如果不可能获得医生检查证明，则可采纳其他证据方法。如果证实不到场之人是不可能到场或严重不便到场的，则可在其身处的地方听取其陈述，但这不影响进行法律在该情况下容许进行的辩论。

不过，澳门还有"供未来备忘用之声明"的制度。所谓供未来备忘用之声明，是指检察院在侦查阶段预计有关证人可能在审判阶段无法亲自出庭而提请预审法官提前调查的证据资料，属于控方证据的一部分。在证人作出供未来备忘用之声明时，检察院、嫌犯及其辩护人可以出席，以便确保对质的权利。根据澳门法院的解释，在没有成为嫌犯的情况下，录取证人供未来备忘用之声明并不损害嫌犯的辩护权利，该声明并非具有绝对效力，将来嫌犯在之后的阶段也可提出反证。如果在相关侦查程序中没有人成为嫌犯，则没有必要也没有可能让嫌犯出席供未来备忘用之声明的措施。[②] 这

---

① UC 为澳门法院诉讼费用专有的计算单位，1UC 等于公共行政人员薪俸点 100 点的金额的 1/10。见第 63/99/M 号法令。

② 澳门特别行政区终审法院第 29/2011 号刑事上诉案裁判书。

一制度较好地兼顾了直接言词原则的要求和个案中可能出现的特殊情形。

（四）伪证的法律责任

证人依法承担以下义务：①根据当局正当传召或通知的时间和地点报到并听候安排，直至该当局解除其义务为止；②如果向司法当局作证，应当宣誓；③遵守向其正当指出、与作证方式有关的指示；④据实回答提问。不过，如果证人回答有关问题将导致其承担刑事责任，则无须回答。

澳门《民事诉讼法典》第442条规定了协助发现事实真相的义务，任何人均依法承担此义务，须回答向其提出的问题，接受必要检验，提交被要求提交的物以及作出被指定的行为。如果不提供应给予的协助，则判处其缴纳罚款。但在下列情况中，提供协助的义务终止：①侵犯人的身体或精神的完整性；②侵入私人生活、住所、函件或其他通讯方法；③违反保守职业秘密的义务、违反公务员的保密义务，或违反保守本地区机密的义务等。

澳门《刑法典》第324条规定了作虚假证言、鉴定、传译或翻译罪。身为证人、鉴定人、技术员、翻译员或传译员，向法院或向有权限接收作为证据方法的陈述、报告、资料或翻译的公务员，作虚假陈述、提交虚假报告、提供虚假资料或作虚假翻译的，处6个月至3年徒刑，或科不少于60日罚金。无合理理由而拒绝陈述或提交报告、资料或翻译的，处以相同刑罚。如果行为人在宣誓后，且已被警告将面对的刑事后果后，作出上述行为的，处最高5年徒刑或科最高600日罚金。

三 作证程序

证人的调查方法是具结及交互诘问，证人作为证据方法旨在调查证据。在各类诉讼中，证人作证均是调查证据、了解案情的主要方式之一，必须严格依照法定程序进行，正当程序也有利于确保证人证言的可靠性。证人享有经济补偿权。曾被通知到场的证人，不论其是否居于澳门及是否作证言，均有权收取往来开支及就其到场的每一日收取法官所定的损害赔偿，只要证人在作证、获告知无须接受询问时或无该告知时在送交卷宗以作判决前提出该请求。

（一）证人数目的限制

关于诉讼程序的附随事项，澳门《民事诉讼法典》第 246 条要求当事人就每一事实不得提出多于 3 名证人，且每一方当事人的证人总数不得多于 8 名。此外，该法典第 533 条还规定了证人数目的一般限制。原告不得提出多于 20 名证人，以便就诉讼依据提供证据；各被告提出相同答辩时，亦受到同样的限制。在反诉情况下，每方当事人最多可提出 20 名证人，以便就反诉依据或反诉防御提供证据。证人名单中超出法定数目的证人，其姓名视为未经载录。该法典第 534 条就每一事实可询问的证人数目作出了限制规定。就每一待证事实，当事人不得提出多于 5 名证人，但已声明不知悉该事实的证人不计算在内。

（二）作证方式

证人原则上应当以口头方式作证，在符合法定条件的情况下也可提供书面证言。如果发现证人不能到法院或到法院非常困难，在听取当事人意见后，法官可许可证人以书面文件的形式提供证言。该书面文件须注明日期，由证人签名，并须逐一记述其在场时发生的事实或其本人发现的事实，以及所援引的科学理由。书面作证的证人如果提供虚假证言，也可处以虚假证言罪。如果证人患重病、前往外地或未获得在澳门居住的许可，并且可预见该等情况将阻碍其在审判时作证，预审法官应检察院、嫌犯、辅助人或民事当事人的声请，可在侦查期间询问该证人，以便有需要时在审判中考虑其证言。

如果证人居于澳门以外的地方，当事人可在证人名单中声请发出请求书，以便对该等证人进行询问；为此，须同时指明证人应就何事实作证。如果未声请发出请求书，或因未指明证言的目标以致请求书被拒绝发出，则有关当事人负有偕同上述证人参与辩论及审判听证的责任。如果法官认为上述证人宜在听证中作证，且其出庭往来不会对其产生难以容忍的牺牲，则法官亦拒绝发出请求书。在此情况下，须通知该证人到场，而指定该证人的当事人负责预先支付其往来开支。

此外，以下人士享有书面作证的特权：行政长官；司长、行政会委员及立法会议员；终审法院法官及中级法院法官；检察长；廉政专员、审计长、警察总局局长及海关关长；司法官管理及纪律机关的成员；宗教教派的高层人物；代表律师的机构主持人；享有国际保护的人。行政长官亦享有在其居所或办公处所接受询问的特权。如果指定享有国际保护的人作为证人，须遵守国际法规定。在指定上述任何实体作为证人时，当事人应详细列明其希望证人就何事实提供证言。

值得一提的是，《西班牙刑事诉讼法》第437条的规定比较有特色，比澳门的规定更灵活。该条文规定，证人应当当场提供证言，不得宣读准备好的证言或者答复。但对于难以回忆的证据，可以查阅笔记或者记录。证人可以对自己回答的内容进行引证。

（三）作证地点

关于证人作证的地点问题，澳门《民事诉讼法典》第522、523条规定，证人于辩论及审判听证时作证言，但下列情况除外：①依据第444条规定预先进行询问；②通过请求书进行询问；③依据第525条规定在居所或办公处所进行询问；④证人不能到法院。如果法院主动或应任何当事人的声请，认为在涉及有关问题的地方询问证人更适宜，则在该地方进行询问。对此，《西班牙刑事诉讼法》的规定更为直接。该法第419条规定，证人因身体原因无法当面提供证言的，只要询问不危及证人生命，预审法官应当在证人住所听取证言。

（四）作证顺序

澳门《民事诉讼法典》第535条规定了作证顺序。开始进行询问前，须将证人集合在一房间内，以便其按证人名单中所载的顺序出庭作证，原告的证人先作证，然后是被告的证人，但法官命令变更证人名单的顺序或当事人同意变更该顺序的情况除外。不过，如果证人是司法机关办事处的人员，则其首先作证，即使其属于被告提出的证人。

（五）证言的目标及范围

在刑事诉讼中，法官须向证人询问其直接知悉且为证明对象的事实。在法官确定可科处的刑罚或保安处分前，就嫌犯的人格、性格、个人状况、以往行为等事实作出询问，仅在证明犯罪的构成要素，尤其是行为人的罪过确实必要的范围内，或在采用强制措施或财产担保措施确实必要的范围内，才可以进行，除非法律另有规定。

（六）询问规则

根据心理学的研究，人类记忆的特点是更关注事件的大概结构和整体意义，而不擅长记住细节。[①] 因此，对于证人的记忆不能过于依赖，原则上应在法庭上面对面调查对质。为了避免误导，不应向证人提出暗示性的问题或离题的问题，亦不得提出其他可能妨碍答复的自发性及真诚的问题。首先，应询问识别证人身份所必需的资料，证人与嫌犯、被害人、辅助人、民事当事人、其他证人等之间的亲属关系及利害关系，以及对评价证言的可信性起到重要作用的任何情节；随后是证人宣誓；之后须依据法律规定及在法定范围内作证。如果适宜，可向证人展示任何诉讼文书、诉讼有关文件、犯罪使用的工具或其他被扣押的对象。如果证人呈交可作为证据的对象或文件，则记载此事，并将该对象或文件附于有关卷宗或妥为保管。

不过，澳门对于未成年人、精神障碍人士等特殊群体证人的询问机制还有待完善。在西班牙，对未成年证人，不得进行质证；但法官或者法院出具鉴定报告认为其质证必不可少的，且不会损害未成年人利益的除外。《比利时刑事诉讼法》第79条规定，询问15岁以下的未成年人，应当经过声明程序，无须其宣誓。对于存在精神障碍的人士，香港采用了合适成人的做法。一直以来，警方邀请合适成人为协助警方或受调查的MIP（精神上无行为能力者）提供支援，这有助于缓解其不安，促进双方的沟通。合适成人通常是亲人、监护人或其他负责照顾或看守该人的人士；或一名对处理有特别需要的人有经验的人士；或如果未能安排上述人士在场，亦须有其他可负责的成人，但不能是警务人员或受雇于警方的人士。其可以提供协助及情绪支援；就该MIP的福利事宜向警方提出建议；帮助MIP明白其享有的权利；以证人身份观察警方会面或调查的程序是否公平；告知警方该MIP的药物和医疗需要；以及协助警方与该MIP沟通。[②] 鉴于未成年人的身心特点，《中华人民共和国刑事诉讼法》在未成年人案件特别诉讼程序中，也就讯问未成年犯罪嫌疑人设置了合适成年人在场的制度，以更好地保护未成年人的合法权益。

---

① 〔日〕高木光太郎：《证言的心理学——相信记忆、怀疑记忆》，片成男译，中国政法大学出版社，2013，第16页。

② 香港特别行政区警务处网站，https://www.police.gov.hk/mip/sc/a.html，最后访问日期：2020年1月1日。

四　其他

就澳门的人证而言，有些问题还有待进一步明确。例如，证人在醉酒、麻醉品或药物等障碍下能否提供证言？中国 2010 年《关于办理死刑案件审查判断证据若干问题的规定》明确指出，处于明显醉酒、麻醉品中毒或者精神药物麻醉状态，以致不能正确表达的证人所提供的证言，不能作为定案的根据。当然，在澳门审判实践中，法官可以根据自由心证进行判断，但是为了统一适用标准，避免相关争议，也可以在立法中加以明确。

又如，精神病人是否都不能作证呢？毕竟，"禁治产"是民法上的概念，被宣告禁治产的人丧失管理自己财产的权限，由法院设定辅助人或监护人来帮助其管理财产。然而，该标准是否适合诉讼程序中证人资格的判定，恐怕需要进一步斟酌。这样的标准主要适用于人与物之间的财产关系，和证人作证的原则、要求是不同的，适用起来也未必合适，甚至在个案中会碰到困难或障碍。在医学上，精神病也分为很多种，从证人作证的角度来看，应当侧重于其感知能力、辨别能力和表达能力。中国 2019 年修订的《最高人民法院关于民事诉讼证据的若干规定》第 96 条规定："人民法院认定证人证言，可以通过对证人的智力状况、品德、知识、经验、法律意识和专业技能等的综合分析作出判断。"这一规定较好地体现了灵活性，有利于查明案件真相。

再如，澳门关于证人宣誓的规定过于单一，可能在个案中无法适应各类人士的具体情况。《德国刑事诉讼法典》第 65 条规定了等同于宣誓的保证。①证人基于信仰、良知的理由不愿意宣誓时，应当对其陈述的真实性作出保证。保证视同宣誓。对此，应告知证人。②陈述的真实性应当通过下列形式保证，法官对证人宣告说："你明白你在法院面前的责任并保证，你尽你所知，所述之言为纯真实之陈述且无隐瞒。"对此，证人说道："是的。"此外，澳大利亚的宣誓方式比较灵活，更能满足现代社会生活的不同需要。澳大利亚 2002 年《犯罪收益追缴法》第 190 条第 3 款规定，根据指令应受讯问人的宣誓或者保证可按照以下方式进行：①借助视频连线、其他近乎可行的方式，就像在讯问地点讯问一样；②在应受讯问人为讯问目的而到达讯问的地点，由一位指定讯问人授权代表他的人。

此外，对抗制庭审中还有证人弹劾制度。证人弹劾是指证人出庭作证时，双方当事人可在交叉询问中通过其他证据对证人的可靠性提出质疑和争辩，以削弱其证言的证明力，进而维护本方的利益。这对于合理评价言词证据的证明力提供了程序保障。以《美国联邦证据规则》和判例法为依据，弹劾证人的依据主要有不诚实品格、先前不一致陈述、偏见、感官或精神缺陷和具体矛盾。[①]《美国联邦证据规则》第607条规定："关于证人的诚信问题，任何一方当事人，包括传唤该证人作证的当事人，都可以提出质疑。"有感知障碍、精神疾病或失忆症的证人被允许作证，同时也可以被弹劾。这些证人的缺陷将会影响到其证言的分量和可信度，但是不会致使其完全被禁止站上证人席。[②] 目前，澳门立法中对此缺乏相应的规范。

第二节　通过声明方式作出的证据

澳门《刑事诉讼法典》第三卷第二章规定了"嫌犯、辅助人及民事当事人之声明"。首先，声明是指口头陈述，任何声明均须以口头方式作出。除非法律另有规定，以口头作出声明时，不许朗读为此目的而事先制作的书面文件。其次，声明的主体是嫌犯、辅助人及民事当事人。

一　嫌犯声明

嫌犯声明相当于内地刑事诉讼中的犯罪嫌疑人、被告人的供述和辩解。在葡萄牙刑事诉讼中，从法律的多处规定中可以推定，通过声明作出的证据并不具有与人证同等的证明力，但这完全不表现为评价证据的标准：法官有自由——适当的自由——以某一声明人所作证言为基础形成其心证，而不采纳与此相反的证言。[③] 在澳门刑事诉讼中，即使嫌犯正被拘留或拘禁，其作出声明时也不应受到人身束缚，但为预防其逃走或作出暴力行为

---

① 朱家腾：《美国庭审中对证人品性的弹劾证据规则》，《人民法院报》2018年9月14日第08版。

② 〔美〕阿维娃·奥伦斯坦：《证据法要义》，汪诸豪、黄燕妮译，中国政法大学出版社，2018，第179页。

③ 〔葡〕乔治·德·菲格雷多·迪亚士：《刑事诉讼法》，马哲、缴洁译，社会科学文献出版社，2019，第121～122页。

的危险，则不在此限。在任何情况下，嫌犯均无须宣誓。嫌犯依法享有沉默权。取得嫌犯声明应依法通过讯问程序。讯问在澳门分为三种：首次司法讯问、首次非司法讯问和其他讯问。讯问嫌犯不得在 0 时至 6 时之间进行，否则无效，但在拘留后随即作出的讯问除外。不过，澳门对每次讯问的间隔时间并未规定。根据《俄罗斯联邦刑事诉讼法典》第 187 条，每次讯问时间不得持续超过 4 小时；讯问的持续，允许在每次休息与用餐至少 1 小时后进行，而且每日讯问的总时间不得超过 8 小时。在具有医疗鉴定的情况下，讯问时间的长短根据医生的诊断证明予以确定。可见，俄罗斯的相关规定更为细致，更具有可操作性，且有利于全方位保障被讯问者的合法权益。

（一）沉默权

沉默权与证据法的关系密切。沉默权连同禁止从沉默中作出不利推论的规则最好被理解为一个证据法制度，而不是实体法或者程序法制度。[①] 在澳门刑事诉讼中，嫌犯不会因行使沉默权被视为对不法行为欠缺悔意而在量刑方面受到损害，审判人的这种推论或结论即使不成为减轻情节，也绝不得作为处罚的加重情节。[②] 澳门《刑事诉讼法典》第 50 条第 1 款 c 项规定嫌犯在诉讼的任何阶段内享有沉默权。"不回答由任何实体就对其归责之事实所提出之问题，以及就其所作、与该等事实有关之声明之内容所提出之问题。"

此外，根据澳门《刑事诉讼法典》第 324 条，主持审判的法官须告知嫌犯其有权在听证中随时作出声明，只要该等声明涉及诉讼目标，并且声明不是义务，其不会因沉默而遭受不利后果。如果嫌犯愿意作出声明，则法院听取其一切陈述，但不发表任何意见或评论，使人从中可推论出对嫌犯罪过的判断。在声明过程中，如果嫌犯讲述对案件作出良好裁判不重要的事宜而偏离诉讼目标，则主持审判的法官须作出警告；如继续如此，则禁止其发言。如有数名共同嫌犯作答，则主持审判的法官决定应否在听取某嫌犯的声明时让其他嫌犯在场；如分开听取声明，则在听取所有嫌犯的声明且其全部返回听证室后，法官须立即扼要告知该等嫌犯不在场时所发

---

① 〔美〕亚历克斯·斯坦：《证据法的根基》，樊传明等译，中国人民大学出版社，2018，第 10 页。

② 澳门特别行政区中级法院第 274/2005 号司法上诉案裁判书。

生的事情，否则无效。检察院、辩护人、辅助人及民事当事人的代理人不得干涉嫌犯的声明，尤其是不得提出有关声明方式的建议，但与辩护人有关的规定除外。

不过，嫌犯的沉默权在澳门也不是绝对的，某些情况下会受到一定限制。例如，根据澳门《刑事诉讼法典》第 323 条第 3 款，嫌犯如果不回答或不据实回答有关其身份资料及犯罪记录的问题，则须承担相应的刑事责任。此外，澳门《道路交通法》规定的酒精测试及麻醉品测试、澳门《禁毒法》规定的尿液样本取检等，均属于立法要求的当事人应主动配合办案机关的调查措施，也是嫌犯作为被追诉者的法定义务。

（二）首次司法讯问

首次司法讯问由预审法官进行。有关当局或实体将不应立即审判的被拘留嫌犯送交法官并指明拘留理由及相关证据后，预审法官应立即讯问，最迟不得超过拘留后的 48 小时。此外，如果检察院为了对某个或某些被调查嫌犯采取其预先建议的强制措施而将刑事侦查卷宗送交预审法官批阅，那么，预审法官在确认首次司法讯问不可或缺时，尤其对于通过直接言词方式可更好发现实质真实以及更加确定地决定在侦查阶段是否施加强制措施时，就可以命令（即使是须依职权）进行首次司法讯问，并在非现行犯情况下预先拘留任何一名涉案嫌犯。[1] 首次司法讯问的程序设计有利于保障嫌犯的合法权益。

讯问时应有检察院、辩护人和司法公务员在场，如有需要，传译员也可在场。除非基于安全理由而应看守被拘留的人，否则，其他人不得在场。法官须询问嫌犯的姓名、父母姓名、出生地、出生日期、婚姻状况、职业、居所及可认别其身份的官方文件编号。如果嫌犯曾被拘禁，则法官须询问其被拘禁的时间及原因，以及是否被判罪及因犯何罪而被判罪。法官应警告嫌犯，如不回答或不实回答上述问题，则其有可能负刑事责任。随后，法官须告知嫌犯依法享有的诉讼权利，有需要时，应向其解释。法官须了解拘留的理由并告知嫌犯，向其说明被归责的事实。嫌犯可自认或否认相关事实，自认或否认参与相关事实，并可指出阻却不法性或罪过的事由，指出任何对确定责任或制裁分量重要的情节。在讯问期间，检察院及辩护

---

[1] 澳门特别行政区中级法院第 14/2005 号刑事诉讼程序上诉案裁判书。

人不得干涉，但不妨碍其就诉讼程序上的无效提出争辩。讯问结束后，检察院及辩护人可在嫌犯不在场的情况下，声请法官向嫌犯提出其认为对发现事实真相适宜的问题；就该声请作出的裁判，不得上诉。

（三）首次非司法讯问

非司法讯问是指不是由预审法官进行的讯问。如果被拘留嫌犯在拘留后未立即被预审法官讯问，则须将其送交检察院，并可通过简要方式听取。此讯问须遵守首次司法讯问有关规定中可适用的部分，但关于辩护人援助的规定除外；仅当嫌犯被告知权利后，要求由辩护人援助时，辩护人才可援助。简要讯问后，如果检察院不释放被拘留人，须采取措施，则依法将其送交预审法官。如果属于恐怖主义、暴力犯罪或有高度组织犯罪的情况，检察院可命令被拘留人在首次司法讯问前不得与任何人联络，但辩护人除外。

（四）其他讯问

除了上述两种讯问以外，对被拘禁的嫌犯随后进行的讯问以及对没有被拘留的嫌犯进行的讯问，在侦查中由检察院进行；在预审及审判中，由法官进行。讯问时应遵守法律相关规定。在侦查或预审中，检察院或预审法官可授权刑事警察机关进行其他讯问。

澳门亦就特殊当事人建立了相关制度或工作机制。2014年司法警察局曾颁布内部指令，如果嫌犯是残疾人士，必须确保其获得辩护人的援助；如果有关人士不委托或尚未委托辩护人，且属于紧急情况，该局会安排具有法学学位的刑事侦查人员或法律专业人员作为其辩护人。如果被调查人士属智力或精神障碍，该局会联络其家属、监护人或社工陪同其录取口供，保障被调查人的权利，同时有利于查明案件。该局已与相关政府部门建立了有效联络机制，需要时可为被调查人士提供医疗护理、精神评估、情绪支持等协助。目前，司法警察局共有18名人员具备心理学本科或以上学历资格，5名人员修读了手语翻译课程，相关人员可为有需要的人士提供必要协助。[①] 可见，澳门非常重视残疾人士（包括智障人士）在刑事诉讼中的权益保障。

---

① 《警既定机制保残疾人刑侦权益》，《澳门日报》2019年11月27日第A2版。

此外，根据澳门第 25/2017 号行政法规《经济局的组织及运作》，澳门经济局的工商业稽查处具有下列职权："（一）采取预防及监察措施，促进工商业及经济活动的发展；（二）遏止违反规范经济活动的规定、妨碍经济发展或违反按法律规定属经济局负责监察的其他经济法例的违法行为，并对所发现的违法行为提起法律程序；（三）就所发现的违法行为制作实况笔录；（四）就违法行为编制卷宗及报告书，以便提交主管当局，报告书须载有对是否存在违法行为、违法行为的定性及适用的处罚等程序所作的结论；（五）听取嫌疑人、证人及其他人的声明；（六）根据法律的规定辅助司法当局。"其中，第（五）项也与嫌犯的声明有关。

（五）讯问的录音录像

为了保障讯问程序的合法性，许多国家和地区设置了讯问同步录音录像制度。在美国，大部分警察局将讯问录音录像限制在重罪案件范围内，如杀人、性骚扰、暴力抢劫以及其他一些暴力或侵犯人身安全的犯罪；少数警察局会在交通肇事（酒驾或毒驾）、虐待儿童及家庭暴力犯罪的讯问中采用录音录像制度。[1]《中华人民共和国刑事诉讼法》在 2012 年修订时也引入了该项制度。该法第 123 条规定："侦查人员在讯问犯罪嫌疑人的时候，可以对讯问过程进行录音或者录像；对于可能判处无期徒刑、死刑的案件或者其他重大犯罪案件，应当对讯问过程进行录音或者录像。录音或者录像应当全程进行，保持完整性。"台湾地区"刑事诉讼法"第 100 条之 1 亦规定，须全程连续录音，必要时应全程连续录影。尽量还原侦讯过程全貌，确保侦讯笔录的正确性及被侦讯者陈述的任意性。急迫情况下不需要录像。无录音设备或录影设备可用，且如不即时侦讯，恐不能阻止新犯罪发生或犯罪结果发生或犯罪结果加重或扩大，或共犯逃脱等情形而言，始妥当。[2]不过，录音录像也不是万能的，即使在该项制度的发源地英国，实证研究表明，录像并不能有效防止警察在讯问前后、在摄像机拍不到的地方对付

---

[1]　顾永忠、张婧：《美国侦查讯问制度考察报告》，载樊崇义、顾永忠主编《侦查讯问程序改革实证研究：侦查讯问中律师在场、录音、录像制度试验》，中国人民公安大学出版社，2007，第 480 页。

[2]　黄东熊：《刑事诉讼法论》，三民书局，1999，第 220 页。

犯罪嫌疑人。[1]

目前,澳门刑事诉讼法并未就讯问录音录像作出明确规定,但是司法实践中对于严重犯罪的讯问可进行录音录像。此外,澳门第 6/97/M 号法律《有组织犯罪法》第 26 条第 1 款规定,收集声明或证供的笔录,以及讯问嫌犯的书面记录,可能时应附以磁带或视听录制方法录下的记录。该条第 2 款规定了进行供未来备忘用之声明记录的情况。但是绝对不能从这一规定中得出结论认为,根据该法第 27 条允许在听证中宣读的声明必须以录音或视听录制的方法录制记录并进行供未来备忘用之声明的记录。[2] 不过,这部法律是回归前制定的,与澳门现在的社会发展及打击犯罪的需要存在不相适应的问题,建议将来直接在澳门《刑事诉讼法典》中作出统一规范。

(六) 嫌犯声明的宣读

根据直接言词审理的要求,嫌犯先前作出的声明一般是不能宣读的。不过,澳门《刑事诉讼法典》第 338 条第 1 款规定了两种可宣读嫌犯声明的例外情况:"a)应嫌犯本人之请求,不论该等声明系向何实体作出者;或 b)如该等声明是向法官或检察院作出,且与听证中所作声明之间存有矛盾或分歧。"为了保障嫌犯的辩护权,辩护人有权代表嫌犯在庭上要求宣读声明。如果嫌犯之前没有任何意思表示,则辩护人在庭审中要求宣读声明,并没有违反嫌犯的意愿。如果嫌犯曾签字同意宣读先前声明,那么辩护人后来是否可以反对宣读?根据澳门《刑事诉讼法典》第 52 条,辩护人行使法律承认嫌犯所享有的权利,但法律限制须由嫌犯本人行使的权利除外。嫌犯可撤销由辩护人以嫌犯名义作出的行为,只要法官在作出与该行为有关的裁判前,嫌犯有明确表示。不过,仅从这条规定很难回答上述问题。

对此,澳门中级法院第 697/2017 号案件合议庭裁判认为,在嫌犯缺席听证的情况下,一切效力均由辩护人代表嫌犯,故辩护人有权反对宣读嫌犯之前的声明。该裁判还指出,刑事诉讼要求在预防及打击犯罪的必要性与嫌犯的辩论权利之间取得一个平衡点,预防及打击犯罪不可以不理会个中的手段。值得一提的是,根据该裁判的落败声明,合议庭中一名法官认

---

[1] Mike Mcconvile, "Videotaping Interrogations: Police Behavior on and off Camera", *Criminal Law Review*, London: Sweet & Maxwell, 1992, pp. 539 – 548.

[2] 澳门特别行政区终审法院第 7/2003 号刑事诉讼程序上诉案裁判书。

为，此乃嫌犯明确的个人意愿，如果嫌犯同意在听证中宣读之前的声明，则辩护人不可以反对嫌犯的个人请求。后来，澳门中级法院又在另一起案件裁判中指出，嫌犯在侦查阶段签署同意宣读其声明的声明书，这种看似正常也令将来刑事诉讼变得顺利的做法很容易让人接受，但这违反了刑事诉讼原则，是完全违法的。一方面，嫌犯在该阶段处于不能自由决定的处境，很多时候是在不知道发生了什么事情的情况下同意的，这无疑是一种要挟；另一方面，侦查阶段不能用来解决审判阶段才能解决的问题。立法本意是不得在违反嫌犯意愿的情况下宣读声明。嫌犯预先同意的声明是不产生任何法律效力的诉讼行为。在嫌犯未出席听证的特别情况下，其诉讼权利由辩护人代理行使，辩护人的反对宣读也就没有违背嫌犯的意愿。①

如果嫌犯在庭审前作出声明，但是在庭审中又行使沉默权，应如何看待？根据澳门现行法律规定，在这种情况下，嫌犯的先前声明不能作为法官心证的基础。不过，其他地区则有不同看法。例如，台湾学者林钰雄教授曾言，在承认被告缄默权的情况下，若被告自始至终保持缄默，则不应据此推断犯罪事实，也不应将此作为量刑准则。其缄默的动机可能五花八门，可能是粉饰自己的犯罪行为，可能是掩护他人的犯罪行为，也可能是基于其他理由，因而很难直接从缄默本身导出被告犯罪的结论。但若进行选择性陈述，情形则有所不同，缄默权是赋予被告开启或关闭陈述作为证据方法的主动权利。被告固然可保持缄默而关闭此种证据方法，但是，倘若被告依其自由意思选择陈述，则开启了此种证据方法，同时也开启了法院自由评价其证明力的路径。据此，法院依照被告整体的行为，时而回答、时而缄默以及被告已陈述部分，综合评价判断，并不违反缄默权利的保障。这就如同被告反反复复或自相矛盾的答辩，可能影响法院对于证明力的评价与判断，但应注意证据评价时的一般限制，例如，不得违反经验法则等。② 这段理由阐述还是相当具有说服力的，可避免被追诉者滥用沉默权。

二　辅助人及民事当事人的声明

在澳门刑事诉讼中，辅助人是指检察院的协助人，有权参与从属于检

---

① 澳门特别行政区中级法院第99/2018号刑事诉讼程序上诉案裁判书。
② 林钰雄：《刑事诉讼法》（上册·总论编），元照出版公司，2013，第163～164页。

察院的诉讼活动，以及在检察院控诉之外独立提出控诉。辅助人主要是年满 16 岁的被害人，被害人死亡或无行为能力时，其近亲属、法定代理人等也可成为辅助人。辅助人声明和内地的被害人陈述存在相似之处，但辅助人的主体范围更大。民事当事人就是附带民事诉讼的原告和被告。应辅助人、民事当事人或嫌犯的声请，或司法当局认为适宜时，可听取辅助人及民事当事人的声明。辅助人及民事当事人均有据实陈述的义务，违反者须承担刑事责任；其作出声明原则上必须遵守证人作证制度，但明显不适用的部分及法律另有规定的除外。辅助人及民事当事人在作出声明前无须宣誓。关于此类诉讼参与人的先前声明，法律亦允许在特殊情况下宣读，例如，澳门《刑事诉讼法典》第 337 条第 4 款规定："如有关之声明人因死亡或嗣后精神失常而不能到场，或由于使之长期不能到场之原因而不能到场，则亦得宣读该等人已向法官或检察院作出之声明。"

此外，澳门第 2/2016 号法律《预防及打击家庭暴力法》第 26 条规定了被害人的声明。主持审判的法官可依职权或应检察院或被害人的声请，决定在嫌犯不在场的情况下，询问以证人、辅助人或民事当事人的身份出席听证的被害人。在例外情况下，司法当局或刑事警察机关可批准被害人在其中一名家庭成员、医生或卫生专业人员、心理辅导员、社会工作人员，或司法当局、刑事警察机关认为适宜的其他人士的陪同下，在诉讼程序中以证人、辅助人或民事当事人的身份作出声明。

不过，澳门对于被害人的保护还有待加强。从其他法域来看，被害人的诉讼权利是非常具体的。例如，《瑞士刑事诉讼法》规定了保护被害人的一般措施，刑事司法机关应当在诉讼的每一阶段保护被害人的个人隐私。被害人在所有程序性听证中，有权在其诉讼代理人之外由一名信赖者陪同。如果被害人要求，刑事司法机关应当确保被害人不与被告人见面，并考虑使被告人的表述意见权以其他方式实现。性犯罪被害人可以要求由同一性别的人对其询问。仅当被告人表达意见的权利无法以其他任何方式加以保障时，才能不顾被害人意愿而安排对质听证。《巴西刑事诉讼法》第 201 条第 6 款规定，法官应当采取必要措施，以保护被害人的隐私、私人生活、名誉和形象，尤其是可以命令对个人资料、陈述和载于卷宗内的其他相关信息予以司法保密，避免向媒体公开。

第三节 通过当事人陈述的证据

澳门《民事诉讼法典》规定了"通过当事人陈述之证据"，法官可在诉讼中随时命令当事人亲自到场，对重要的案件事实作出陈述。在 1933 年的诉讼法改革中，《德国民事诉讼法典》才规定了询问当事人这一证据手段。德国法学理论对"当事人作为证人来证明自己的事务"素来抱有怀疑态度，因为任何一个当事人都是最关心判决结果的人，并且和判决结果利益攸关。[①] 由于当事人和案件有利害关系，对于其陈述必须一分为二地看待。

一 陈述者的诉讼能力

如果当事人声请陈述，其须立即逐一指出必须陈述的事实。作陈述的当事人一般应具有诉讼能力。可声请准治产人，以及无行为能力人的代理人或法人的代表作陈述。然而，陈述中的自认仅在准禁治产人可承担责任及代理人或代表可使其所代理或代表的人承担责任的确切范围内，才具有自认的效力。每个当事人除了可声请对方当事人作陈述外，亦可声请本方的共同当事人作陈述。陈述的内容只能是陈述者个人的事实或其应知悉的事实，不可包括当事人被指称作出的犯罪事实或卑劣行为。辅助参加人的陈述由法院自由评价；法院应考虑有关情况以及作陈述或声请作陈述的人在案件中的地位。

二 陈述的程序

陈述应在辩论及审判听证时作出，但属紧急情况、陈述者居于澳门以外地方或其不能到法院的除外。如果法院认为有需要，且当事人到场不会对其引致难以容忍的牺牲，法院可命令居于澳门以外地方的当事人在辩论及审判听证时作陈述。如果显示当事人因病不能到法院，法官可要求医疗方面的实体查证当事人所声称的事实是否属实；如属实情，法官可要求该

[①] 邵建东主编《德国司法制度》，厦门大学出版社，2010，第 170 页。

实体查证当事人能否作陈述。如果当事人不能到场，但并非不能作陈述，则当事人须在法官指定的时间及地点作陈述；如有需要，法官会在听取主诊医生的意见后作出指定。

关于陈述的顺序，如果双方当事人均须向法庭作陈述，则先由被告陈述，其后由原告陈述。如果有多于一名原告或被告须作陈述，则未作陈述的共同当事人不得旁听其他共同当事人的陈述；如各共同当事人在同一日内作陈述，则须将各人集合于一房间内，以便其按照应作陈述的顺序出庭。

在作出旨在识别陈述者身份的初步讯问后，法官须就应予陈述的每一事实讯问陈述者。陈述者须以准确及清楚的方式回答提问，而他方当事人可声请向其提出补充问题，以便解释或补充有关答复。陈述者不得带备书面陈述，但可翻阅文件或记录日期或事实的笔记，以回答有关问题。陈述可以有律师参与。当事人的律师可请求陈述者加以解释。如果任一律师认为某一问题在形式上或实质上不可接纳，可提出反对；对于该反对，法官须立即作出确定性裁判。

三　宣誓的要求

在澳门民事审判中，开始作陈述前，法院须使陈述者知悉宣誓在道德上的重要性以及其负有据实陈明的义务，并警告陈述者作虚假声明将受的处分。随后，法院要求陈述者宣誓，其誓词为："本人谨以名誉宣誓，所言全部属实，并无虚言。"拒绝宣誓等同于拒绝陈述。不过，《德国民事诉讼法典》对当事人的询问分为未宣誓的询问和宣誓后的询问；对当事人宣誓或未宣誓情况下所作的陈述以及当事人拒绝宣誓或拒绝陈述，德国法律规定由法官通过自由心证作出判断。[①]

四　书面记录

陈述者在陈述中作出自认的部分，或叙述与自认的表示属于不可分开的事实或情事的部分，必须以书面记录，即使该陈述已录制成视听资料。上述记录内容由法官负责拟定，当事人或其律师可提出其认为恰当的声明

---

① 李浩：《当事人陈述：比较、借鉴与重构》，《现代法学》2005 年第 3 期，第 48 页。

异议。完成记录后须向陈述者朗读，该人须确认记录的内容或作出必需的更正。

五　自认的效力

自认其实也是一种当事人陈述。宣告自认无效或撤销自认的诉讼不妨碍出现作出自认情况的案件继续进行。自认不得撤回。然而，在诉辩书状中对事实的明确自认可予以撤回，只要他方当事人未逐一接受该等自认。英美法系则有禁止反言原则。"禁止反言"的英文"estoppel"源于其同根词汇"stopped"，在英国文献中最早出现在 1953 年《关于英国法的对话》中，最早用来"阻止"当事人提出与先前陈述事实相矛盾的证据。[①] 关于澳门法律中的自认制度，笔者将在"证明对象"中的免证事实部分详细论述。

第四节　通过对质的证据

澳门《刑事诉讼法典》第三章规定了"通过对质之证据"。这种证据方法比较特别，是指共犯、单一嫌犯、辅助人、证人等进行对质时所作的陈述。可见，其主要针对言词证据，而且是在面对面对质的时候形成的证据。不过，有观点认为："透过对质的证据不外乎是嫌犯、辅助人、民事当事人或证人的声明。因此，透过对质获得的证据似乎不应作为独立的证据种类。之所以会出现上述将获得证据的方法与证据本身混为一谈的立法现象，主要原因在于，立法者采用了以获得证据的方法为标准来划分证据，而不是以证据本身的属性来划分。这无疑是立法上的缺陷。"[②] 笔者亦赞同这一观点，将来修法时可以删除这一规定。

一　对质的前提

各个共同嫌犯之间、嫌犯与辅助人之间、各证人之间、证人与嫌犯及

---

① 胡萌：《英国证据法中的禁止反言规则》，《人民法院报》2018 年 10 月 26 日第 08 版。
② 徐京辉、程立福：《澳门刑事诉讼法》，澳门基金会，1999，第 106 页。

辅助人之间均可进行对质，只要各人所作声明之间出现矛盾，且对质有助于发现事实真相。民事当事人也可参与对质活动。

二 对质的程序

对质依职权或应声请进行。主持对质的实体在复述有关声明后，须要求对质者确认或变更所作的声明。如有需要，该实体须要求其就其他人所作声明作出答辩。随后，该实体向该等人提出其认为对澄清事实真相适宜的问题。

第五节 通过辨认的证据

辨认是一种侦查或调查行为，通常由当事人、证人对案件有关的场所、物品、痕迹、人身、照片、尸体等进行辨别和确认。根据辨认对象的不同，澳门诉讼法律将辨认分为两种：人的辨认和物件的辨认。辨认证据在诉讼中的证明作用比较大，但是主观性也很强，错误率并不低。在 2008 年的一项研究中，美国前 200 名通过定罪后 DNA 检验而无罪开释的人曾以强奸或谋杀定罪，其中 79% 是基于错误的目击证人证言。[①] 根据人的记忆规律，辨认的心理学实质就是再认，辨认人根据大脑中的记忆信息对当前客体物是否就是以前感知过的客体物进行再认。辨前提醒、禁止暗示、分别辨认等合理规则可有效控制程序的不确定因素，大大增强整个辨认程序的科学客观性。[②] 为此，澳门也设置了辨认程序的基本规则，不遵守法定程序的辨认是不具有证据价值的。

一 辨认证据的内涵

从中文字义来看，"辨认"与"指认"当然有细微区别。指认是指在刑事侦查活动中，为了收集证据、查明案情，在特定情况下，侦查人员组织

---

① Brandon L. Garrett, "Judging Innocence", *Columbia Law Review*, Vol. 108, 2008, p. 60.
② 郑卓佳：《辨认结论的证据资格和证明力探讨》，《广西政法管理干部学院学报》2007 年第 5 期，第 87 页。

有关人员（被害人、证人或者犯罪嫌疑人）对与犯罪有关的特定人员、物品、影像资料等进行确认的活动，具有查证犯罪的功能性特征。[1] 还有学者使用了"指证"一词，指证分为"成列指证"（Line-up）和"一对一指证"（Show-up）。[2] 这里的"成列指证"相当于辨认；"一对一指证"相当于指认。指认的风险很大，具有强烈的暗示性，指认主体可能受到各种因素的影响而出错，不利于保障诉讼当事人的合法权益。有人甚至指出，目击证人的指认是对被告人最残忍的证据。[3] 如果确有必要进行指认，也必须严格规范。台湾地区没有严格区分指认和辨认。台湾地区制定了"警察机关实施指认犯罪嫌疑人注意事项"，从该文件的内容来看，既包括列队指认，也包括单一指认。台湾一名法官曾指出，关于证明犯人与被告同一性的证据，如果仅有被害人、目击者的识别供述证据，统称为"指认证据"，其性质实际上是供述证据，一方面要充分警戒指认证据的危险性，另一方面要最大限度发掘辅助证据。[4] 这一观点可谓一针见血。

从各国或地区的立法和司法实践来看，辨认才是普遍认可的方式，澳门法律亦采用了"辨认"的概念。辨认笔录可以经过审查成为法官心证的依据。澳门法院曾在裁判中指出，"直接辨认相片笔录"既不属于澳门《刑事诉讼法典》第337条规定的容许在庭上宣读的笔录及声明，亦不适用同一法典第338条规定的容许在庭上宣读的嫌犯所作的声明，而是警方在侦查阶段中为了查明事实真相而进行的侦查措施，属于事先制作的证据，只需法院在审理案件时对该证据予以审查，即可作为形成心证的证据。[5] 可见，澳门法院亦将辨认笔录作为一种独立的证据。

二　辨认程序的启动

根据澳门《刑事诉讼法典》第134条，是否需要实施"人之辨认"的

---

[1] 董军、贾腾云：《侦查取证勿要混淆"指认"与"辨认"》，《检察日报》2019年9月19日第03版。

[2] 王兆鹏：《证人指证之瑕疵及防制——美国法制之借镜》，《台大法学论丛》1999年第2期，第231页。

[3] 〔美〕伊丽莎白·罗芙托斯等：《辩方证人：一个心理学家的法庭故事》，浩平译，中国政法大学出版社，2012，第15页。

[4] 林信旭：《关于指认证据》，《月旦裁判时报》2019年第7期，第65、70~71页。

[5] 澳门特别行政区中级法院第532/2019刑事诉讼程序上诉案裁判书。

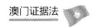
措施，属于司法机关、刑事警察机关的自由裁量范围，法律并没有规定在特定情况下必须采取这一措施。在某案中，澳门法院曾指出，澳门《刑事诉讼法典》第 134 条规定的"人之辨认"措施的实施与否，全属司法机关以至刑事警察机关的自由裁量范围，法律没有任何规定，也没有要求在特定情况下必须实施"人之辨认"的措施。上诉人与另一嫌犯在"现行犯"的情况下被警方截获，且当时与三名证人（非法入境人士）一起。在此情况下并没有进行辨认的强烈需求，"人之辨认"措施主要是针对非现行犯的情况，以作为确认行为人与事后被认定的嫌犯是否同属一人。[①] 为了防止受到各种干扰，在正式辨认前，辨认主体应当先对辨认对象加以描述，并指出一切所能记忆的细微之处；随后，办案人员向其询问以前曾否见过该人及当时的具体状况；最后，就其他可能影响该识别可信性的情节对其仔细询问。提前描述的要求有利于辨认主体认真梳理大脑中的记忆信息，以免被影响或误导。

三 单独辨认原则

基于辨认证据的特殊性，为了防止辨认主体或辨认对象之间的相互干扰，在辨认过程中一般应遵循单独辨认原则。根据澳门《刑事诉讼法典》第 136 条，需要多人辨认同一人或同一物件时，各人须分开进行辨认，且须防止各人间的相互联络；如果需要由同一人辨认数人或数个物件，则对每一人或每一物件的辨认也须分开进行。

四 混杂辨认原则

混杂辨认原则是指辨认对象应与其他相似的人或物一起被辨认，其包含"质"和"量"两方面的要求：一是特征上的相似；二是要达到一定的数量。这一原则仍然是为了提高辨认的准确率。

根据澳门相关法律规定，如果获得的识别资料不完整，应让辨认人离场，并召唤最少两名与被辨认对象尽可能相似的人，包括衣着相似；被辨认对象安排在该二人旁边，如有可能，尽可能在与案发当时相同的状况下

---

① 澳门特别行政区中级法院第 33/2019 号刑事诉讼程序上诉案裁判书。

进行。此时，须传召辨认人，询问其能否从在场人士中辨认出某人；如果可以，则要求其指出。如果有理由相信辨认人可能因辨认而感到胆怯或困扰，而此辨认不是在听证时进行，那么，如有可能，应当在被辨认对象看不到辨认人的情况下进行。

如果需要辨认任何与犯罪有关的物件，参照上述可相应适用的规定进行。如果辨认后仍有疑问，则将辨认物件与最少两件相似物件放在一起，询问辨认人能否从中辨认出某件，如果能辨认出，则要求其从中指出。

五　小结

总体而言，澳门的辨认程序仍有完善空间。《葡萄牙刑事诉讼法典》在第二编"证据方法"第四章专门规定了"证据的确认"，其中，第147条"人之辨认"明确规定，经辨认人同意，应拍摄辨认过程，并附于卷宗。在刑事调查过程中，通过照片、影片、录音资料进行辨认的，只有依法再次进行辨认时，才能作为有效证据。经过相关人员同意，未被辨认出的其他人员的有关照片、影像或录音资料可附于卷宗中。也就是说，葡萄牙增加了拍摄辨认过程的规定，这对于固定证据、减少争议等有一定帮助。《意大利刑事诉讼法典》第214条第3款亦规定，应在笔录中记入辨认活动进行的方式，否则辨认无效。法官可以决定通过照相、录像或者采用其他手段持续地将辨认的情况记录下来。

辨认对象不应仅限于人或物。例如，《意大利刑事诉讼法典》第216条还规定了其他辨认活动。当决定对声音、声响或者其他可感受的东西进行辨认时，法官在有关活动中遵循辨认的法定程序。此外，关于混杂的数量要求，目前澳门的规定偏低。2018年台湾地区"警察机关实施指认犯罪嫌疑人注意事项"规定，实施指认应依指认人描述的犯罪嫌疑人特征，安排6名以上于外形无重大差异的被指认人，供指认人进行真人选择式列队指认。但犯罪嫌疑人是社会知名人士、与指认人互为熟识、曾与指认人长期近距离接触或为经当场或持续追缉而逮捕的现行犯或准现行犯的，得以单一指认方式指认。实施照片指认时，不得以单一照片提供指认，并应以较新且较清晰的照片提供指认，避免使用时间久远、规格差异过大或具有暗示效果的照片。

需要注意的是，辨认人的感知、记忆、辨识以及辨认笔录的制作均可

能存在错误，而辨认错误是导致刑事误判的一个重要原因。英美法系建立了较为完善的辨认笔录证据能力规则，其中，美国以传闻法则、律师帮助权和正当法律程序对审判外辨认进行规制，英国则通过传闻法则与证据排除规则对先前辨认陈述予以规制。[①] 对比来看，澳门的辨认规则比较简单，围绕辨认证据的规则也相对缺乏，未来可以考虑适当借鉴，以规范辨认证据的审查判断。

第六节　通过重演事实的证据

事实重演类似于内地的侦查实验。澳门《刑事诉讼法典》第 137、138 条作出了相关规定。

一　事实重演的前提

如果需要确定某一事实能否在某一方式下发生，则可重演该事实。重演事实是指重新营造被肯定或推想发生该事实时的情况，以及重演如何实行该事实。事实重演可以帮助办案人员去判断案发过程、结果等。不过，为了确保准确性，重演的条件应尽可能忠实案发当时的情况，包括时间、地点、光线、气候、温度、湿度等。

二　事实重演的程序

在澳门，重演事实在诉讼各阶段都可进行，但是需要由司法机关作出命令批示。在命令重演该事实的批示内，应扼要说明重演的事实，进行重演的日期、时间、地点及方式，以及可能借助的视听工具。在该批示内可指定鉴定人，以执行某些行动。事实重演应尽可能避免公开。不过，澳门关于事实重演程序的规定还不够细致。例如，事实重演必须遵守一定的底线。《巴西刑事诉讼法》第 7 条规定，为了查明违法行为是否可能以某种方式实施，警察机关可以在不违反道德或公共秩序的情况下，进行事实重演。

---

① 宋维彬：《论刑事辨认笔录的证据能力》，《当代法学》2017 年第 2 期，第 128 页。

《俄罗斯联邦刑事诉讼法典》第 288 条规定，侦查实验应当在控辩双方参与的情况下由法庭主持进行。必要时，还应当有证人、鉴定人与专家的参与。侦查实验根据法庭的裁定或者裁决进行。《中华人民共和国刑事诉讼法》第 135 条第 3 款亦规定，侦查实验，禁止一切足以造成危险、侮辱人格或者有伤风化的行为。可见，在进行事实重演或侦查实验时，需要考虑道德、风险、安全等因素。

三　事实重演的证据效力

对于法官来讲，通过事实重演的证据并不是裁判所必须的证据。澳门中级法院曾在判决中指出，案情重演不是证明上诉人引致交通意外发生并不顾而去逃避责任的唯一及必不可缺的方法，无法进行事实重演并不妨碍原审法院在审查其他证据的基础上就相关事实作出判断。如果相关人士因未能被寻获而不可能作证的话，则间接证言可作为证据方法。从案中证据可合理且显而易见地得出认定的事实，并不存在上诉人所提出的错误而产生对事实认定的"合理怀疑"。① 可见，事实重演更多的是作为一种侦查取证方法，便于办案人员去验证一些判断或推测，可以辅助破案，但是其自身的证据价值并不是太大。

第七节　鉴定证据

在澳门，鉴定证据是指由专门负责收集事实资料的实体将该等资料转交法官的一种证据方法，其特点在于包含了专业判断。随着社会发展和科技进步，鉴定证据在诉讼中的作用越来越大，对于查清案件事实极其重要。如果审判者的心证有别于鉴定人意见书所载的判断，审判者应说明分歧的理由。

一　鉴定的内涵

鉴定是鉴定人对案件中专门问题运用专门知识作出分析报告的一种活

---

① 澳门特别行政区中级法院第 652/2010 号刑事诉讼程序上诉案裁判书。

动。从形式来看，鉴定证据既包括鉴定书的书面报告，也包括鉴定人的言词说明，以及通过询问、诘问或对质所得的陈述证据等。

根据澳门《民法典》第382条，鉴定证据的目的是在有必要运用专门技术、科学或技能的知识，或在基于涉及人身的事实不应成为司法勘验对象的情况下，通过鉴定人对事实作出了解或认定。此外，澳门《刑事诉讼法典》在"证据"一卷"鉴定证据"一章对鉴定作出了专门规定，涉及面广泛且具体。澳门《民事诉讼法典》亦在"普通宣告诉讼程序"卷的第一编"通常诉讼程序"第三章第四节规定了"鉴定证据"的有关制度。

与鉴定相似的一个概念是"鉴识"，但两者的程序和内容是不同的，鉴定的内涵更为丰富。人类认识能力的非至上性是司法鉴定的认识论基础；多元价值的冲突与平衡是司法鉴定的价值论基础；社会分工的精细是司法鉴定的社会学基础；科学技术的发展是司法鉴定的自然科学基础。[1] 鉴识则是以自然科学方法对证物予以鉴定、个化、评估，以重建犯罪现场，提供侦查方向及依据的学问。[2] 在台湾地区，鉴定由司法官启动，鉴识由警察启动。台湾地区"刑事诉讼法"第198条规定："鉴定人由审判长、受命法官或检察官就对于鉴定事项有特别知识经验或经政府机关委任有鉴定职务者，选任一人或数人充之。"

一般而言，鉴定包括血液、毛发、体液、排泄物、指纹、手印等人体物质与器官，以及毒物、枪炮、弹药、其他凶器或物品的检验，鉴定项目亦包括测谎、血迹喷溅痕检查、DNA比对、笔迹和精神状态的鉴定。[3] 澳门《刑事诉讼法典》第139~149条有关鉴定证据的规定对一切属于刑事诉讼程序的卷宗都具有一般适用性。

二 鉴定人的要求

一般认为，大陆法系采取鉴定权主义的基本原则，即由立法机关或权力机关明确规定哪些人或机构具有鉴定主体资格，或将鉴定权固定授予特

---

① 汪建成：《司法鉴定基础理论研究》，《法学家》2009年第4期，第1页。
② 骆怡安：《刑事鉴识学》，明文书局，2003，第3页。
③ 朱富美：《科学鉴定与刑事侦查》，翰芦图书出版社，2004，第1~2页。

定的人或机构。① 例如，日本在鉴定人的选任上采用鉴定人名册制，通常由各种专业团体提出不同专业领域的鉴定人名册以备选任。② 根据中国 2005年《全国人民代表大会常务委员会关于司法鉴定管理问题的决定》及司法部《司法鉴定人登记管理办法》，具备下列条件之一的人员，可以申请登记从事司法鉴定业务：①具有与所申请从事的司法鉴定业务相关的高级专业技术职称；②具有与所申请从事的司法鉴定业务相关的专业执业资格或者高等院校相关专业本科以上学历，从事相关工作 5 年以上；③具有与所申请从事的司法鉴定业务相关工作 10 年以上经历，具有较强的专业技能。因故意犯罪或者职务过失犯罪受过刑事处罚的，受过开除公职处分的，以及被撤销鉴定人登记的人员，不得从事司法鉴定业务。西班牙的规定则比较灵活。《西班牙刑事诉讼法》第 457 条规定，鉴定人可以具有资质或者不具有资质。具有资质是指持有某科学或者技术领域的官方证书，并且其工作应当遵守行政规章；不具有资质是指尽管不具有官方证书，但具备某科学或者技术领域的专业知识或者实践经验，为无职称的鉴定人。不过，法官在指定时应当优先考虑有资质的鉴定人。澳门地方小，在鉴定人制度上既有遵循大陆法系传统的一面，也有结合本地实际情况的一面。

（一）鉴定人的资格

鉴定在澳门有权限的公共机构或部门进行；如果这样不可能或不适宜，则由法官在对于有关事宜被公认为合适且具备专门知识的人中指定 1 名鉴定人进行，但法律另有规定的除外。就指定鉴定人一事须听取当事人的意见，当事人可建议人选；如果双方当事人就鉴定人的人选达成协议，则法官应指定该人为鉴定人，但法官有充分理由质疑该鉴定人的合适性或专门知识的除外。

目前澳门没有独立的鉴定机构，鉴定工作一般交由司法警察局刑事技术厅、仁伯爵综合医院或市政署的化验室（食品化验）等公共机构的专业人员进行。③ 司法警察局刑事技术厅在技术上具有独立性，依职权进行物证检验鉴定、技术支持指导、犯罪现场勘查和刑事科研工作，可与其他专门机构、实验室或官方部门合作，并在不影响司法警察局工作的情况下提供

---

① 孙业群：《司法鉴定制度改革研究》，法律出版社，2002，第 78 页。

② 张秦初主编《临床法医学鉴定问答》，人民卫生出版社，2002，第 40 页。

③ 邱庭彪：《澳门民事诉讼法概论——宣告之诉》，社会科学文献出版社，2019，第 271 页。

其要求的辅助。刑事技术厅设有刑事技术鉴定处，有权进行刑事技术领域的专业鉴定工作，尤其在涉及物理、生物、文件、痕迹、毒品及毒物等方面，并监控鉴定工作的质量以及研发新技术。[①]

关于法医学及精神病学鉴定，澳门《刑事诉讼法典》第145条规定，与法医学问题有关的鉴定须交由医学鉴定人进行；如果不可能或不适宜，则交由任何专科医生或相关专科医务所进行。上述规定适用于精神病学相关鉴定，心理学及犯罪学专家可以参与。澳门《禁毒法》第25条规定的法医学鉴定程序旨在规定：嫌犯对药物依赖的状况；嫌犯吸食物品的性质；在进行法医学鉴定时嫌犯的身体及心理状况。澳门《民事诉讼法典》第496条也规定了法医学鉴定。法医学鉴定须由医学鉴定人依据法律规定进行。医学鉴定人由法官从官方医学鉴定人中指定；如官方医学鉴定人不能或须回避进行鉴定，则从其余医学鉴定人中指定。在法定情况下，法医学鉴定可采取合议方式进行，而各医学鉴定人由法官指定。

澳门《刑事诉讼法典》第146条还规定了关于人格的鉴定。为评定嫌犯的人格及危险性，可以对其非由疾病原因引致的精神特征及其适应社会的程度进行鉴定。此种鉴定对废止羁押的裁判、行为人的罪过及制裁的确定具有重要作用，应交由社会重返部门及专门机构进行；如果不可能或不适宜，则交由犯罪学、心理学、社会学或精神病学的专家进行。如果有需要，鉴定人可要求提供嫌犯的前科资料。

此外，澳门《医疗事故责任法》还规定了医疗事故鉴定的相关问题。医疗事故鉴定委员会负责对是否存在医疗事故进行调查和技术鉴定，独立开展相关工作，无须听从任何命令或指示，亦不受任何干预。为了履行职务，该委员会有权调查取证。在鉴定过程中须确保医疗服务提供商和就诊者的申述权及辩护权。委员会为履行职务而要求某人进行身体检查时，须取得该人同意。如果医疗服务提供商或就诊者认为鉴定报告有错误、缺漏、含糊不清或前后矛盾，又或结论未经适当理由说明，则可在接获鉴定报告后15日内就鉴定报告向委员会提出声明异议。委员会在接获声明异议后，须在30日内决定维持鉴定报告或予以更改。

不过，在澳门诉讼程序中，某人可集鉴定人和证人的身份于一身，例

---

① 澳门特别行政区司法警察局组织架构，http://www.pj.gov.mo/Web//Policia/org04.html，最后访问日期：2020年1月1日。

如，协助交通意外受害人的医生，或在损害赔偿之诉中，筹划某一大厦的工程师等。如果没有请求进行鉴定证据的调查，有关专家以证人身份被传召作供，那么对于该等专家陈述应适用人证的规则。[①] 如果当事人建议指定居于澳门以外地方的鉴定人，则有责任偕同该鉴定人到场。仅当在所需技术方面，澳门并无适当鉴定人的时候，法官才可以指定澳门以外地方的鉴定人。在这种情况下，鉴定人的服务费按照服务时间、服务的重要性、提供服务的鉴定人的职级以及对其可能造成的损失确定；鉴定人可获得预先支付的往来开支。

（二）鉴定人的数量

鉴定在适当场所、实验室或官方部门内进行；如果不可能或不适宜，则在法院存有的鉴定人名单所载之人中指定 1 名鉴定人进行；如果没有该等人或其不可能在有效时间内作出响应，则由诚实可靠且在有关方面被公认为有能力的人进行鉴定。在下列情况中，鉴定由 2 ~ 3 名鉴定人进行：①法官认为鉴定特别复杂或要求对多方面事宜有所认识而依职权命令多名鉴定人进行鉴定；②当事人在鉴定声请书中，声请采用合议方式。如果当事人之间立即就鉴定人的人选达成协议，法官应指定该人选为鉴定人；如果没有协议，则每方当事人各选 1 名鉴定人，并由法官指定第 3 名鉴定人。当事人声请合议鉴定的，须立即指定有关鉴定人；但当事人指称存有困难并说明理由，且请求延长指定鉴定人期间的除外。如果有多名原告或被告，且原告之间或被告之间就鉴定人的人选出现意见分歧，则以多数人的指定为准；如未能形成多数意见，则由法官指定。

（三）鉴定人的回避

鉴定人适用诉讼回避制度。下列人士可免予担任鉴定人：①行政长官、司长、行政会委员及立法会议员；②廉政专员、审计长、警察总局局长及海关关长；③现职法官及检察官；④享有国际保护的人。所有因个人理由而不可被要求担任鉴定人工作的人，均可提出推辞以鉴定人身份参与诉讼的请求。当事人及指定鉴定人可在 10 日内陈述回避、声请回避及免除担任

---

① 〔葡〕利马：《民事诉讼法教程》（第二版），叶迅生、卢映霞译，澳门法律及司法培训中心，2009，第 280 页。

鉴定人职务的原因；该期间按情况而定，自知悉有关指定时起算，或嗣后方知悉有关原因时，自知悉该原因时起算；上述原因可在进行鉴定前依职权予以审理。推辞声请须由鉴定人本人在知悉被指定后 5 日内提出。对于就指定鉴定人的障碍所作的裁判，不得提起上诉。如果因确认上述障碍或因解除先前指定的鉴定人职务，或该鉴定人是经当事人建议而指定时，因嗣后出现可归责于该鉴定人的原因，使其不能进行鉴定，以致须指定新鉴定人的，则由法官指定新的鉴定人。

（四）鉴定人的权利和义务

鉴定人有收取报酬的权利。命令在非官方场所内或由非官方鉴定人进行鉴定的实体确定鉴定人的报酬时，须考虑鉴定人提供服务的种类及重要性而通常应支付的服务费，但不影响法定特别制度的适用。如果出现替换鉴定人的情况，有权限实体可决定不向被替换的鉴定人支付报酬。对有关报酬的决定，按情况可提出申诉或提起上诉。申诉应在 10 日内通过声请书提出，并应说明理由。对替换鉴定人的裁判不得提起上诉。

鉴定人必须履行有权机关指定的义务，但不影响依法回避。如果鉴定人草率履行任务，未在指定期间内呈交鉴定报告，或相关行为导致鉴定报告无法在指定期间内提交的，司法机关可解除鉴定人的职务。在作出替换后，须通知原鉴定人向司法机关报到并说明其不履行鉴定任务的原因。如果司法机关认为其明显违反与法院合作的义务，则法官可判处其缴付 1.5 ~ 4UC 的款项。法官可依职权或应当事人的声请，命令鉴定人在辩论及审判听证时到场，以便经宣誓后就向其要求解释的问题作出解释。

三 鉴定程序

在三大诉讼中，鉴定程序有很多共性，但具体目标和任务有所不同。例如，刑事诉讼的阶段性特点比较突出，刑事侦查阶段的鉴定重点应集中于犯罪嫌疑的发现，有时难免忽略被追诉人的要求或意见；相对而言，审判阶段的鉴定重点应在于对照相关证据以确认真实，基于审判的中立公正，法院应兼顾对被告有利及不利的部分，完整客观的鉴定有其必要性。[①] 民事

---

① 黄朝义：《刑事证据法·证据篇》，元照出版公司，2002，第 272 ~ 273 页。

诉讼和行政诉讼主要围绕法庭审判来进行，鉴定程序服务于审判的需要。

（一）命令鉴定的批示

司法机关依职权或申请以批示命令进行鉴定，批示内须指出有关机构或鉴定人的姓名、鉴定目标以及鉴定的时间和地点。如果该批示不是由检察院作出的，或检察院未授权刑事警察机关，则须通知检察院以及嫌犯、辅助人及民事当事人。通知最迟须在鉴定前 3 日。但在下列情况下，无须作出通知：①鉴定在侦查期间进行，且如果当事人等知悉鉴定情况，恐对侦查不利；②鉴定在侦查期间进行，且交由适当场所、实验室或官方部门进行；③鉴定明显简单；④紧急情况，或如有延误将构成危险。如果为了鉴定而必须毁坏、改变或严重损害任何对象的完整性，须向命令鉴定的实体申请许可。获许之后，须在卷宗内准确描述该对象，并尽可能附照片；如果该对象是文件，则在卷宗内附经适当核对的影印本。

（二）鉴定的参与者

鉴定应在适当场所、实验室或官方部门内进行。当事人可出席鉴定，并可请求技术人员协助，但有关鉴定可能使人感到羞辱或导致泄露法院认为应予保守的秘密的除外。但是，当事人不得出席为编制鉴定报告而举行的鉴定人会议。如果可能或适宜，司法机关或刑事警察机关须在进行鉴定时在场，亦可容许嫌犯及辅助人在场。如果鉴定人需要获得某种帮助或澄清有关问题，可申请司法机关或刑事警察机关采取有关措施；为此，可向鉴定人展示该诉讼程序中的任何行为或文件。如果嫌犯在鉴定程序中不予配合，鉴定人可向司法机关或刑事警察机关提出申请。对此，《智利刑事诉讼法》第 203 条规定，为笔迹测试所需，检察官可以要求犯罪嫌疑人当场写下词组或者句子。犯罪嫌疑人拒绝测试的，检察官可向保障法官申请相应的授权。

为了保障当事人的防御权，鉴定时，辩护人原则上应当在场。关于辩护人不得或不宜在场的正当理由，学说上提出了以下四种具体情形：①法律特别规定保护被害人隐私的，例如，性侵害事件或儿童少年事件；②其他依法有重大公益或政府利益的事项；③属于急迫情形，如果不立即鉴定，相关检材或证据有毁损之虞；④具有相当理由认为辩护人在场对鉴定有妨害之虞。① 综上，可以对鉴定时辩护人的在场权作出明确规定，同时列举若干例外情形。

（三）鉴定目标

当事人声请鉴定时，须指出鉴定目标，并阐述欲通过该措施了解的事实问题，否则声请将不被接纳。鉴定既可涉及声请人分条缕述的事实，亦可涉及他方当事人陈述的事实。如果法官认为鉴定措施并非不当，也不是为了拖延程序，则听取他方当事人对建议目标的意见，并建议扩大或缩减鉴定目标的范围。法官须在命令鉴定的批示中确定鉴定目标；如果法官认为当事人提出的问题不能被接纳或不重要，则不受理；如果法官认为其他问题对查明事实真相是必需的，则扩大鉴定目标的范围。鉴定目标确定后，鉴定人须进行检验和调查，以制作鉴定报告。法官如果认为需要，检验时可在场。

（四）鉴定报告

鉴定完结后，鉴定人须制作报告。鉴定报告须适当说明理由，提出并描述答复及结论。司法机关或刑事警察机关、嫌犯、辅助人以及民事当事人可请求鉴定人加以解释。鉴定人进行鉴定后，应随即制作报告，该报告可经口述载于笔录内。如果鉴定人未能在鉴定后立即制作报告，则应在不超过 60 日的期间呈交该报告；如果是特别复杂的情况，鉴定人可提出附理由的声请，将该期间延长 30 日。如果鉴定结果对提出控诉或起诉是不必要的，有权限的司法机关可许可最迟在听证开始前呈交该报告。如果鉴定是由两名以上鉴定人进行的，各鉴定人之间有不同意见时，应各自呈交其报告；如果鉴定结合了不同学科的知识，各鉴定人亦须各自呈交报告。如果鉴定是通过合议方式进行的，则鉴定报告可载有投票中取胜及落败者的意见。法官须将提交鉴定报告一事通知当事人。如果当事人认为鉴定报告的内容有缺漏、含糊不清或前后矛盾，或有关结论未适当说明理由，当事人可提出声明异议。如果声明异议被接纳，法官须命令鉴定人就所提交的报告，以书面形式作补充、解释或说明理由。即使没有声明异议，如果法官

---

① 黄梅月：《"鉴定人'行鉴定时'辩护人的在场权"与谈记录》，《台湾本土法学杂志》2007 年总第 100 期，第 163 ~ 166 页。

认为有需要，亦可命令鉴定人作出必要的解释或补充。

关于鉴定证据的评价，民事诉讼和刑事诉讼有所不同。根据澳门《民法典》第383条，鉴定证据的证明力由法院自由评价。法官对鉴定报告内容的评定享有自由心证，关键在于必须说明构成有关心证的决定性依据。[①] 鉴定证据虽然不属于具有约束力的法定证据，但其本身固有的科学性，难以让法官凭一般经验法则及常理将其推翻。[②] 在一起医疗纠纷中，澳门法院曾指出：倘若出现会诊委员会成员意见不一的情况，不代表法院必须采纳有关会诊报告中的多数意见，因为如果法院认为该报告的少数意见或其他鉴定报告或意见更具说服力，则法官在说明理由后便可引用之。[③] 根据澳门《民事诉讼法典》第512条，载于卷宗内的两份鉴定报告应具有同等证明力。[④] 此外，在婚姻状况或登记的诉讼范围之外，DNA检验结果在程序上不能排除载于强制民事登记记录的资料。[⑤]

澳门《刑事诉讼法典》第149条第1款规定，鉴定证据固有的技术、科学或艺术上的判断推定为不属审判者自由评价的范围，这意味着审判者虽然具有审查以鉴定为前提的事实基础的完全自由——如果抵触该事实基础则可能使有关意见书失去效力——但只能在可以同样属于技术、科学或艺术方面的审查，或者属于一种明确无误的错误的情况下，方可对鉴定意见书所载的判断表示异议并说明理由。[⑥] 例如，DNA检验以量化方式表述可能性是这门科学本来的特点，法院必须予以尊重，而正是这种科学的可能性为法院审理纠纷提供了可靠的认定事实的客观依据，而非主观理由。这种科学的检验结果属于排除法院自由心证的鉴定证据。[⑦] 面对在科学上被证明的某一判断，根据法律要求，法庭在对所假定的事实基础的评价上享有完全自由；但是当涉及科学判断时，对其作出评价也必须是科学上的，因此这一评价通常从法庭的管辖权中抽离出来——当存在显而易见的错误时

---

① 澳门特别行政区中级法院第594/2016号民事及劳动诉讼程序上诉案裁判书。
② 澳门特别行政区中级法院第178/2012号民事及劳动诉讼程序上诉案裁判书。
③ 澳门特别行政区中级法院第594/2016号民事及劳动诉讼程序上诉案裁判书。
④ 澳门特别行政区中级法院第553/2015号民事及劳动诉讼程序上诉案裁判书。
⑤ 澳门特别行政区终审法院第11/2007号行政司法上诉案裁判书。
⑥ 澳门特别行政区中级法院第39/2002－I号刑事诉讼程序上诉案裁判书。
⑦ 澳门特别行政区中级法院第374/2019号刑事诉讼程序上诉案裁判书。

除外，但在该等情况下法官必须说明与科学判断存在分歧的理由。① 法官不需要证明其形成自由心证所依据的科学理由的真实性，只有在明显违反人类生活常理中的经验法则以及司法工作中生效的职业准则时，这种心证才需要被审查。澳门《刑事诉讼法典》第 355 条第 2 款不强制要求阐述审判者针对事实事宜而形成心证的思路，只要求必须依证据自由评价原则"指明用作形成法院心证的证据"。②

（五）重新鉴定

在刑事诉讼中，为了发现事实真相，司法机关可在诉讼程序中随时依职权或依申请作出下列决定：传唤鉴定人作补充解释；由另一名或数名鉴定人进行新的鉴定或重新进行先前的鉴定。在侦查期间，刑事警察机关也可作出上述决定。

澳门《民事诉讼法典》也规定了第二次鉴定制度。任一当事人可在知悉第一次鉴定结果后的 10 日内，声请进行第二次鉴定；为此，须陈述其不同意鉴定报告的理由。如果法院认为进行第二次鉴定对查明事实真相是必需的，可在任何时刻依职权命令进行第二次鉴定。第二次鉴定旨在对第一次鉴定所涉及的相同事实进行调查，以更正第一次鉴定结果中或有的不确之处。第二次鉴定适用第一次鉴定的相关规范，但有如下例外：一是回避的要求，参与第一次鉴定的鉴定人不得参与第二次鉴定；二是第二次鉴定一般采用合议方式，鉴定人比第一次鉴定时多两名，且其中一名须由法官指定（法医学鉴定除外）。不过，第二次鉴定并不使第一次鉴定丧失效力，两者均由法院自由评价。

四 有专门知识的人

如今，科学技术高速发展并渗透到社会生活的方方面面。在诉讼中，"与应用技术手段密切联系的是，对技术性专家意见的依赖也在增加"。③ 为

---

① 〔葡〕乔治·德·菲格雷多·迪亚士：《刑事诉讼法》，马哲、缴洁译，社会科学文献出版社，2019，第 123 页。
② 澳门特别行政区中级法院第 242/2001 号刑事诉讼程序上诉案裁判书。
③ 〔美〕米尔建·R. 达马斯卡：《漂移的证据法》，李学军等译，中国政法大学出版社，2003，第 200 页。

了认识案件中的专门问题，大陆法系的一些国家和地区设立了专家辅助人制度，但具体叫法不一，例如技术顾问、专家辅佐人、有专门知识的人、技术员等。这些专家可以接受当事人的聘请，在诉讼过程中审查或评价案件中的技术性问题，指导或参与某些技术证据的法庭调查和辩论活动，在一定程度上可以弥补鉴定人制度的不足。

目前，欧洲大陆多个国家设立了技术顾问制度。《葡萄牙刑事诉讼法典》第 155 条规定，委派鉴定人后，检察官、犯罪嫌疑人、辅助人和附带民事诉讼当事人均可指定 1 名其信任的技术顾问参加该鉴定的实施。技术顾问可对某些特定步骤提出操作意见、反对意见和建议，并载于卷宗。鉴定人完成专业鉴定后，委派技术顾问的，除非有例外情况，技术顾问有权知晓鉴定报告。技术顾问的任命及其职能的行使，不能耽误鉴定人的工作和影响程序的正常进行。意大利技术顾问在诉讼中享有的权利为：参加聘任鉴定人的活动并向法官提出要求，发表评论和保留性意见；参加鉴定工作，向鉴定人提议进行具体的调查工作，发表评论和保留性意见；对鉴定报告加以研究，并要求法官允许他询问接受鉴定的人和考察被鉴定的物品和地点；等等。[①]

中国最高人民法院 2019 年修订了《关于民事诉讼证据的若干规定》，该规定早在 2002 年刚刚颁布时就首次规范了专家辅助人制度，后来《中华人民共和国刑事诉讼法》第 192 条和《中华人民共和国民事诉讼法》第 79 条也作出了相应补充。值得一提的是，《最高人民法院关于适用〈中华人民共和国民事诉讼法〉的解释》第 122 条第 2 款规定，具有专门知识的人在法庭上就专业问题提出的意见，视为当事人的陈述。也就是说，在内地，鉴定人的意见和专家辅助人的意见分别属于两种不同的证据种类。不仅如此，为配合北京、上海、广州知识产权法院的组建，2014 年 12 月 31 日最高人民法院发布了《关于知识产权法院技术调查官参与诉讼活动若干问题的暂行规定》，在内地正式建立了技术调查官制度；2019 年 1 月 28 日进一步通过了《最高人民法院关于技术调查官参与知识产权案件诉讼活动的若干规定》。此外，《人民法院组织法》第 51 条规定"人民法院根据审判工作需要，可以设司法技术人员，负责与审判工作有关的事项"，进而明确了技

---

① 黄敏：《我国应当建立"专家辅助人"制度——意大利"技术顾问"制度之借鉴》，《中国司法》2003 年第 4 期，第 16 页。

术调查官的身份定位。

不过，英美法系没有区分鉴定人和专家辅助人，有专门知识的人均可以"专家证人"的身份参加诉讼。《美国联邦证据规则》第 702 条规定，凭其知识、技能、经验、训练或教育，在科学、技术或其他专业知识方面能帮助事实裁判者理解证据或确定争议事实的人，就有资格成为专家。

在澳门法律中，专家辅助人即技术员。根据澳门《民事诉讼法典》第 84 条，如果诉讼程序中出现某些技术性问题，而律师不具有解决该等问题所需的知识，则在调查证据及辩论阶段，律师可请求具备相关专门知识的人协助。律师须最迟在辩论及审判听证前 10 日，指出其在诉讼程序中所选择的人及认为须由其提供协助的问题，并将该事实通知他方当事人的律师，而他方当事人的律师亦可行使相同的权利。如果认为非属必要，法官可拒绝技术员参与。技术员就被指定提供协助的问题，具有与律师相同的权利及义务，但应在律师的领导下提供协助，且不得作口头陈述。当事人可在鉴定时到场或依法请求技术员协助；但该鉴定可能使人感到羞辱且法院认为须加以保护的，或导致法院认为须保守秘密的除外。法院可偕同具备专门知识的人到场，以便其对法院欲查证的事实在调查及理解方面向法院加以解释。命令勘验的批示中须指定有关技术员；如果勘验不是由合议庭进行，则技术员应在辩论及审判听证时到场。

五 小结

美国法律制度严重依赖专家证据，但专家证据制度也暴露出诸多问题。在对抗式诉讼中，专家证人的商业倾向越来越明显，美国学者朗贝因曾这样比喻："美国的专家证人就像律师手中的萨克斯管，律师想吹出什么调就能吹出什么调。"[1] 从一开始，就有人批判专家证言很容易迎合雇主的利益，而且这些证言非但没有阐明案件中争议的事实问题，反而经常制造混淆或困惑。[2]《证据法论丛》的作者泰勒早在 1858 年便评论道："恐怕对陪审团而言，最不值得信任的证言便是那些来自拥有专业技能的证人。这些嘉宾通常是被要求基于其意见而非基于事实来发言；而且，这些嘉宾所表述的

[1] 郑昱：《论英美法系专家证人制度对我国的借鉴》，《海峡法学》2011 年第 2 期，第 108 页。
[2] 〔美〕苏珊·哈克：《专家证据：美国的经验与教训》，邓晓霞译，《证据科学》2016 年第 3 期，第 336 页。

观点与召集他们的当事人本身之期盼或利益在方式和程度上的契合度常常令人惊讶不已。"① 因此，对于这类诉讼参与人的作用，需要客观全面地看待。法院应当尊重鉴定所涉及的专业知识，但不得高度或过度依赖鉴定意见，需要注意鉴定程序或结果是否存在违法或者重大瑕疵，并结合逻辑及经验法则加以判断。

从司法实践看，大陆法系的鉴定制度也存在一些缺陷，主要表现在对鉴定意见缺乏有效的制约程序和审查程序，鉴定缺乏当事人的信任等。为此，近些年来大陆法系也采取了若干改革措施，在基本保持具有职权主义色彩的鉴定制度的同时，适当吸收英美法系专家证据制度的优点。例如，在鉴定程序启动权方面加大了当事人对法官的影响；控辩双方可以像英美法系国家那样平等传唤鉴定人出庭作证，向法庭提供有利于己方的证据。② 这些改革都在淡化鉴定程序的职权色彩，有利于充分保障当事人的合法权益。

总的来说，两大法系在鉴定制度方面的经验和教训值得澳门借鉴。目前澳门并未建立统一的鉴定人登记管理制度。然而，英美法系国家已开始加强这方面的工作。1999 年英国内政部提出专题报告，由财政拨付专款资助，积极推动组建了统一的司法鉴定人执业登记注册委员会（Council for the Registration of Forensic Practitioners，简称 CRFP），对鉴定申请人的能力进行审查登记、注册公告，既为律师、控方、仲裁机构选择鉴定人提供了参考，也为法庭审查鉴定人资格提供了参考。③ 2009 年 1 月荷兰《刑事案件专家证人法案》（*The Expert Witness in Criminal Cases Act*）通过，并于 2010 年 1 月正式生效，其明确规定犯罪嫌疑人有权要求额外调查或对审调查，同时也加强了法院专家的质量、可靠性和能力。《荷兰刑事诉讼法》第 51k 条创立了专家证人国家注册制度，荷兰司法部主持设立了荷兰法院专家注册机构，专门负责不同领域的专家注册。④ 西班牙的科技警察总部和相应的分支机构，是警察局内部专设的司法技术鉴定机构，只为警察局和法院服务，不

---

① 〔澳大利亚〕布鲁斯·托马斯·兰德尔：《澳大利亚联邦法院对专家证据的采纳》，汪诸豪译，《证据科学》2014 年第 5 期，第 610 页。

② 季美君：《专家证据的价值与我国司法鉴定制度的修改》，《法学研究》2013 年第 2 期，第163 页。

③ 霍宪丹、王公义：《英国司法鉴定管理的改革走向与借鉴》，载司法部司法鉴定管理局编《两大法系司法鉴定制度的观察与借鉴》，中国政法大学出版社，2008，第 23 页。

④ 冯俊伟：《荷兰刑事鉴定制度介评》，《中国司法鉴定》2012 年第 5 期，第 162 页。

收取费用，也不接受个人委托。此外，还有民间的各种鉴定机构。① 2019 年中国颁布了《公安机关鉴定人登记管理办法》，其中第 5 条规定，公安部和各省、自治区、直辖市公安厅、局设立或者指定统一的登记管理部门，负责鉴定人资格的审核登记、年度审验、变更、注销、复议、名册编制与备案、监督管理与处罚等。

第八节　书证

美国学者史蒂文·鲁贝特教授曾指出，书证的价值再怎么高估也不过分。固有的书面材料可以为过去的事件提供证明，这是言词证据所不能提供的。② 其实，大陆法系证据理论亦普遍重视书证的证明作用，而对人证在一定程度上持不信任的态度。在大陆法系中，法国实行书证优先规则。澳门的书证制度分散在多部法典中，包括《刑事诉讼法典》第 150～155 条，《民法典》第 355～381 条，《民事诉讼法典》第 450～476 条。

一　书证的形式

在民事诉讼中，书证是源自文件的证据；文件是指任何由人编制用以再现或显示人、物或事实的对象。在刑事诉讼中，文件是指依据刑法规定被视为文件的表现在文书或其他技术工具的表示、记号或注记，可依职权或应声请将文书证据附于卷宗中，不得附载有匿名表示的文件，但该文件本身是犯罪对象或犯罪元素的除外。澳门《民法典》第一卷"总则"第二编"法律关系"第四分编"权利之行使及保护"第二章"证据"第四节"书证"第四分节"特别规定"中规定的内容有：纪录及其他笔录；文书之尾部、边页或背页之注记；笔录或注记之删除；证明；证明之证明；使证明失去证明力；认证缮本；文件之影印本。

根据澳门《刑事诉讼法典》第 152、153 条，如果文件以非官方语言作成，则在有需要时对其进行翻译；如果文件难于阅读，须清楚转录，并将

---

① 田文昌：《欧洲司法鉴定制度》，《人民法院报》2001 年 4 月 23 日第 B02 版。

② 〔美〕史蒂文·鲁贝特：《现代诉辩策略与技巧》，王进喜等译，中国人民公安大学出版社，2005，第 199 页。

该转录本附同该文件；如果文件以密码作成，则进行鉴定以便译码；如果文件是声音记录，在需要时将其转录为笔录。检察院、嫌犯、辅助人或民事当事人可声请在场核对该转录。以摄影、录像、录音或电子程序复制的物以及通常的机械复制物，仅当依据刑法相关规定并非不法时，才可作为证明事实或证明被复制之物的证据。如果不能将文件的原本附于或继续存于笔录，只能将其机械复制物附于或继续存于笔录，则只要其在同一或另一诉讼程序中已被认定为与原本相同，即具有与原本相同的证据价值。如果所提交的复制文件针对的当事人不争议复制品的真确性，则相片或影片的复制、声带记录及其他关于事实或物的一般机械复制品均对其显示的事实及物构成完全证据。

此外，以扫描方式将文件转为电子文件的，应当赋予何种证据效力？在德国，扫描的电子档案并非文书，而是勘验的对象，其证据价值交给法官自由心证。在美国，通过机器、摄影、化学、电子或其他与此相当的程序或技术，正确地将原件重新制作，在《美国联邦证据规则》中称为"duplicate"，比"copy"狭义。除非当事人对原本的真实性有所争执或依情形采纳副本对当事人有失公平，否则"duplicate"的可采性如同原本。[①] 台湾地区"民事诉讼法"第363条则规定："本目规定，于文书外之对象有与文书相同之效用者准用之。文书或前项对象，须以科技设备始能呈现其内容或提出原件有事实上之困难者，得仅提出呈现其内容之书面并证明其内容与原件相符。前二项文书、对象或呈现其内容之书面，法院于必要时得命说明之。"

二 文书的分类及效力

根据制作主体的不同，文书可分为公文书和私文书。公文书是指公共当局在其权限范围内、公证员或被授予公信力的官员在授权范围内依法定手续缮立的文书；其他文书则是私文书。此外，当事人按公证法规定在公证员面前确认的私文书是经认证文书。当法律要求以公文书、经认证文书或私文书作为法律行为意思表示的方式时，该指定文书不得由另一证据方

---

① 姜世明：《数位证据与程序法理——比较法视野的观察》，新学林出版股份有限公司，2018，第109~110页。

法或不具有更高证明力的文书代替。

（一）公文书及其效力

公共当局、官员或公证员对文书所涉及的事宜及地域均具有权限缮立有关文书，且不处于法定回避情况的，其缮立的文书才是公文书。由公开出任有关职务的人缮立的文书被视为由有权限公共当局、公共公证员或其他官员所缮立，但参与人或受益人在作成文书时明知有关当局或官员的资格虚假、不具有权限或在就任上存在不当情事的，不在此限。

公证认定可分为对照认定、当场认定或作出特别注明的认定。对照认定通过将有关签名和澳门《公证法典》第159条提及的文件进行简单对比进行。公证认定须为对照认定，但法律明文规定须当场认定的除外。如果文书的笔迹和签名或仅有签名经当场认定，则该笔迹和签名即视为真实。对照认定等同于单纯的鉴定判断，应由法庭予以自由评价。在公证署或公共机关存盘的文件，如果经有权限实体证明影印本与原本一致，则影印本具有内容证明的证明力；其他文件的影印本如经公证员证明与原本一致，则具有认证缮本的证明力。如果文书的签署人不懂或不能阅读，则仅在有关文书已事先向签署人读出，且其签署是在公证员面前作出或确认的情况下，该签署方产生约束力。代签的作出或确认亦应在向被代签人宣读有关文书后，在公证员面前进行。

如果文书由作成人签署，并附有经公证员认定的作成人签名或有关部门的印章，则推定其由有关当局或官员所发出；公证员缮立的文书亦给予同样推定。真确性的推定可通过完全反证推翻，且可因文书的外在征象显示其不具有真确性而由法院依职权排除其真确性；如果有怀疑，可听取发出文书的公共当局、官员或公证员的意见。对形成于18世纪前的文书，任何当事人或接收该文书的实体对其真确性有争论或怀疑时，须由有权实体或法院指定的公认具备适当条件的其他实体作出检查，以确定其真确性。公文书对其本身所指由有关当局、官员或公证员作出的事实，以及对以作成文书实体的认知为依据而通过文书证明的事实，均具有完全证明力；作成文书者的个人判断，仅作为供裁判者自由判断的要素。文书内载有经订正或加杠线的字，经涂改的字或插行书写的字而未作出适当的更改声明时，裁判者对文书上的外在瑕疵排除或减低文书证明力的程度作出自由判断。

如果没有对公文书或经认证文书的真确性或其内容的真实性提出有依

据的质疑，则公文书及经认证文书所载的实质事实视作已获证明。只有公文书才可完全证明当局实行的事实，以及公文书内基于文书实体理解而被证明的事实。① 澳门《民法典》第 365 条第 1 款明确规定公文书具有完全的证明力，属于完全证据。只有以虚假的公文书作为依据时，其证明力才可被推翻。被指为公共当局、官员或公证员所认知而通过文书证明的事实实际上并未发生，或被指为负责的实体所作出而通过文书证明的行为实际上并未作出，该文书即为虚假。如果从文书的外在征象明显显示文书虚假，则法院可依职权宣告其虚假。

（二）私文书及其效力

私文书应由作成人签名；作成人不懂或不能签名时，由他人代其签名。在大量发出文书或其他习惯上容许使用机械复制的情况下，签名可由单纯的机械复制所代替。私文书原则上不具备完全证明力，法院可自由评价其证据效力。② 被出示文书针对且被指称文书由其制作的当事人可采取不同方式回应：沉默；明确承认文书由其制作；声明不知文书的笔记和签名是否属于本人；声明不知文书的笔迹和签名是否真实，声称笔迹和签名不属于本人；声称笔迹和签名不属于本人，但没有就其虚假提出争执；有人企图仿冒其笔迹和签名；否认笔迹和签名，但没有提出虚假的争执等。③ 此外，如果签署人在全部或部分空白的文书上签名，并且该文书显示被加上了异于签署人同意的意思表示时，或该文书被他人从签署人处取走时，该文书失去其证据价值。如果提交文件者想使用文件中无瑕疵的部分，可提出争辩，指出文件部分内容虚假，或已签名的空白私文书的内容仅部分异于签署人同意的意思表示。文书欠缺法律要求的某一要件时，法院可以自由判断其证明力。不论由于何种原因而灭失的文书均可按照司法途径再造。

（三）澳门以外地方发出的文书

关于澳门以外地方按照当地法律发出的公文书或私文书，与在澳门缮立的同类性质文书具有同等证明力。然而，如果法院有充分理由怀疑文书

---

① 澳门特别行政区中级法院第 267/2004 号民事及劳动诉讼程序上诉案裁判书。
② 澳门特别行政区中级法院第 672/2012 号民事及劳动诉讼程序上诉案裁判书。
③ 〔葡〕利马：《民事诉讼法教程》（第二版），叶迅生、卢映霞译，澳门法律及司法培训中心，2009，第 261 页。

或其认定的真确性，则法院有权自由判断该文书的证明力，除非另有规定。文书内载有经订正或加杠线的字，经涂改的字或插行书写的字而未作出适当的更改声明时，裁判者对文书外在瑕疵排除或减低文书证明力的程度作出自由判断。

二　书证的提交及调查

书证的提交及调查有一套非常细致、完整的程序规定，这样的制度设计有利于规范书证进入诉讼程序的各个环节，从而确保书证的证明力和证据能力。

（一）他方当事人的文件

如果利害关系人打算使用他方当事人持有的文件，应声请通知他方当事人在指定期间内提交该文件；在声请书中，当事人须尽可能清楚地指明欲使用的文件，并详细说明待证事实。如果当事人需要证明的事实对案件裁判重要，则法院应作出通知。如果被通知人声明其并无有关文件，声请通知的人可以任何方法证明该声明与事实不符。曾持有文件的被通知人，如果想免除举证责任倒置的效果，须证明该文件非因其过错而失去或被毁。

（二）第三人的文件

如果有关文件由第三人持有，当事人须声请通知持有人在指定期间内将该文件交予办事处。如果被通知人不递交有关文件，亦不作任何声明，或声明其并无有关文件，但声请通知的人证明该声明虚假，则法院可命令扣押有关文件，并判处被通知人缴纳罚款。如果持有人提出不递交该文件的合理理由，则其仍须提供该文件，让法院审查或制作必需的复制本，否则将受到制裁。

（三）法院要求提供的文件

法院可主动或应当事人的声请，要求提供对澄清事实真相属必需的报告、技术意见书、平面图、照片、绘图、对象或其他文件。上述要求可向官方机构、当事人或第三人提出。如果当事人或第三人无合理理由而不提供文件，则会被处以罚款，且不妨碍采用强制方法。要求提供文件所导致的费用计入诉讼费用，声请采取该措施或因该措施而得益的当事人，须立即向有关官方机构及第三人支付费用。取得所要求的文件后，法院须通知各当事人。如果文件难于阅读，则当事人必须提交一份可阅读的文本。如果当事人不提交上述文本，则对其科处罚款，并将一份文本附入卷宗，而有关费用由该人负担。

（四）文件的附卷及返还

在刑事诉讼中，文件应在侦查或预审进行期间附于卷宗；如果不可能，应在听证终结前附同。在任何情况下，均须确保进行辩论的可能，法院可给予不超过 10 日的期间。上述规定也适用于律师、法学家或技术人员的意见书，可在听证终结前的任何时刻附于卷宗。

在民事诉讼中，用作证明诉讼或防御依据的文件应与陈述有关事实的诉辩书状一同提交。如果未一同提交，可在第一审辩论终结前提交；但须判处当事人缴纳罚款，除非其证明不能一同提供。辩论终结后，仅当发生上诉时才接纳不可能在辩论终结前提交的文件。诉辩书状阶段后出现的事实证明文件，或因嗣后出现情况而需要提交的文件，可在诉讼中随时提供。第一审法院在诉讼中可随时将律师、法学家或技术人员的意见书附入卷宗。如果文件最后与诉辩书状一同提供或在提交该书状后提供，则须就提交该文件一事通知他方当事人；但提交该文件时他方当事人在场，或该文件与容许作出答复的陈述书一同提供的除外。如果有需要，提交任何机械复制品作为证据的当事人，须向法院提供展示该复制品的技术工具。法院办事处须将文件或意见书附入有关卷宗，不论是否已有批示，但逾期提交者除外；在此情况下，办事处须将卷宗连同办事处的报告呈交法官，法官就是否将有关文件附入卷宗作出裁判。各文件须编入卷宗内，但基于文件性质而不能或不宜编入卷宗者除外；在此情况下，须以当事人能查阅的方式将文件寄存在办事处。裁判确定后方可取回文件，但文件持有人有合理理由需要提前返还的除外；在此情况下，须将该文件的完整副本存于卷宗，而获返还文件的人在被要求出示文件正本时有义务出示该正本。裁判确定后，属于官方机构或第三人的文件须立即返还；属于当事人的文件仅在当事人提出声请时，才予以返还；所递交文件的影印本须存于卷宗。如果发现文件与案件无关或非案件所需，法官须命令从卷宗抽出并返还予提交文件的人，并判处其负担相关诉讼费用。

（五）争执或答复

根据澳门《民事诉讼法典》的相关规定，对私文书中的字迹或签名的争执，对机械复制品准确性的争执，否定债权人的相关指示，以及不知悉私文书中的字迹或签名是否真实的声明，均须在 10 日内作出；如果提交有关文件时当事人在场，该期间自提交文件时起算；如果提交有关文件时当事人不在场，则自就有关文件附入卷宗一事作出通知时起算。对文件真实性提出争执后，当事人可声请调查证据。提交有关文件的当事人获通知该争执后，可在 10 日内声请调查证据，以证明该文件的真实性；如果是第一审案件，则声请须在就事实事宜的辩论终结前提出。对在指定进行辩论及审判听证的日期之后提出的证据作调查，并不导致为进行听证而采取的措施中止，亦不导致押后听证；如果没有时间通知超期之后所提出的证人，则当事人必须偕同该证人到场。提交文件者亦可依法就嗣后知悉的有关该文件的虚假情况提出争辩。他方当事人可在提交诉辩书状中作出答复。如果他方当事人未作出答复或声明不打算使用有关文件，则在案件中不考虑该文件。如果争辩的理由明显不成立或争辩纯属拖延时间，或文件并不影响案件的裁判，则停止处理该争辩。当事人可在争辩或答复时声请调查证据。对重要争辩事实的审理，须加载或补加在调查的基础内容中。上述证据调查及其裁判须与案件裁判一同进行。就争辩所作的裁判须通知检察院。

（六）虚假文件

法院可依职权或应声请在判决主文部分宣告卷宗中的文件虚假，即使该判决是无罪判决；如果有需要，且在不明显拖延诉讼的情况下，法院应命令采取必需措施及容许调查必需的证据。值得一提的是，对于判决主文中文件虚假的部分，可独立提起上诉。法院宣告文件虚假以及有依据怀疑文件虚假时，均须将该文件副本转交检察院。

第九节　勘验证据

澳门《民法典》中有关勘验证据的条文仅有两条，即第 384、385 条。此外，澳门《民事诉讼法典》也有 4 个相关条文，即第 513～516 条。值得注意的是，澳门《刑事诉讼法典》的 7 种证据方法中并未提及勘验证据。总的来看，澳门相关法律对勘验证据的规定比较简单。

一　勘验目的

在德国，勘验证据是指法院以举证为目的，通过人的感官而直接获取的人或物的实体状况或特征的信息，例如，对现场的观察，录音录像的播放，电子文件的重现等，其仅反映事物的实际状况，不反映人的思想内容。[①]《瑞典司法程序法典》第 39 章"勘验"第 1 条第 1 款规定："为检验不动产、不方便带到法庭的物品，或特殊事件，法庭可以进行现场勘验。"台湾地区"行政诉讼法"第 174 条规定，勘验是指由法官以感官的知觉作用，检验物、人或其他目标。

在澳门，勘验即勘查和检验。澳门《民法典》第 384 条规定，勘验证据旨在使法院直接了解事实。根据澳门《民事诉讼法典》第 513 条，如果法院认为适宜，可主动或应当事人声请，在尊重私人生活隐私及人的尊严下，对物或人进行检验，以澄清对案件审判重要的事实；为此，可前往涉及有关问题的地点，亦可在认为有需要时命令重演有关事实。可见，勘验对象包括物、人和地点等。声请勘验的当事人须向法院提供进行勘验的适当工具，但当事人被豁免或免除支付诉讼费用的除外。

二　勘验程序

根据澳门《民事诉讼法典》第 514～515 条，须通知当事人进行勘验的日期及时间，当事人可亲自或通过其律师向法院作出相关解释，以及请求法院注意对解决有关案件重要的事实。技术员可参与勘验程序。具备专门知识的人可随同法官到场，以便在调查及理解方面就待查事实向法官解释。须在命令进行勘验的批示中指定有关技术员；如果勘验不是由合议庭进行的，则技术员应在辩论及审判听证时到场。

此外，关于法官是否必须主持勘验的问题，不同国家和地区的要求有所不同。例如，美国在不同诉讼程序中做法不同：在民事诉讼中，法官一

---

① 邵建东主编《德国司法制度》，厦门大学出版社，2010，第 167 页。

般不亲自主持勘验，而是由法院聘请他人陪同陪审团进行勘验，双方当事人和律师通常被允许参加；在刑事诉讼中，许多州则明确规定法官必须亲自主持勘验，旨在使陪审团在勘验中不受传闻证据的影响和不允许进行可能对被告人造成不公平的现场演示。① 从澳门《民事诉讼法典》的规定来看，勘验也未必都是法庭主持进行的。

三 勘验笔录

勘验活动须制作笔录，记录一切对案件审查及裁判有用的资料；法官可命令制作机械复制品以附入卷宗。澳门《民法典》第 385 条规定了勘验的证明力，勘验的结果由法院自由判断。在澳门，勘验属于物的证据方法，鉴定则属于人的证据方法。那么，勘验证据是否适用传闻证据规则呢？对此，澳门立法并无明确规定，原则上所有证据都应在法庭上经过双方质证。在台湾地区，勘察现场报告是警察单方面就犯罪现场所见所闻记载的书面报告，属于被告人以外之人在审判外的书面陈述，是传闻证据的一种，应受传闻法则的规范；必要时，勘验笔录的制作者应出庭接受询问，被告人有权就勘验证据是否适格进行质证，在此基础上，法官再判断其是否具有证据能力。

第十节 证据方法之检讨

西方国家的证据立法主要是就证据的合法性或证据能力作出明确的限定，并为此确立相应的证据排除规则，而几乎没有就证据的法定表现形式作出限制性规定。② 有的国家和地区虽然规定了证据的表现形式，但是种类不多。中国在立法中明确限制了证据的法定种类，且多达 8 种。《中华人民共和国刑事诉讼法》第 50 条第 2 款规定，证据包括：物证、书证、证人证言、被害人陈述、犯罪嫌疑人、被告人供述和辩解、鉴定意见、勘验、检查、辨认、侦查实验等笔录、视听资料、电子数据。根据《中华人民共和国民

---

① 袁志：《勘验、检查笔录研究》，西南财经大学出版社，2007，第 57 页。
② 陈瑞华：《证据的概念与法定种类》，《法律适用》2012 年第 1 期，第 29 页。

事诉讼法》第 63 条，证据的法定种类总共有 8 种，即当事人陈述、书证、物证、视听资料、电子数据、证人证言、鉴定意见和勘验笔录。《中华人民共和国行政诉讼法》第 33 条也规定了 8 种法定证据，包括：书证；物证；视听资料；电子数据；证人证言；当事人的陈述；鉴定意见；勘验笔录、现场笔录。其实，澳门证据方法的有关规定也颇具特色，在三大诉讼中有些证据方法是共通的，但也各有不同。随着社会和司法实践的发展，澳门也需要完善原有的证据方法或者增加新的证据方法。

一 物证的单列

与书证不同，物证是以自己的外部特征、物理属性、存在位置和状态等来证明案件事实的一种证据。有学者认为，勘验、检查笔录和鉴定意见只是反映物证的证据资料，可以称之为物证资料。物证是一种独立的证据，与书证、人证可以并列。因此，证据只有三种，即物证、书证和人证。[①] 不可否认，物证有其独特的优势。实践证明，物证是确凿的证据，既不会存在错误，也不会作伪证，更不会完全缺失，只有对物证的解释可能发生错误。[②] 生活中充满着各种各样的经验，很难准确予以描述，物证将现实性带到法庭中来，这是言词证据无法做到的。[③] 尤其是在刑事诉讼中，物证的作用更是无法取代。因此，有必要突出物证的独立地位。刑侦大师李昌钰博士曾指出："犯罪现场上的所有物体都可能是证据，任何一个物体都可能成为侦破案件的关键物证，科学调查的关键在于能够识别犯罪现场上的潜在物证，并且认识到该物证所具有的重要性。"[④]

目前，澳门法律规定了人证、书证等证据方法，但是并未单独规定物证。一些物证的重要作用还未受到足够重视，例如植物物证。植物物证的种类繁多，分布广泛，很容易在案发现场黏附在罪犯或被害人的身上，不易被犯罪嫌疑人注意或销毁，其证据价值有待发掘。从国外的很多案例来

---

① 裴苍龄：《论证据的种类》，《法学研究》2003 年第 5 期，第 45 页。

② 〔美〕W. 杰瑞·奇泽姆、布伦特·E. 特维：《犯罪现场重建》，刘静坤译，中国人民公安大学出版社，2010，第 27 页。

③ 〔美〕史蒂文·鲁贝特：《现代诉辩策略与技巧》，王进喜等译，中国人民公安大学出版社，2005，第 198 页。

④ 李昌钰等：《李昌钰博士犯罪现场勘查手册》（第二版），郝宏奎等译，中国人民公安大学出版社，2006，第 48、58 页。

看，法医植物学有助于判断案发现场；植物物证可以帮助办案人员刻画嫌疑人的行动轨迹，锁定嫌疑人的身份等。① 总之，为了突出物证的独特性和重要性，应当在澳门立法中明确规定物证的证据方法。

二 人证的完善

整体而言，澳门相关法律对于人证的规定非常细致，但在儿童证言、污点证人作证等方面还有待进一步完善。

（一）儿童证人

《澳门基本法》第 38 条第 3 款规定："未成年人、老年人和残疾人受澳门特别行政区的关怀和保护。"从证据的角度来看，儿童在认知、记忆和表达能力方面都不太成熟，无法理解违法犯罪事件或事后的调查行为，且容易受到成年人的暗示，这些都无疑增加了取证的难度，儿童证言的可信度并不高。对于儿童证言，必须仔细甄别，毕竟谁也不知道，孩子们的所谓天真纯洁，曾使多少无辜者被判刑。② 澳门《刑事诉讼法典》第 330 条规定，对未满 16 岁的证人只能由主持审判的法官进行询问。完成询问后，其余法官、检察院、辩护人、辅助人律师及民事当事人律师可请求主持审判的法官向该证人提出附加问题。总的来看，澳门相关法律对儿童证言的取得和调查缺乏具体规范，而其他法域大多建立了专门制度，以保障未成年被害人和未成年证人的合法权益。

在日本，法院诘问证人须考虑证人的年龄等因素，证人陈述可有人陪同。陪伴之人在该证人供述中不应妨害法官和诉讼关系人的诘问或证人的供述，或有影响该供述内容的不当言词动作。对于未成年证人，法庭可采取遮蔽被告、旁听人的措施，远距方式诘问，在法院外或其所在地诘问。《挪威刑事诉讼法》第 110 条第 2 款规定，如果传唤未满 14 岁的儿童，证人传票应当送达该儿童的监护人，由其对该儿童出庭负责。《俄罗斯联邦刑事诉讼法典》第 191 条规定了未成年人参与讯问、对质、辨识与供述的特点，内容非常细致，值得借鉴。①在未满 16 岁的未成年刑事被害人或者证人，

---

① 杨桔等：《植物证据在校园犯罪案件中的应用》，《刑事技术》2019 年第 1 期，第 22 页。

② 〔美〕诺曼·嘉兰等：《执法人员刑事证据教程》，但彦铮等译，中国检察出版社，2007，第 87 页。

抑或达到该年龄，但罹患精神障碍或者心理发育滞后的未成年刑事被害人或者证人参与讯问、对质、辨识以及供述的情况下，教师或者心理学家必须参与。在上述侦查行为中有已满 16 岁未成年人参与的，是否邀请教师或者心理学家参与的事宜由侦查官斟酌处理。对于 7 岁以下的未成年刑事被害人或者证人参与上述侦查行为的，每天不能持续超过 30 分钟不休息，总体来讲不能超过 1 小时；对于 7 岁以上 14 岁以下的未成年刑事被害人或者证人，不能超过 1 小时，总体来讲不能超过 2 小时；14 岁以上的未成年刑事被害人或者证人，不能超过 2 小时，总体来讲不能超过 4 小时。上述侦查行为实行时，未成年刑事被害人或者证人的法定代理人有权参与。②不满 16 岁的刑事被害人和证人，不需对其拒绝供述或者作虚假供述时所应承担的责任作出警告。在向上述刑事被害人和证人说明法定诉讼权利时，应当向其指明必须供述实情。③侦查官有权禁止未成年刑事被害人或者证人的法定代理人与（或者）代理人参与讯问，如果上述人员参与讯问将会违背未成年刑事被害人或者证人的利益。这种情况下，侦查官应保障其他未成年刑事被害人或者证人的法定代理人参与讯问。④在进行讯问、对质、辨识或者供述的过程中，有未满 16 岁或者已满该年龄，但罹患精神障碍或者心理发育滞后的未成年刑事被害人或者证人参与的，如果是与对未成年人实施性侵害犯罪有关的刑事案件，心理学家必须参与。⑤本章规定的侦查行为，有未成年刑事被害人或者证人参与的，在实施阶段必须录像或者录影。但是，未成年刑事被害人或者证人，抑或其法定代理人对此提出反对的除外。录像或者录影资料应附随刑事案卷保存。

香港特别行政区裁判法院设置了少年法庭，可向未成年人发出特别保护令。如果受害人或证人是未成年人，为避免其恐惧而留下心理阴影，裁判法官会决定采用 CCTV（即"实时影像系统"）交叉询问。询问房间的外间是游戏室，会摆放玩具熊等，以营造宽松的环境，里面是带有摄像头的电脑，可直接与法庭连线，未成年人不必直接面对被告人，以避免造成其心理负担。① 根据香港《罪行受害者约章》，儿童受害者或证人可由父母或监护人陪同接受会面或协助警方调查，但陪伴儿童的成年人必须与案件无关，并且不会妨碍调查；警方应考虑摄录会面过程；通过法庭的闭路电视联系系统作供（由裁判官或法官作最后决定）及由支持人员陪同在法庭作

---

① 胡健：《常识的力量——香港法政观察》，新华出版社，2018，第 55 页。

供，但该人员必须与案件无关。

上述制度较好地保护了儿童被害人和证人的权益，符合儿童利益最大化的原则。在儿童证言的收集方面，澳门还可引入"供未来备忘用的声明"，以便开庭时作为证言证据提交。按照澳门现行相关机制，涉及儿童的个案，儿童会被安排到环境舒适的房间，两名受过儿童询问技巧专门培训的女性侦查员参加询问，以减轻受害儿童的心理压力，安抚其情绪。从其他地区的经验来看，内地部分省市在医院建立了未成年被害人一站式询问救助中心，"检警医"高度协作，案件询问、证据提取、医疗检查、心理疏导等工作可一次完成，还可邀请心理咨询师、社工等在场，从儿童心理学等方面提供专业分析意见，运用倾听和关怀的技巧，促进有效沟通，了解真相，也可避免对受害儿童的心理造成"二次伤害"。2019 年《人民检察院刑事诉讼规则》第 465 条第 6 款明确规定，询问未成年被害人、证人应当以一次为原则，避免反复询问。

值得注意的是，多次询问还有可能污染儿童证言，因为成人的观点和说法会在事后询问中灌输给儿童，从而导致多次证言差别较大的情况，有鉴于此，需要减少儿童被害人的重复陈述。为此，台湾地区制定了"性侵害案件减少被害人重复陈述作业要点"。该规定适用于被害人是智障或者 16 岁以下儿童性侵案件，要求警察、社政、医疗等机构在办案过程中互相联系，询问时若有必要可以请医疗人员陪同，询问过程应全程连续录像，由检察官指挥警察执行。在庭审中需要避免诱导性问题，防止儿童产生误解。鉴于儿童的语言和行为具有较强的模仿性，如果陈述内容明显不合理，则需要进一步判断儿童是否想象被害或者出于其他目的。此外，还可结合儿童与加害人之间的关系、身体检查笔录、案件揭露的最初原因，以及儿童能否辨别是非、正确表达等方面综合判断儿童证言的可信度。

（二）污点证人

澳门《选民登记法》和《立法会选举法》均引入了"污点证人"制度。在此之前，澳门已在《廉政公署组织法》《有组织犯罪法》等法律中建立了污点证人制度。遗憾的是，在澳门司法实践中，这一制度并没有得到实现。邻近澳门的香港却成功运用这一制度，有效打击犯罪。香港的污点证人制度主要体现在律政司《检控政策及常规》的规定中。"原则上，刑事司法系统运作时，理应无须藉豁免起诉参与指称罪行的人以获取证据来检

控其他人。然而，在一些情况下，免予起诉是维护公正的做法。根据一般
规则，只要检控符合关于提证和公众利益的常规，不论从犯稍后会否被传
召作证人，都应该被检控。当从犯认罪后，如愿意与控方合作检控另一人，
则可期望获大幅减刑。一般而言，从犯只有在下述情况下才会获控方免予
检控：a）从犯可提供的证供，是使被告人入罪所必需的，而且是无法从其
他来源取得的；以及 b）有理由相信从犯应受的惩处应该远少于被告人。"
香港的污点证人制度之所以取得了成功，主要归功于以下两个因素：一是
香港律政司的自由裁量权；二是完善的证人保护制度。香港有《证人保护
条例》；香港警务处成立了证人保护小组；香港廉政公署也设有专门的证人
保护小组。香港《刑事诉讼程序条例》把在黑社会、有组织犯罪或放高利
贷犯罪的审判中作证的人称为"恐惧证人"，并规定了特别的保护措施，
"恐惧证人"只能通过法庭审判的现场电视线路作证，以保障其安全。香港
《证人保护条例》第 17 条还规定了相应的处罚机制，即无正当理由泄露列
入证人保护计划的证人的身份和住址的，一经公诉程序定罪，即被判处高
达 10 年的监禁。

　　就澳门现行法律来看，存在不少制度上的障碍影响污点证人制度的实
现。首先，澳门刑事诉讼中，在起诉问题上以起诉法定原则为主，兼采起
诉便宜原则。根据法律规定，凡是构成犯罪的，原则上应当提出起诉；只
有在法律规定的少数轻微案件的范围内，检察院方有权裁量是否起诉。目
前，澳门检察院只能在三种情况下作出不起诉的决定，即无犯罪不起诉、
免除刑罚不起诉和暂时中止诉讼程序不起诉。其中，免除刑罚还必须满足
对犯罪可处的最高法定刑不超过 6 个月徒刑或者 6 个月罚金，犯罪情节轻
微，罪过轻微，犯罪所造成的损失已经获得弥补，免除刑罚与预防犯罪不
相抵触等条件。如果特别法规定刑罚上限超过 6 个月徒刑的犯罪的行为人可
获免除刑罚，则不适用此规定。总的来看，免除刑罚的条件还是比较严苛
的。其次，澳门现在没有证人保护法，而污点证人制度在任何国家和地区
无一不是以完善的证人保护制度为坚强后盾的，证人保护制度的缺乏严重
限制了污点证人制度作用的发挥。此外，澳门《刑事诉讼法典》也没有就
污点证人制度作出具有针对性和可操作性的规定。不过，从澳门社会的实际
情况来看，民众对于污点证人制度在心理上是完全可以接受的，制度上也具
备一定的基础。污点证人制度在办案过程中真正运行起来并不难，但是需要
完善相关配套制度，还有一些具体操作程序上的问题，但相对容易解决。

第一，从世界范围来看，污点证人豁免程序的启动权大多属于检察机关，因为检察机关承担控诉职能，由其根据案件需要决定是否启动豁免程序，不仅体现了慎重的态度，而且对于查明其他同案犯的犯罪事实，确保起诉成功，维护公共利益等均具有重要意义。基于社会公共利益的考虑，在某些难以取证的案件中，如果嫌犯符合污点证人的要求，控诉机关可考虑启动污点证人豁免程序，对其采取一定程度的豁免措施，以争取对更严重犯罪的成功控诉。澳门《刑事诉讼法典》第50条第1款c项规定："（嫌犯在诉讼程序中任何阶段内有权）不回答由任何实体就其归责之事实所提出之问题，以及就其所作、与该等事实有关之声明之内容所提出之问题。"在刑事诉讼中，不自证其罪的特权是嫌犯享有的一项重要基本人权，但是嫌犯一旦转为污点证人，就意味着其放弃了不自证其罪的特权，自愿就指控事实进行陈述。豁免污点证人关系重大，嫌犯或其辩护律师只能向检察机关申请和建议，启动与否的决定权属于检察机关，这样有利于把握尺度，确保法律的统一适用。

第二，根据澳门现行法律规定，嫌犯不得以证人身份作证；即使法律允许，嫌犯忽而以嫌犯身份供述，忽而以证人身份作证，也容易导致混乱。况且，嫌犯和证人在刑事诉讼中享有的权利和承担的义务有所不同，诉讼地位也有差异，所以无论是起诉程序还是审判程序都需要进行拆分，实现嫌犯身份的转换。

第三，在证人豁免的问题上，各国和各地区的法律都是极其慎重的，均设置了审查程序，赋予法院批准证人豁免的权力，对污点证人作证豁免进行审查。根据澳门的司法现状，可以规定预审法官对检察院的豁免决定享有司法审查权。这样有利于防止检察机关滥用污点证人程序，监督检察机关依法办案；同时，对于检察机关的起诉活动也能起到一定的保障作用。如果污点证人有违反豁免程序的行为，检察院可以申请法院签发强制令。至于豁免的范围，可以采取罪行豁免的方式。

第四，健全的证人保护制度是污点证人制度得以真正实现的关键。借鉴香港的成功经验，澳门可以制定单独的证人保护法，或在相关法律中增加保护证人的规定，具体设想如下。①关于证人保护机构。澳门警方和澳门廉政公署可以考虑建立专门的证人保护小组，配备专门设备和专业人员。证人保护工作耗费较大，政府应通过特别拨款提供财政支持。如果证人提出保护申请，证人保护小组应进行初步审核，也可以同检察官和预审法官共同审核决定是否提供保护；如果证人保护小组自行发现需要提供保护的情形，也可以依职权启动相应的程序。当然，证人保护是一项系统工程，需要其他部门甚至全社会的共同参与和协作。②关于保护范围。证人保护的对象不限于证人自己或其近亲属，如果与其有密切利害关系之人也因证人作证遭受危险，也属于被保护的范围。③关于保护方式。法官可以根据证人的请求或依职权，在权衡各方利益后，作出不公开证人信息的决定。在这种情况下，可以利用科技设施，实施变声、变像，掩饰其真实身份。某些案件可以不公开审理，以减少证人因出庭作证而遭受危险的可能性。由于污点证人遭受打击报复的周期可能很长，法院应设立污点证人档案，即使案件终结，对污点证人的身份、住址等基本信息及社会关系等仍应继续严格保密。为保障嫌犯的公正审判权、法庭对质权，法官可以综合考虑证人的情况、证人与嫌犯的关系、案件性质及影响等因素，在听取控辩双方的意见后，采取使当事人双方不能相互知悉对方的措施，如屏风遮蔽、设置隔离作证区等。必要时，证人也可不亲自到庭，而是采用网络视频、闭路电视等互动视听技术向法庭提供证据，这样既可以有效确保证人的安全，同时又能达到证人作证的效果。如果证人以及与其有密切利害关系之人的生命、身体和自由等受到威胁，或已经遭遇危险，办案人员应当为其提供 24 小时贴身保护，保护的地点可以是专门安排的房屋或者保护对象的住宅、工作单位等。当证人保密措施未能奏效或者仍然不能充分保障其安全时，应当为其迁居、变更身份，甚至整容。由证人保护机构出面协调民政部门为证人更换身份、档案、证件，再由劳动部门为证人及其家人或其他与其有密切利害关系之人在移居地安排工作。在此过程中，所有部门必须协调一致，共同保守秘密。此项措施涉及问题颇多，事前应征求被保护对象的意见，其同意后方可实施。对于威胁、侮辱、打击报复证人以及与其有密切利害关系之人的行为一定要严查到底，这样做既有利于遏制迫害证人的不法行为，也有利于消除证人的后顾之忧，提高其作证的积极性。与此同时，如果证人因作证而遭受身体上、财产上或者精神上的损害，应当对其进行损害赔偿。

第五，为了防止污点证人诬告他人，对污点证人的豁免存在例外情形。例如，澳门《立法会选举法》第 161 条和澳门《选民登记法》第 52 条规定了诬告的法律责任。此外，澳门《刑法典》第 324 条"作虚假之证言、鉴定、传译或翻译"、第 329 条"诬告"等条款的规定也应适用于污点证人，

以确保污点证人豁免程序的公平性。

三 电子证据的引入

如今，电子证据已经成为网络信息社会的新兴证据种类和"证据之王"。[①] 放眼世界，很多国家和地区要么制定了单独的电子证据法，要么在有关法律中新增了电子证据。例如，联合国国际贸易法委员会《电子商务示范法》第 8 条第 1 款规定："如法律要求信息须以其原始形式展现或留存，倘若情况如下，则一项数据电文即满足了该项要求：（a）有办法可靠地保证自信息首次以其最终形式生成，作为一项数据电文或充当其他用途之时起，该信息保持了完整性；（b）如要求将信息展现，可将该信息显示给观看信息的人。"再如，《联合国国际合同使用电子通信公约》、南非 1983 年《电脑证据法》、意大利 1997 年《意大利数字签名法》、加拿大 1998 年《统一电子证据法》、菲律宾 2001 年《电子证据规则》、新加坡 2010 年《电子交易法》、美国 1999 年《统一电子交易法》以及 2014 年《联邦证据规则》第 10 条等。浙江省杭州互联网法院还建立了电子证据平台，可以进行存证，这也是全国首个电子证据平台。然而，目前澳门的立法暂时未予跟进，有必要深入研究，吸取域外经验，以适应社会发展的需要。

（一）电子证据的内涵和性质

目前，国际上已有数字证据国际标准（Guidelines for Identification, Collection, Acquisition, and Preservation of Digital Evidence），标准规定了数字证据的识别、收集、撷取及保存指引。中国的三大诉讼法对于电子数据的定位各有不同。《中华人民共和国刑事诉讼法》第 50 条并没有将电子数据单列为一种独立的证据，而是将电子数据与视听资料同列为第 8 种刑事诉讼证据；《中华人民共和国民事诉讼法》第 63 条和《中华人民共和国行政诉讼法》第 33 条的规定类似，将电子数据作为一种独立的证据，而不是与视听资料并列。根据《最高人民法院关于适用〈中华人民共和国民事诉讼法〉的解释》第 116 条，电子数据是指通过电子邮件、电子数据交换、网上聊天记录、博客、手机短信、电子签名、域名等方式生成、发送、接收或存

---

① 刘品新：《电子证据的基础理论》，《国家检察官学院学报》2017 年第 1 期，第 151～159 页。

储在电子介质中的信息。电子证据的特点非常突出，它是特殊的物质载体，具有信息量大、内容丰富、便利、高效等优势。2016 年最高人民法院、最高人民检察院、公安部印发《关于办理刑事案件收集提取和审查判断电子数据若干问题的规定》第 16 条规定："对扣押的原始存储介质或者提取的电子数据，可以通过恢复、破解、统计、关联、比对等方式进行检查。"除了诉讼法以外，《中华人民共和国电子签名法》第 5 条还规定符合下列条件的数据电文，视为满足法律、法规规定的原件形式要求：能够有效地表现所载内容并可供随时调取查用；能够可靠地保证自最终形成时起，内容保持完整、未被更改。但是，在数据电文上增加背书以及数据交换、储存和显示过程中发生的形式变化不影响数据电文的完整性。

关于电子证据的性质则存在多种观点，例如书证说、新书证说、物证说、独立证据说、混合证据说、视听资料说等。[①] 其中，书证说的影响力最大，几乎涵盖了所有英美法系国家和地区以及相当一部分大陆法系国家和地区；新证据说是对证据说的一种改良性的设计和定位，在部分大陆法系国家和地区的实务界似有日渐受人热捧的趋势；勘验说在德国有相当的影响力。[②] 中国内地显然是把电子数据作为一种独立的证据看待。澳门对此尚未作出规定。

（二）电子证据的收集和审查

从世界范围来看，很多发达国家为打击电脑犯罪、网络犯罪，很早就成立了收集电子数据的专门组织，例如，美国"电脑紧急反应小组"，英国"高科技犯罪调查组"，德国、法国、日本等国亦有类似的电子数据取证专门机构。[③] 电子数据的取证内容和储存方式比较特别。2001 年欧洲议会通过的《网络犯罪公约》（*Convention on Cybercrime*）第 19 条第 1 款规定："每一缔约方应采取必要的立法和其他措施以使其具有法定资格的机构能够搜查或类似地访问在该缔约方领土内的：a）电脑系统或其一部分及储存在其中的电脑数据；和 b）电脑数据可被储存于其中的电脑数据存储媒介。"美国、英国、葡萄牙、比利时、西班牙等多个国家都是《网络犯罪公约》的签

---

① 朱帅俊：《论电子证据之分类与传闻法则》，《司法新声》2018 年总第 99 期，第 39 页。

② 毕玉谦：《电子数据庭审证据调查模式识辨》，《国家检察官学院学报》2016 年第 1 期，第 128 页。

③ 裴兆斌：《论刑事诉讼中电子数据取证模式》，《东方法学》2014 年第 5 期，第 87~95 页。

署国。

根据中国 2019 年《公安机关办理刑事案件电子数据取证规则》，电子数据取证包括但不限于：收集、提取电子数据；电子数据检查和侦查实验；电子数据检验与鉴定。收集、提取电子数据，可根据案情需要采取以下措施、方法：扣押、封存原始存储介质；现场提取电子数据；网络在线提取电子数据；冻结电子数据；调取电子数据。美国民事规则咨询委员会（Civil Rules Advisory Committee）起草了相关法案，以解决电子储存信息（Electronically Stored Information）与传统文书之间差异所产生的问题，并于 2006 年 12 月 1 日完成了对《美国联邦民事诉讼规则》的修订，整个修法建构程序被泛称为电子事证开示规则（E-discovery）。①

总的来看，电子数据的取证与传统证据的取证存在较大差别，取证人员应具有相关专业知识和技术水平，取证设备和取证过程也应符合相关技术规范和操作流程，故有必要对电子数据取证人员的资质予以规定。② 为了保障人权，侦查人员在搜查、扣押电子通讯数据过程中，有权要求相关人员提供协助，并且应当尽可能将电子通讯数据转换为书面或其他可直接识别的形式，同时必须将原始存储介质予以封存，与案件无关的以及诉讼不再需要的信息必须及时删除、销毁。③ 2012 年 11 月中国《最高人民法院关于适用〈中华人民共和国刑事诉讼法〉的解释》对电子数据的收集提取和审查认定等亦作出规定。2014 年 5 月最高人民法院、最高人民检察院和公安部出台的《关于办理网络犯罪案件适用刑事诉讼程序若干问题的意见》第 13 条规定："收集、提取电子数据，应当由二名以上具备相关专业知识的侦查人员进行。"2016 年《关于办理刑事案件收集提取和审查判断电子数据若干问题的规定》第 7 条规定："收集、提取电子数据，应当由二名以上侦查人员进行。取证方法应当符合相关技术标准。"

值得注意的是，针对互联网犯罪，一些国家开始使用网络诱惑侦查手段，但使用该手段必须符合两个前置条件：一是实施诱惑侦查的对象特定

---

① Alexandra Marie Reynolds, "Spoliating the Adverse Inference Instruction: The Impact of the 2015 Amendment to Federal Rule of Civil Procedure 37 (E)", *Georgia Law Review*, Vol. 51, No. 3, 2017, pp. 917–946.

② 胡云腾主编《网络犯罪刑事诉讼程序意见暨相关司法解释理解与适用》，人民法院出版社，2014，第 52 页。

③ 陈永生：《论电子通讯数据搜查、扣押的制度建构》，《环球法律评论》2019 年第 1 期，第 5 页。

化；二是侦查人员需要有合理的根据，怀疑特定的个人实施了某种犯罪行为。[①] 为了保障人权，《法国刑事诉讼法典》第 100 条还规定，出于侦查的需要，法官对载有数据信息的通讯决定是否予以截留、摘抄和录制。[②]

在审判实践中，涉及电子数据的案件也在不断增加。从公开的裁判文书来看，以广东省广州市南沙区为例，涉互联网电子数据证据案件增长迅速，2017 年案件数量比 2016 年增长 130%，涉案金额 6803 万元人民币。[③]《最高人民法院关于互联网法院审理案件若干问题的规定》第 11 条规定了电子证据真实性的认定规则，即审查电子数据的生成平台、存储介质、保管方式、提取主体、传输过程和验证形式等方面，鼓励和引导当事人通过电子签名、可信时间戳、哈希值校验、区块链等技术手段以及取证存证平台等对证据进行保全和提取，提升电子数据的证据效力。此外，对于持有电子数据而拒绝提交的，一般会采用拟制真实的方式进行制裁。不同国家或地区对于违背提出义务给予制裁的区别主要是拟制文书内容为真实，还是直接认定所主张的应证事实为真实。[④]

（三）澳门的应对

2018 年 8 月 8 日，深圳前海法院与广东安证电脑司法鉴定所、深圳市安证保全数据处理有限公司签署了《战略合作框架协议》，三方就如何发挥各自的业务特长及资源优势，进一步完善民商事诉讼电子证据制度，切实解决电子证据的"取证难、举证难、出证难"等问题，公正、高效化解涉互联网民商事纠纷，共同促进前海法治示范区建设达成共识。[⑤] 随着粤港澳大湾区战略的深入推进，跨境纠纷解决机制中离不开电子数据的运用，弥补相关制度的空白对澳门来说刻不容缓。关于电子文件，澳门制定了第 5/2005 号法律《订定电子文件及电子签名的法律制度》。关于电子证据，澳门在立法层面尚未作出专门规定，实践中却难以避免。例如，澳门司法警察

---

① 冯姣：《互联网电子证据的收集》，《国家检察官学院学报》2018 年第 5 期，第 42 页。

② 何家弘：《外国证据法》，法律出版社，2003，第 368 页。

③ 贺林平：《网聊记录、转账截图等怎样采信？——面对电子数据 如何判案有方》，《人民日报》2019 年 1 月 25 日第 04 版。

④ 高波：《电子数据偏在问题之解决——基于书证提出义务规则的思考》，《法律科学》2019 年第 2 期，第 75 页。

⑤ 包力：《前海法院引入第三方服务平台 解决电子证据取证举证出证难》，《深圳商报》2018 年 8 月 10 日第 A03 版。

局设有电脑法证处，该处具有下列职权：从信息技术层面协助调查与信息及高科技相关的犯罪；从电脑系统及电脑数据资料储存载体中搜集、检验及分析与犯罪相关的电子证据，并在法庭上进行举证；从信息技术层面研究预防以信息及高科技实施犯罪的趋势。

随着社交网络的发展，Skype、微信（WeChat）、WhatsApp 等社交媒体上面的聊天记录作为新型的证据形式，在司法实践中越来越常见。微信是依附于手机终端或电脑的应用软件，其内容涉及文字、图片、语音、视频等，但相关记录容易灭失，且不易证明发送者的身份。微信语音具有连续性、真实性、鲜活性、生动性等特点。从澳门法院相关裁判来看，对于微信记录，经过调查符合要求的，可以作为证据使用。例如，在一起不法经营赌博罪案件中，控方证据之一是：经司法警察局电脑法证处对嫌犯丁的一部手机进行数据提取并刻录成光盘再进行检验及分析后，发现该手机所安装的"微信"内载有与外围赌博足球投注有关的通讯记录。[1] 总之，有关记录能否被采纳主要取决于法官的自由心证，单凭有关微信聊天记录不足以否定法院有关心证的形成。[2] 鉴于电子证据的特点，最好提前做好保全工作。根据中国公证协会关于《办理保全互联网电子证据公证的指导意见》，保全互联网电子证据是指公证机构利用电脑设备和技术，通过接入广域网固定、提取电子证据的活动。就此而言，澳门目前均未作出规定，虽然审判实践中法官可以自由心证，但是为了统一规范，也为了引导诉讼参与人，应当与时俱进，明确将电子证据纳入立法，跟上社会发展的步伐。

四 区块链证据的应用

简单而言，区块链本质上就是一个去中心化的数据库。区块链证据是对现行证据法体系的一次全面革新，例如证据资格认定、原件理论和证明范式等，这是现行证据法体系无法直接回应的。[3] 所有涉及记录和验证的领域，包括司法程序中的证据保存、提交和验证，都可以借助区块链技术来

---

[1] 澳门特别行政区初级法院第 CR2 - 18 - 0329 - PCS 号独任庭普通刑事案裁判书。
[2] 澳门特别行政区中级法院第 303/2018 民事及劳动诉讼程序上诉案裁判书。
[3] 张玉洁：《区块链技术的司法适用、体系难题与证据法革新》，《东方法学》2019 年第 1 期，第 99 页。

完成。① 人工智能可以在法律问题上实现对法官的部分替代，而区块链技术可以在事实问题上实现对法官的完全替代，法官可借此从事实认定的难题中解放出来，可以说是一次民事司法的生产力革命。② 如今，区块链技术的证据化应用改变了传统证据法的结构。

《最高人民法院关于互联网法院审理案件若干问题的规定》第 11 条第 2 款明确肯定了区块链证据的定位："当事人提交的电子数据，通过电子签名、可信时间戳、哈希值校验、区块链等证据收集、固定和防篡改的技术手段或者通过电子取证存证平台认证，能够证明其真实性的，互联网法院应当确认。"2019 年 4 月，广州互联网法院开通"网通法链"智慧信用生态系统，与政法系统、运营商、企业、金融机构等 50 余家共建及签约单位签署了《司法区块链合作协议书》《可信电子证据平台合作协议书》《司法信用共治平台合作协议书》，以应对网络电子证据在存证、调取等方面遇到的安全性、便捷性、可信性等难题，有利于推进网络空间司法治理的高效开展。③ 2019 年北京互联网法院执行局创新公证机构深度参与执行模式，完成首例"公证机构＋区块链"委托现场调查，借助区块链技术打通了法院与公证机构网上联动的壁垒。④ 这些应用不仅便利了当事人，也便利了法院。

区块链存证方式甚至可以用于刑事案件。2019 年浙江省绍兴市上虞区人民法院借助区块链加密技术，对一起区块链存证的刑事案件进行宣判。⑤ 不仅如此，最高人民法院已建设"人民法院司法区块链统一平台"，完成超过 1.8 亿条数据上链存证固证。区块链作为一种不可复制、不可篡改的数据库存储技术，从根本上保证了大数据的安全，有利于推动大数据的发展。大数据证据通过对海量电子数据进行分析，凝炼出规律性认识，形成结果或报告，进而发挥证明作用。但是对于这一证据的定位，法律界存在着不同的理论争论和实务处理，主要包括鉴定意见说、专家辅助人意见说和证

① 郑戈：《区块链与未来法治》，《东方法学》2018 年第 3 期，第 83 页。
② 史明洲：《区块链时代的民事司法》，《东方法学》2019 年第 3 期，第 110 页。
③ 吴笋林：《广州互联网法院上线"网通法链"系统——50 余家单位签约共建，电子证据存证、调取将更加便捷、可信》，《南方都市报》2019 年 4 月 14 日第 A03 版。
④ 邢萌：《北京互联网法院完成首例"公证机构＋区块链"委托现场调查》，《证券日报》2019 年 9 月 23 日第 B1 版。
⑤ 余建华、单巡天：《全国首例区块链存证刑事案宣判》，《人民法院报》2019 年 11 月 1 日第 03 版。

人证言说等。① 总之，这些科技手段的证据化应用代表了未来社会的发展方向，澳门也需要及时研究，并纳入立法。

五 科学证据的挖掘

科学证据并不是一个法律概念，概括而言是运用各领域科学技术的方法、成果得到的证据。自然科学的日新月异给证据法带来了许多挑战，某种意义上将重新塑造21世纪的证据法。② 科学证据由物证、书证等法定证据转化而来，其转化的途径就是在证据的收集、生成、举证、质证环节使用了科学原理、技术和方法，这些环节犹如跨栏赛中的障碍，又如流水线上的过滤器，只有充分发挥它们的协同、制约作用，科学证据的本质属性——科学性才得以有效保证。③

不过，科学证据未必都是真实可靠的。科学证据的可靠性是一个程度问题，取决于科学的不确定性、可再生性、因果关系和错误率。④ 法院在采纳科学证据时，必须履行甄选和过滤职责。⑤ 对于科技证据的证据能力，美国联邦法院曾先后以两个不同的判断标准来检验：早期的标准是普遍接受法则（general acceptance test），即在该科学证据所属的科学领域中，是否已普遍接受该科学证据的科学或技术；1993年之后改采可信性法则（reliability test），即以科学证据所依据的推理或方法是否在科学上有效，而且是否被正确运用在本案中作出判断。⑥ 美国联邦最高法院通过 Daubert 案建议各法院限制"伪科学"（junk science）的可采性，并鼓励发展可靠的侦查科技。根据修订后的《美国联邦证据规则》第702条，如果技术性证词有足够的事实或数据，通过可靠的原理和方法得出结论，专家将该原理和方法可靠

---

① 刘品新：《论大数据证据》，《环球法律评论》2019年第1期，第21页。

② 〔美〕米尔建·R.达马斯卡：《漂移的证据法》，李学军等译，中国政法大学出版社，2003，第200～201页。

③ 刘振红：《科学证据何以可能——兼论常识证据》，《中国刑事法杂志》2011年第9期，第71页。

④ 张南宁：《科学证据可采性标准的认识论反思与重构》，《法学研究》2010年第1期，第28页。

⑤ 〔美〕盎格洛·昂舍塔：《科学证据与法律的平等保护》，王进喜等译，中国法制出版社，2016，第19页。

⑥ 王兆鹏：《刑事诉讼讲义》，元照出版公司，2010，第852页。

地适用于该案件，则该证词可被采纳。① 澳门立法目前也没有对科学证据作出专门规范，仍然取决于法官的自由心证，既尊重了法官的自由裁量权，也能兼顾实践、个案的不同情况。不过，随着社会和科技的发展，科学证据在诉讼中的作用还会进一步加大，有必要进行适当规范。

---

① 　陈卫东主编《刑事证据问题研究》，中国人民大学出版社，2016，第 203～204 页。

第五章

获得证据的方法

澳门《刑事诉讼法典》在"获得证据之方法"一编中规定了检查、搜查及搜索、扣押及电话监听。此外，澳门有关特别法中亦有涉及取证方法的规范。

第一节　检查

在澳门法律中，检查是指通过查看犯罪可能遗留下的痕迹以及与犯罪有关的人、场所、物品等，以发现证据的一种活动。检查必须依法进行。

一　检查的内涵

从其他国家和地区的立法来看，检查一般针对人的身体，是干预人身权利的一种行为，属于强制处分。从检查的程度来看，身体检查措施可分为两种类型，即单纯的身体检查和侵入性的身体检查。例如，德国的身体检查既包括对身体进行的简单检查，如测量身体、拍摄照片、提取指纹等类似措施，以及抽血、提取细胞组织等侵入身体的措施，还包括 DNA 检测，其外延随着社会进步和科技发展不断扩展。[1]《日本刑事诉讼法》第 115 条规定，就妇女身体执行搜索的情形，应使成年女性在场，但情况急迫时不在此限。《中华人民共和国刑事诉讼法》也有类似规定。在台湾地区，身体检查的样态极为广泛，其在刑事诉讼中的重要性不言而喻，原因主要有以下三个方面：①利用科学方法取得证据的便利性与准确性受到实务上的重视与认可；②某种身体检查方式具有高度危险性，可能对于受检查人的身体健康甚至生命造成威胁，其对基本权干预的严重程度，甚至超越任何一种刑事强制处分；③目前身体刑在刑事政策与"立法"层面已被普遍禁止，所以身体检查处分在特定个案中成为少数会直接造成生理痛楚的合法干预手段。[2] 但在澳门，检查措施的适用对象比较多元化，包括人、场所、物品等。

二　检查的前提及拘束

在澳门刑事诉讼中，通过对人、地方及物的检查，查找犯罪可能遗留的痕迹以及有关犯罪的方式及地点、犯罪行为人或被害人的一切迹象。一旦获知实施犯罪的消息，办案机关须尽可能采取措施防止犯罪痕迹在检查前湮灭或改变，并在需要时保护犯罪现场，禁止一切无关的人进入或通过现场或作出任何可能阻碍发现事实真相的行为。如果犯罪遗留的痕迹改变或已消失，有权限的办案人员须描述可能曾经带有痕迹的人、地方及物所处的状态，并尽可能将有关痕迹重造并描述其改变或消失的方式、时间及原因。在有权限司法当局或刑事警察机关抵达现场前，如果不及时采取相关措施将对取证构成迫切危险，则由具有当局权力的人员暂时采取措施。

如果有人拟避免或阻碍任何应作的检查，或避免、阻碍提供应受检查的物，有权限司法当局可决定强行检查或强迫该人提供该物。检查可能使人感到羞辱的，应尊重受检查人的尊严，并尽可能尊重其羞耻心；进行检查时，只有进行检查的人及有权限司法当局可以在场；如果延迟检查不构成危险，被检查人可由其信任的人陪同，被检查人应被告知享有这一权利。

---

① 邵建东主编《德国司法制度》，厦门大学出版社，2010，第 255 页。
② 林钰雄：《从基本权论身体检查处分》，《台大法学论丛》2003 年第 3 期，第 150 页。

有权限司法当局或刑事警察机关可命令某人或某些人不得离开受检查的地方；打算离开受检查地方的人必须在场时，有权限司法当局或刑事警察机关可在需要时借助警察部队强迫其留在检查地点，直至检查完毕。

三 生物证据的强制采样

在刑事诉讼中，被告对于身体检查措施的忍受义务是有限度的，按照比例原则，身体检查措施会对被检查人的身体健康造成不利影响；跨过这道门槛之后，忍受义务可被免除，以强迫方式实行身体检查的底线同时被划出。[①] 侵入性身体检查更易侵犯人的基本权利，其涉及生物证据，包括尿液、体液等。目前，澳门《刑事诉讼法典》并未对生物证据的提取作出专门规定。

不过，鉴于"吸毒罪"取证难的问题，澳门 2016 年修订后的《禁毒法》第 27 - A 条规定了尿液样本的取检措施，立法限制只有在指定场所才能强制验尿，以平衡警方的执法权。同时，为进一步保障受检者的权利，还加入了复检制度。具体来说，如果有强烈迹象显示有人在酒店或同类场所，尤其是餐厅、舞厅、酒吧、饮料场所、饮食场所，或用作聚会、影演项目、娱乐或消闲的场所，又或交通工具内实施有关犯罪，且经有权限司法当局以批示预先许可，刑事警察机关可要求在该等场所或交通工具内的涉嫌人提供尿液样本，供检测其是否曾吸食有关植物、物质或制剂。在上述情况下，且符合下列任一要件时，即使未经有权限司法当局以批示预先许可，刑事警察机关亦可要求涉嫌人提供尿液样本：有理由相信延误收集涉嫌人的尿液样本，对发现事实真相或对证据的确保构成损害；获得涉嫌人的同意，只要涉嫌人是在有能力理解该同意的含义下以书面方式作出；如果涉嫌人未满 16 岁，则该同意须依次由其父或母、监护人或实际照顾该人的实体作出。不过，事后须立即将所实施的取检措施通知有权限司法当局，并由其在最迟 72 小时内审查该措施，使之有效，否则该措施无效。为取得和检测涉嫌人的尿液样本，须将其送往医院或其他合适的场所，并要求其在进行检测所确实必需的时间内，留于上述地点。如果涉嫌人拒绝提

[①] 吴俊毅：《刑事诉讼上身体检查措施被告忍受义务之界线》，《刑事法杂志》2009 年第 2 期，第 101 ~ 102 页。

供尿液样本，且事前已被警告其行为的刑事后果，则对其处相应于违令罪的刑罚。此外，收集尿液样本时，应尊重受检者的尊严，避免使其感到羞辱，并不得超过必要程度，且应尽可能指定与该人性别相同的人员收集尿液样本。根据澳门检察院有关毒品案件的统计数据，2018 年立案侦查的毒品犯罪案件有 190 宗，较 2017 年的 248 宗减少了 23.4%，起诉罪名有 328项，较往年的 438 项减少了 25.1%。[1] 尤其是因吸毒被拘捕的人数逐年下降，这一现象与澳门《禁毒法》中的强制验尿措施不无关系。

在美国，如果强制抽取犯罪嫌疑人的血液进行检验是安全、无痛苦、平常的，则政府可以在迫切有限的情况下轻微侵入个人身体。德国《刑事诉讼法典》第 81 条 a 项规定："为了确定对程序具有重要性的事实，允许命令检查被指控人的身体。为此目的，在对被指控人身体健康无害的条件下，许可不经被指控人同意，由医师根据医术规则，本着检查目的进行抽取血样验血和其他身体检查。"台湾地区"刑事诉讼法"第 205 条的规定非常具体。该条规定，鉴定人因鉴定的必要，可经审判长、受命法官或检察官的许可，采取分泌物、排泄物、血液、毛发或其他出自或附着身体之物，并可采取指纹、脚印、声调、笔迹、照相或其他相类行为。检察事务官、司法警察官或司法警察因调查犯罪情形及搜集证据的必要，对于经拘提或逮捕到案的犯罪嫌疑人或被告，可违反其意思采取其指纹、掌纹、脚印，予以照相、测量身高或类似行为；有相当理由认为毛发、唾液、尿液、声调或吐气可作为犯罪证据时，则可采取。此外，台湾地区"毒品危害防制条例"第 25 条也有强制采尿的规定："到场而拒绝采验者，得违反其意思强制采验，于采验后，应即时报请检察官或少年法院（地方法院少年法庭）补发许可书。"

在 DNA 检测方面，国际刑警组织 DNA 工作专家组在《国际刑警组织 DNA 数据交换与操作手册》中建议各国建立 DNA 数据库。[2] 1995 年英国建立了第一个国家法庭科学 DNA 数据库。[3] 法国、德国、芬兰、瑞典等欧洲国家允许暂时储存刑事案件的相关 DNA 样本，但在案件终结后通常会将样

---

[1] 澳门特别行政区社会工作局：《澳门禁毒报告书 2018》，第 7 页。

[2] 陈学权：《刑事程序法视野中的法庭科学 DNA 数据库》，《中国刑事法杂志》2007 年第 11期，第 54 页。

[3] 瓮怡洁：《法庭科学 DNA 数据库的风险与法律规制》，《环球法律评论》2012 年第 3 期，第37 页。

本销毁。2008 年 12 月 4 日欧洲人权法院裁决，英国政府不得储存无犯罪记录者的 DNA 和指纹。在澳门司法审判中，DNA 鉴定报告不管其内容为何，都不会约束法庭就该等指控事实所形成的心证结果，法庭当然可以自由衡量案中 DNA 鉴定报告的结论。[①] 在侦查中，DNA 技术可有效提升工作成效，亦与国际接轨。澳门《DNA 数据库法律制度》法案已于 2012 年起草，至今仍在立法会排期。DNA 证据涉及的数据库建设、检材收集、操作过程、数据录入、保存、比对等环节都可能出现错误，此类错误不仅可能导致个案出现偏差，更糟糕的是，可能影响诸多关联案件。

第二节　搜查及搜索

在澳门，搜查和搜索都是通过搜寻、查找的方式来获取有关证据。但搜查和搜索的对象是不同的：搜查是针对人身；搜索是针对场所。可见，澳门的搜查与其他法域中的搜查，含义有所不同，其他法域的搜查对象比较广泛。澳门的搜查和搜索一般由有权限司法机关以批示许可或命令进行，搜查或搜索前必须先将命令或批示的副本交给被搜查人或被搜索地的人。澳门《刑事诉讼法典》第 159～162 条还规定了搜查及搜索的前提、程序及住所搜索。《澳门基本法》第 28 条和第 30 条明确规定了澳门居民的人身自由和人格尊严不受侵犯。在搜查和搜索的过程中，不能侵犯诉讼参与人的合法权利。

一　搜查及搜索的前提

根据澳门《刑事诉讼法典》第 159 条，如果有迹象显示某人身上隐藏任何与犯罪有关或可作为证据的物件，则命令进行搜查。如果有迹象显示上述物件、嫌犯或其他应被拘留的人，正处在保留给某些人进入的地方或公众不可自由进入的地方，则命令进行搜索。搜查及搜索由有权限司法机关以批示许可或命令进行，并应尽可能由该司法机关主持。

但在以下例外情况中，可由刑事警察机关进行搜查及搜索：①有理由

---

① 澳门特别行政区中级法院第 554/2014 号刑事诉讼程序上诉案裁判书。

相信延迟进行搜查或搜索可对具重大价值的法益构成严重危险；②获搜查及搜索所针对的人同意，只要该同意以任何方式记录于文件上；或③因实施可处以徒刑的犯罪而在现行犯情况下进行拘留的。如果是第①项所指的情况，须立即将所实施的措施告知预审法官，并由其审查，否则该措施无效。

如今，犯罪分子藏毒运毒的手段日益多样化和隐蔽化，例如，利用人体运毒。为此，澳门《禁毒法》规定，如果有强烈迹象显示涉嫌人体内藏毒，须对其进行搜查，并在需要时进行鉴定。可将涉嫌人送往医院或其他合适的场所，并要求其在进行鉴定所确实必需的时间内，留于上述地点。如果未获涉嫌人的同意，则进行搜查或鉴定须取决于有权限司法机关的预先许可，并应尽可能由该司法机关主持。拒绝接受依法获许可进行的搜查或鉴定，且事先已被适当警告其行为的刑事后果的，处最高 2 年徒刑或科最高 240 日罚金。

二　搜查及搜索的程序

澳门《刑事诉讼法典》第六卷"初步阶段"第二章"保全措施及警察措施"第 234 条规定，只要涉嫌人即将逃走，或基于有依据的理由相信在涉嫌人身上或某地方藏有与犯罪有关、可用作证据的对象，且如不进行搜查或搜索，将有可能失去该对象，除了法定例外情况，刑事警察机关也可未经司法机关预先许可而搜查及搜索；但属住所搜索的，则必须经司法机关预先许可。

（一）搜查的程序

搜查前须先将命令搜查的批示副本交予搜查所针对之人，该副本须指明搜查所针对之人可指定其信任且到场不会造成耽搁的人在搜查时在场。进行搜查时应尊重个人尊严，并尽可能尊重搜查所针对之人的羞耻心。关于搜查时的在场人员，台湾地区"刑事诉讼法"第 150 条规定，当事人及审判中的辩护人可以在搜索或扣押时在场。这一规定更有利于保障辩护权。

（二）搜索的程序

搜索前须先将命令搜索的批示副本交予事实支配搜索地的人，该副本须指明该人可在场观看搜索，并由其信任且到场不会造成耽搁的人陪同或替代。如果上述人员不在，则尽可能将该副本交予该人的一名血亲、邻居、门卫或其替代人。如果命令或执行搜索者有理由推定搜查的前提成立，可在搜索的同时或搜索期间，对身处搜索地的人进行搜查；在搜索时，可同样采取有关检查措施。

此外，澳门《禁毒法》还就搜索作出特别规定。刑事警察机关基于有依据的理由相信有人在公众地方或交通工具内实施或将之用作实施该法所指犯罪，则即使未经有权限司法当局预先许可，亦可立即搜索该地方或交通工具，并进行必要的身体搜查、行李检查及扣押。

三　住所搜索

住宅搜索可以包括打开门、柜、抽屉和箱子，若有需要，可以撬开地板、墙壁或阁楼。因此，住宅搜索是一种比简单进入住宅更具有侵入性的措施，住宅搜索假定有住宅进入，但住宅进入不要求必须进行住宅搜索，可能出于其他目的，如简单的"知悉"或"验证"人、对象或状况的存在或状态。① 住所涉及相关人员及其家庭成员的隐私权、家庭生活安宁的权利等，搜索住所的要求也不同于搜索一般的场所。

（一）住所的含义

根据澳门《民法典》第83～88条，住所分成以下6种。①一般的意定住所：人以常居所所在地为其住所；如果在不同地方有常居所，则任一居住地均视为其住所。对无常居所的人，以其偶然居所所在地为其住所；不能确定偶然居所时，视其身处之地为其住所。②职业住所：从事职业之人在职业所涉及的关系上，以从事职业地为职业住所。如果在不同地方从事职业，则每一从事职业的地方就其相关的关系而言为其职业住所。③选定住所：就特定法律行为可书面确定特别住所。④未成年人及禁治产人的法定住所：未成年人以家庭居所的所在地为住所。如果无家庭居所，则依据获交托照顾未成年人的父或母的住所；如亲权由父母双方行使，则任一住

---

① 〔葡〕Hugo Luz Dos Santos：《探讨澳门特别行政区的住所搜索和证据的禁止》，《行政》2014年第4期，第803页。

所均可视为未成年人的住所。经法院裁判而交托予第三人或机构的未成年人,以行使亲权的父或母的住所为其住所。受监护未成年人以及禁治产人,以监护人的住所为其住所。如已设定财产管理制度,则在财产管理所涉及的关系上,以财产管理人的住所为未成年人或禁治产人的住所。如适用上述规则引致未成年人或禁治产人在澳门无住所,只要该未成年人或禁治产人居住于澳门,则不适用该等规则;在此情况下,对该未成年人或禁治产人适用关于有行为能力人的住所的规则。⑤澳门地区公共行政当局工作人员的法定住所:澳门地区公共行政当局的工作人员,如果有固定地方担任其职务,则以该地为其必要住所,但不影响其在常居所所在地的意定住所。必要住所在有关工作人员就职或担任其职务之时确定。⑥澳门代表的法定住所:在国际组织或国际会议中,享有外交人员地位或等同地位的澳门代表引用治外法权时,其住所视为在澳门。

(二) 住所搜索的程序

对有人居住的房屋或其封闭的附属部分的搜索,仅可由法官命令或许可进行。除非因实施可处以徒刑的犯罪而在现行犯情况下进行拘留的,不得在下午 9 时至上午 7 时之间进行搜索,否则无效。如果有理由相信延迟进行搜查或搜索可能对具有重大价值的法益构成严重危险,且获得搜查及搜索所针对之人同意,则只要该同意以任何方式记录在文件上,住所搜索即可由检察院命令进行,或由刑事警察机关实行。搜索律师事务所或医生诊所须由法官亲自在场主持,否则无效;如有代表该职业的机构,则法官须预先告知该机构的主持人,以便其本人或其代表能到场。如果搜索官方卫生场所,须向该场所的领导人或其法定替代人告知。

(三) 违法侵入住宅的法律责任

澳门《刑法典》第 184 条规定了侵犯住宅罪。未经同意,侵入他人住宅,或被下令退出而仍逗留在该处者,处最高 1 年徒刑或科最高 240 日罚金。意图扰乱他人私人生活、安宁或宁静而致电至其住宅,处相同刑罚。如果在晚上或僻静地方,以暴力或以暴力相威胁,使用武器,或以破毁、爬越、假钥匙的手段,又或由 3 人以上(包括 3 人),触犯上述罪行的,行为人处最高 3 年徒刑或科罚金。根据澳门《刑法典》第 343 条,公务员滥用其职务上的固有权力,未经同意侵入他人住所,处最高 3 年徒刑或科

罚金。

在某案中，辩护人提出司法警察局的人员在搜索涉案的三个酒店房间时，仅取得了部分房间登记人的同意，在比较法的角度下，其质疑司法警察局人员的有关行为的有效性及搜索行为中扣押的证据的有效性。对此，法庭认为只要取得房间登记人或相关使用人的同意就已符合有关法律规定，这是澳门主流的司法理解。本案的承办检察官已批示宣告扣押有效，并在同日通知本案的嫌犯及各辩护人，各嫌犯及辩护人均没有依法适时向刑事起诉法庭提出申诉，即相关扣押是否有效的问题在庭审阶段已不可争议，除非有关扣押物属于禁用证据的范畴。[①]

四　其他

随着社会的发展，搜查的工具和方式也日益多样化。为了打击日益猖獗的人体运毒案件，避免澳门成为毒品犯罪的中转站，2011 年 9 月澳门司法警察局在驻澳门国际机场办公室内设置了一台 X 光人体扫描机，以辅助缉毒工作。当有强烈迹象显示某人涉嫌体内藏毒时，司警人员应依据澳门《禁毒法》的规定对嫌疑人进行搜查并通过设备鉴定。同时，司法警察局制定了 X 光人体扫描仪使用规则，避免滥用设备，以消除公众疑虑和保护旅客隐私。[②] 可以预见的是，随着社会的进一步发展，还可能出现更先进的搜查或搜索工具，但仍然要遵循法治原则、正当程序原则等。

第三节　扣押

通过搜查或搜索获取的涉案财物，可能需要进一步扣押。澳门《刑事诉讼法典》对扣押物的封存、保管、出售、销毁、发还等处置方法作出了比较具体的规定。

---

① 澳门特别行政区初级法院第 CR2 - 18 - 0329 - PCS 号独任庭普通刑事案裁判书。
② 澳门特别行政区政府司法警察局：《X 光人体扫描机令毒贩无所遁形》，http://www.pj.gov.mo/Web/u/cms/www/pdf/Publish/CN/20130715.pdf，最后访问日期：2020 年 1 月 1 日。

一 扣押的物件及前提

须扣押曾用于或预备用于实施犯罪的物件，构成犯罪的产物、利润、代价或酬劳的物件，以及行为人在犯罪地遗留的所有对象或其他可作为证据的对象。扣押物件须尽可能附于卷宗；如果不可能，则交托负责该诉讼程序的司法公务员保管或交托受寄人保管，并将此事记录于有关笔录。

扣押由司法当局以批示许可或命令进行，或宣告有效。依法进行的搜查、搜索，或遇有紧急情况，或如有延误将构成危险，刑事警察机关在进行搜查或搜索时可实行扣押。刑事警察机关所执行的扣押最迟须在 72 小时内由司法当局宣告有效。对检察院许可、命令或宣告有效的扣押，可在 10日内向预审法官申诉。申诉须分开提出，且仅具有移审的效力。

二 函件扣押

扣押书信、包裹、有价物、电报或其他函件，即使扣押是在邮政及电讯局进行的，也须法官作出批示许可或命令，且基于有依据的理由相信有下列情况出现时方可进行，否则无效：①函件是涉嫌人所发或寄交涉嫌人的，即使函件是以另一姓名或通过别人寄发或接收；②涉及的犯罪可处以最高限度超过 3 年的徒刑；③扣押对发现事实真相或在证据方面非常重要。禁止扣押及以任何方式管制嫌犯与其辩护人间的函件，除非法官基于有依据的理由相信该函件是犯罪对象或犯罪元素，否则所作的扣押或管制无效。许可或命令扣押的法官是首先知悉被扣押函件内容之人；如果法官认为函件在证据方面重要，则将之附于卷宗；否则，须将函件返还予对之有权利的人，此时函件不得作为证据，法官就其知悉但在证据方面不重要的内容负有保密义务。

此外，随着移动互联网技术的迅猛发展，手机已成为人体感官的一部分，智能手机储存着大量个人私密信息。在刑事侦查中，警察很容易在犯罪嫌疑人身上发现手机，警察能否查阅手机内的图片、视频、文字、聊天或通话记录等信息？美国一位大法官曾幽默地指出，火星人在观察我们的日常生活后，应该会认为手机是人类在解剖学上的一项重要特征。储存于手机内的电子数据不可能对任何人构成危险，不可能成为攻击执法人员的武器，或者脱逃的工具。无论是远端清除或资料加密，都是极端及有限的情状，且现在的手机几乎都有密码保护。只要让手机断开网络，就可避免信息被清除。将手机放入"法拉第袋"（Faraday bags），锡箔材质的特性可完全阻绝无线信号的传递。[①] 美国 1986 年《电子通讯法》将电子通讯信息分为两类：一类是内容信息，如短信或电子邮件的具体内容等；另一类是非内容信息，如拨打的电话号码、通话起止时间、收件人和发件人的电子邮箱地址、上网 IP 地址等与通讯具体内容无关的信息。对于确有必要搜查手机电子数据的案件，应优先搜查非内容信息。[②] 总之，人们对手机涉及的隐私有合理期待的权利。2014 年 6 月 25 日宣判的一起案件中，美国联邦最高法院 9 位大法官以 9：0 的投票判定，先例中允许对犯罪嫌疑人进行"无证搜查"的理由，并不能适用于手机信息的搜查，除非遇到特别紧急的情况，否则警方若想查看手机中的内容，必须先取得法院的许可。[③] 在台湾地区，由于手机涉及大量隐私，警察查看手机内容，从性质上应属于搜查，必须有搜查证。严格来讲，澳门立法中有关"函件扣押"的规定不适用于扣押手机信息。对此问题，现行立法需要进一步完善，以作出明确规范，防止侵犯当事人的合法权益。

三　特殊场所内进行的扣押

澳门《刑事诉讼法典》有关住所搜索的规定同样适用于在律师事务所及医生诊所内进行的扣押。属于职业秘密的文件，除非其本身为犯罪对象或犯罪元素，否则扣押无效。如果司法当局基于有依据的理由相信存于银行、其他信用机构甚至个人保险箱内的证券、有价物、款项及其他对象，与犯罪有关且对发现事实真相或在证据方面非常重要，须将其扣押，即使其不属于嫌犯所有或不是以其名义存放。为找寻扣押对象，法官可检查银行函件及其他任何文件。这一检查由法官亲自进行；如有需要，可由刑事警察机关及具有资格的技术员协助进行，所有人就其知悉的但在证据方面

---

① Riley v. California, 3. 134 S. Ct. 2473（2014）.

② 陈永生：《刑事诉讼中搜查手机的法律规制——以美国赖利案为例的研究》，《现代法学》2018 年第 6 期，第 152 页。

③ 郑海平：《手机内容属于公民隐私 警察不得"无证搜查"》，《人民法院报》2014 年 8 月 29 日第 08 版。

不重要的全部内容均负有保密义务。

四 职业秘密及特区机密

在司法当局命令时，保守职业秘密的人或需要保密的公务员须向司法当局提交其本人持有的应予扣押的文件或任何物件，但其以书面提出有关文件或对象属于职业秘密或澳门特别行政区机密的除外。如果以职业秘密或特别行政区机密为依据，拒绝提交有关文件或对象，则适用澳门《刑事诉讼法典》中的证人拒绝作证制度。

五 扣押程序

根据澳门《刑事诉讼法典》第168～171条，可将被扣押文件的副本附于卷宗，而正本则予以返还；如需保留正本，可制作副本或发出证明，并交予正当持有正本的人；副本及证明上须指明正本被扣押。如果正当持有被扣押文件或对象的人提出要求，须将扣押笔录的副本交予该人。扣押对象须尽可能加上封印；封印解除时，加上封印时曾在场的人须尽可能在场，并由其证实封印未被破坏及扣押的对象未被改变。如果扣押物是可灭失、变坏之物或危险物，司法当局可根据情况命令出售、毁灭或用于对社会有益的用途。扣押对象一旦无须继续被扣押作为证据，如判决确定，须返还权利人，但宣告丧失而归澳门特别行政区所有的物件除外。如果扣押的物件归嫌犯或应负民事责任之人所有，应以预防性假扣押的名义继续该扣押。

根据澳门《民事诉讼法典》第352条，假扣押的声请人须提出有助于证明存在债权的事实，以及提出证明恐防丧失财产担保属合理的事实，并列明应扣押财产及进行采取措施所必需的一切说明。假扣押针对债务人财产的取得人时，如果声请人没有表明已通过司法途径对该取得提出争执，则须提出有助于证明争执理由可成立的事实。

此外，澳门第1/2019号法律《修改第5/1999号法律〈国旗、国徽及国歌的使用及保护〉》第12条规定，澳门经济局有权扣押涉嫌违反第8条规定制造的国旗及国徽，以及制造该等旗或徽所用的其他材料。经济局局长有权指定工作人员就制造国旗及国徽的违法行为制作有关实况笔录。

六 其他

关于电子证据的扣押问题，由于澳门相关法律尚未规定电子数据的证据制度，自然也没有专门的电子数据的扣押程序。居民的通讯自由与隐私依法受到保护，除法律另有规定外，不可以任何理由侵犯。然而，电子证据在形成、存储、提取、展示等环节中需要借助编码、压缩、解码等信息技术以及电子设备才能完成，难以简单适用传统的扣押程序。在载体的扣押与数据的检索中，每一环节都应建立必要的制约程序，否则，极易产生问题证据，甚至非法证据，不利于刑事诉讼的正常进行。① 不过，澳门《打击电脑犯罪法》第15条规定，可对电脑系统、电脑数据资料储存载体及电脑数据资料进行扣押，或将电脑系统或电脑数据资料储存载体内所载的可作为证据的电脑数据资料制作副本，并附于卷宗，而将有关电脑系统或电脑数据资料储存载体予以返还。上述副本须多复制一份，并加上封印保存，以保持已储存的电脑数据资料的完整性。仅在有理由怀疑所制作副本的真确性时，经法官批示许可或命令，方可解除封印。解除封印适用澳门《刑事诉讼法典》第169条的规定。澳门《刑事诉讼法典》第164、235条的规定，经作出必要配合后，适用于扣押电子邮件或任何方式的私人电子通讯，且不论其接收者是否接收有关邮件或通讯。

此外，有些国家和地区还有"另案扣押"的规定。所谓另案，实务上是指本案以外的案件，不以已在侦查中或已系属于法院的案件为限，尚未发觉的案件亦包括在内。② 美国联邦最高法院在1971年的柯立芝诉新罕布什尔州案（Coolidge v. New Hampshire）中第一次讨论了"一目了然原则"（plain view doctrine），据此，警察在搜索时，违禁物或证据落入警察视线范围内，可以无令状扣押该物。③ 不过，从澳门现行立法和审判实践来看，并未涉及相关领域。

---

① 周新：《刑事电子搜查程序规范之研究》，《政治与法律》2016年第7期，第142页。

② 王兆鹏：《附带扣押、另案扣押与一目了然法则》，《律师杂志》2000年总第255期，第49页。

③ Coolidge v. New Hampshire, 403 U. S. 443（1971）.

第四节　电话监听

目前，澳门《刑事诉讼法典》第 172～175 条规定了电话监听制度。电话监听涉及人的秘密通讯自由，如果使用不当，极易侵犯相关人的隐私权。秘密通讯自由保障的是具体通讯过程的隐秘性，其保护范围并非一般性地及于所有与通讯行为有关的资讯，亦未及于所有涉及电信服务提供者与其用户之间服务关系的相关资讯。[①] 1948 年联合国《世界人权宣言》定义了隐私权："任何人的私生活、家庭、住宅和通信不得任意干涉，他的荣誉和名誉亦不得加以攻击。人人有权享受法律保护，以免受到这种干涉或攻击。隐私权现已包括信息隐私权，亦即免于资料不当公开之自由或对自己资料之搜集、输入、累积、流通、使用，有完全决定及控制之权利。"《欧洲人权公约》第 8 条亦要求成员国保障个人隐私权，该条第 1 项规定，所有人的隐私、家庭生活、家庭与信件应受尊重。台湾地区则专门制定了通讯监察方面的"法律"，即 2014 年的"通讯保障及监察法"。《澳门基本法》第 32 条规定，澳门居民的通讯自由和通讯秘密受法律保护。除因公共安全和追查刑事犯罪的需要，由有关机关依照法律规定对通讯进行检查外，任何部门或个人不得以任何理由侵犯居民的通讯自由和通讯秘密。澳门《刑事诉讼法典》第 113 条第 3 款规定，在未经有关权利人同意的情况下，通过侵入私人生活、住所、函件或电讯而获得的证据，除法律规定的例外情况，均为无效及不能使用。由于澳门《刑事诉讼法典》中的电话监听制度已实施超过 20 年，无法适应现代通讯科技发展的实际情况，难以满足侦查案件的需要，澳门特别行政区政府于 2018 年 9 月发布了《通讯截取及保障法律制度（咨询文本）》（以下简称《通讯截取咨询文本》）。需要指出的是，监察网络通讯与线上搜索都是利用网络秘密进行资讯收集的侦查措施，但是两者是不同的，线上搜索不以正在进行的网络通讯为对象，而是对电脑植入木马程序，然后连接上网，通过网络对该电脑内部的数据资讯进行远距离

---

① 蔡宗珍：《电信相关资料之存取与利用的基本权关连性》（下），《月旦法学杂志》2018 年总第 275 期，第 69 页。

的窥探及分析。① 这些网络科技的新发展必然影响刑事司法活动，澳门应当及时跟进相关问题的研究。

一 监听原则

在刑事诉讼中，没有一项侦查手段会像技术侦查那样"毁誉参半"。有时，它被誉为"千里眼""顺风耳""飞毛腿"；有时，它被贬为"隐私权的敌人""最坏的帮凶""刑事程序的不纯物"。② 监听是一种比较传统的技术侦查手段。从澳门及其他法域的立法来看，监听须严格遵守若干原则，以保障程序的正当性。

一是最后手段原则。如果利用其他侦查方法就能够达到调查取证的目的，则不能使用通讯监察手段。也就是说，侦查机关应选择侵害最少的方法，监听只是最后手段。澳门启动监听程序的前提条件是有理由相信电话监听对发现事实真相或在证据方面非常重要。法官会衡量案件情节的严重性和必要性，在必要或最后手段的情况下，才会批准由检察院提请的通讯截取，最终交由刑事警察机关实施。依据台湾"通讯保障及监察法"第5条第1项的规定，侦查机关欲对个人进行监听，仅限于法定刑3年以上或诸如贪污、犯罪结社等重罪，还须有相当理由可信其通讯内容与犯罪有关，且不能或难以通过其他方法搜集或调查证据者，才得向法院声请核发监听票。

二是法官保留原则。澳门刑事警察机关在截取通讯前，必须得到法官的批示命令或许可。依据美国《电子通讯隐私法》（*Electronic Communications Privacy Act*，ECPA）第2516（1）、（3）条的规定，联邦监听票由联邦法官核准。依据日本《犯罪搜查有关之通讯监听法》第5条第1项的规定，有权核发监听票的人是法官。香港则设有专门的截取通讯及监察事务专员及秘书处，以监督执法人员遵守条例，怀疑被监听的居民也有渠道申请确认。

三是持续监督原则。澳门《刑事诉讼法典》尚未规定监听的期限问题，但是《通讯截取咨询文本》作出了补充规定。根据美国《电子通讯隐私法》第2518（6）条，核发通讯监察书的法官会在通讯监察书30日的有效期内，

---

① 张丽卿：《监察网络通讯作为抗制犯罪手段之原则及界限》，《辅仁法学》2019年总第57期，第173~174页。

② 〔日〕白取佑司：《论文讲义刑事诉讼法》，早稻田经营出版公司，1990，第94~96页。

要求检察官就该案件的进度及是否有必要继续进行通讯监察，定期出具书面或口头报告。在实务中，法官通常要求在 30 日内的每 10 日提交进度报告等，检察官应在进度报告中载明已截取的对话数，与本案有关或无关的对话数，新锁定的对象，是否已执行逮捕、搜索或扣押，是否发现通讯监察书未列犯罪，是否存在技术困境及是否有继续监察的必要等。①

四是事后通知原则。在澳门，截听或录音须缮立笔录，该笔录须连同录音带或相类材料，立即传达予作出批示命令或许可行动的法官，让其知悉有关内容。如果法官认为所收集的资料或其中某些资料在证据方面是重要的，则将其附于卷宗；否则须命令销毁，所有曾参与行动的人就其知悉的内容均负有保密义务。嫌犯、辅助人以及被监听人均可查阅有关笔录，以便完全了解笔录与录音内容是否相符，并可缴付费用，以获取笔录中有关资料的副本。如果是在侦查或预审期间命令进行的行动，且命令该行动的法官有理由相信，嫌犯或辅助人一旦知悉笔录或录音的内容，可能使侦查或预审目的受到损害，则嫌犯或辅助人不可查阅笔录。在台湾，监听结束后，为使受监听人知悉监听的相关事项，保障其事后请求救济的权利，依据"通讯保障及监察法"第 15 条及该"法律"施行细则第 27 条的规定，执行机关应在监察通讯结束后 7 日内书面通知受通讯人。日本《通信傍受法》第 23 条亦规定，检察官或司法警察，应将以制作监听记录的意旨、实施的起止期间、监听手段及罪名在监听结束后 30 日内书面通知当事人。收到监听通知的通讯当事人，可请求听取、阅览或复制监听记录中有关该监听的通讯。

二　监听范围

根据《葡萄牙刑事诉讼法典》第 189 条，可截取的通讯类型包括：电话谈话、通讯，以有别于电话的其他技术方法传达的谈话或通话，尤其是以电子邮件或其他远程移转数据的方法，即使谈话或通讯存于数码载体，以及对现场人士谈话的截听。《德国刑事诉讼法典》第 160 条 a 款第 1 项还规定，不得以神职人员、辩护人及国会议员为监听对象。这就是证据取得

---

① Julie P. Wuslich, "Electronic Surveillance in the United States: a Case Study", *119th International Training Course Visiting Experts' Papers*, *Resourse Material Series*, No. 59, 2002, p. 533.

禁止的规定。

澳门《刑事诉讼法典》第 172 条第 1 款规定了容许进行电话监听的情况。就下列犯罪，除经法官批示命令或许可且有理由相信电话监听有助于发现事实真相或证据，禁止对谈话或通讯进行截听及录音：①可处以最高限度超过 3 年徒刑的犯罪；②关于贩卖麻醉品的犯罪；③关于禁用武器、爆炸装置或材料又或类似装置或材料的犯罪；④走私罪；或⑤通过电话实施的侮辱罪、恐吓罪、胁迫罪及侵入私人生活罪。对谈话或通讯以非法拦截、录音方式获得的证据均属无效。在没有法官批示的情况下对电话谈话或通讯进行截听或录音，属于澳门《刑事诉讼法典》第 106 条规定的不可补正的无效，侵犯了《澳门基本法》第 32 条保护的人的权利。①

澳门《通讯截取咨询文本》扩大了可截取通讯的犯罪类型，新增有组织犯罪、清洗黑钱罪、恐怖主义犯罪、贩卖人口犯罪、危害国家安全犯罪、电脑犯罪及通过电信实施的侵犯住所罪等，但由于走私罪已不存在，因而被删除。上述修改理由如下：①有组织犯罪、清洗黑钱犯罪、恐怖主义犯罪、贩卖人口犯罪、危害国家安全犯罪及电脑犯罪往往具有危害性大、隐蔽性强、组织性高及跨境性突出的特点，且犯罪行为及手段相对复杂，难以通过传统侦查方法获取证据；②澳门《刑法典》第 184 条"侵犯住所罪"的最高刑罚仅为 1 年徒刑，但该条第 2 款所指的侵犯住所的方式是通过致电他人住宅而实施，执法部门几乎无法通过电话监听以外的其他手段获取证据。② 在实践中，有组织犯罪和恐怖主义犯罪的嫌疑人经常更换手机号，以躲避警方的追查，为此，2008 年《德国刑事诉讼法典》新增第 100i 条，允许侦查机关使用"国际移动用户识别码捕捉器"（IMSI catcher），通过虚拟的网络基站，侵入目标手机获取其机器识别码、卡号以及定位信息。即便犯罪嫌疑人更换手机号码，侦查机关在犯罪嫌疑人开机之后仍然能够立即查获犯罪嫌疑人的新手机号和定位信息，进而启动电信监听。③ 可见，德国的相关规定非常具体且针对性很强。

不过，在设计监听范围时，如果只是立足于重罪原则来思考和规定，显然有其思维上的缺陷，达不到监听的目的。例如，有些案件虽然属于重

---

① 澳门特别行政区终审法院第 18/2010 号刑事诉讼程序上诉案裁判书。
② 澳门特别行政区政府司法警察局：《〈通讯截取及保障法律制度〉咨询文本》，2018，第 8 页。
③ 黄河：《论德国电信监听的法律规制——基于基本权利的分析》，《比较法研究》2017 年第 3 期，第 91 页。

大犯罪案件，但根本没有监听的必要或监听没有意义的；有些案件虽然轻微，但实施监听极具效果，却可能被排除适用监听。据此，有学者提出，根据比例原则，采取监听应具有比保护宪法隐私权益更重要的需要追诉犯罪的利益，采取监听确有必要且可能具有效果，也就是说，在重罪原则外应兼采合目的性原则。① 澳门《通讯截取咨询文本》的修改较好地体现了上述要求。

三 监听场所

在德国，监听有大小之分。"大监听"是指对住宅内的谈话予以监听或录存的行为；"小监听"是指对住宅以外的非公开谈话的监听。显然，两者对个人权利的影响不同，其中，住宅监听不仅涉及通讯自由和秘密权，还涉及住宅不受侵犯权。《德国基本法》第 13 条第 1 项规定了保障公民住宅不受侵犯的基本权利。基于德国《加强打击有组织犯罪法》中"大窃听"部分的规定，1998 年 4 月议会曾修改《德国基本法》第 13 条，意图允许警察持司法令状对私人住宅进行监听。2004 年 3 月，德国联邦宪法法院认定窃听法有相当部分的内容违宪。法院认为绝对私密区域内的交流应受到保护，以便公民可以不必顾虑政府的监控而自由交流，例如，家庭成员之间，个人与律师、医生等特定职业者之间的交流，除非他们正在犯罪或者预谋犯罪。② 澳门《刑法典》第 184 条"侵犯住宅罪"第 2 款规定，意图扰乱他人私人生活、安宁或宁静，而致电至其住宅者，处相同刑罚。根据澳门《通讯截取咨询文本》，此种情况比较特殊，鉴于取证困难，可以进行监听。不过，住宅监听毕竟涉及多项权利，对于其他犯罪类型，不宜再扩大范围。

四 监听程序

澳门《刑事诉讼法典》第 173 条规定了监听行动的程序。须就截听或录音缮立笔录，该笔录须连同录音带或相类材料，立即传达予命令或许可行动的法官，让其知悉有关内容。如果法官认为所收集的资料或其中某些

① 陈运财：《监听之性质及其法律规范——兼评通讯监察法草案之争议》，《东海大学法学研究》1998 年第 13 期，第 151 页。
② 陈卫东主编《刑事证据问题研究》，中国人民大学出版社，2016，第 219 页。

资料在证据方面是重要的，则附于卷宗；否则须命令毁灭，且所有曾参与行动之人就其所知悉的内容均负有保密义务。嫌犯、辅助人以及谈话被监听之人均可查阅有关笔录，以便能够完全了解笔录与录音内容是否相符，并可缴付费用以获取笔录中有关资料的副本。如果属于在侦查或预审期间命令采取的行动，且命令采取该行动的法官有理由相信，嫌犯或辅助人一旦知悉笔录或录音的内容，可能使侦查或预审的目的受损，则上述规定不适用。

澳门的截取通讯模式不同于香港。香港有行政授权、司法授权和紧急授权，故有第三方监察机构；澳门则由司法机关全程监督，包括事前、事中和事后的监督。① 澳门《刑法典》第193条规定，未经同意泄露以上所指之信函或电讯之内容者，处相同刑罚；非经告诉不得进行刑事程序。根据澳门《刑事诉讼法典》的规定，电话监听必须由法官以批示命令或许可。此外，禁止对嫌犯与其辩护人之间的谈话或通讯进行截听和录音，以保障嫌犯的辩护权。总的来看，澳门《刑事诉讼法典》关于监听程序的规定比较简单。

为了完善现行电话监听制度，澳门《通讯截取咨询文本》提出了许多建议。例如，扩大了可截取的通讯类型，由电话通讯改为任何电信通讯方式，包括传送或接收的符号、文字、影像、声音、图案或任何信息性质的沟通和交流等。未来截取的方式包括监听、截取、录制、转录、复制及法官批示的合法方式。根据澳门第14/2001号法律澳门《电信纲要法》第3条，电信是通过有线、无线电、光学或其他电磁系统，传输、发射或接收符号、信号、文字、图像、声音或任何性质的信息。澳门《通讯截取咨询文本》设有专门规定的事宜，补充适用澳门《刑事诉讼法典》的规定。澳门《通讯截取咨询文本》建议每次截取的时限最长为3个月，但可向法官申请续期，每次续期最长3个月。刑事警察机关须在法官指定的期间内，将截取的数据送交有权限的法官，嫌犯及被截取通讯人士可在控诉通知作出之日起查阅有关笔录。此外，还设立了专门的刑事罪名，处分未经法官许可的通讯截取，违反保密义务，不当使用所截取的通讯数据等，最高可处3年徒刑。"电信营运者"及"网络通讯服务提供商"须向有权限实体提供必要的配合及技术支持，不得在无正当理由的情况下拒绝或延迟履行有关命

---

① 《截讯法研设赔偿机制》，《澳门日报》2018年11月30日第B02版。

令，否则按照澳门《刑法典》第 312 条第 2 款规定的加重违令罪处罚，最高可处 2 年徒刑或 240 日罚金。电信营运者、网络通讯服务提供商须将使用其服务而产生的通讯记录保存 1 年。葡萄牙第 32/2008 号法律《保存因提供电子通讯服务而产生或处理的数据》第 6 条亦规定，公共电子通讯服务提供商或公共通讯网络提供者应自通讯完成之日起 1 年内保留该条所指的数据。

域外监听制度也有若干可供借鉴的规定。例如，2007 年台湾"通讯保障及监察法"保留了紧急监听的条文，对于急迫事件，可以先执行监听，但必须在 24 小时内陈报法院，以补发监听票。检察机关应当设置紧急联系窗口，法院也应设置专责窗口，以便受理。日本则设立了见证人制度，除了侦查人员在场外，还需要有第三人在场监督，以确保通讯监察内容确实与犯罪有关。

此外，对于违法监听，被害人就遭遇不法截取而引致的损失，应有权申请赔偿。在澳门现行法律制度中，就不法监听向法院请求民事赔偿的主要依据是澳门第 28/91/M 号法令《订定本地区行政当局、公共法人其权利人及公共管理代理人之合约外民事责任制度》，对于行政当局的机关据位人、行政人员和其他公法人超越其职务范围的不法行为或在履行职务中以及因履行职务故意作出的不法行为，当事人可向法院请求民事责任赔偿。不过，这一制度比较笼统，尚缺乏具体规范，且该法令是澳门回归前颁布的，距今久远，未必适合当下违法监听的赔偿情况，应对赔偿机制进行改革完善。

五 监听证据

一般而言，通过非法程序取得的监听证据无效，除非有例外情形。关于监听证据是不是传闻证据，不同国家和地区的态度不一。监听译文、他案监听、另案监听、偶然监听的效力等也需要进一步明确。为此，无论是澳门《刑事诉讼法典》还是澳门《通讯截取咨询文本》，均有待细化补充。

（一）违法监听与证据禁止

《美国法典》（*United States Code*）第 18 编第 2515 条规定，若违反本章规定揭露所截取的有线通讯或口头对话，其内容或衍生证据，在联邦或州或其下属的任何法院、大陪审团、政府部门、官员、局处、取缔单位、国会委员会或其他机关的审判、听证或其他程序中，均不得被采纳为证据。

但也存在以下三种例外：类似犯罪例外，不可分例外及默许授权法则。在美国，使用监听证据的关键要求是，控方需要在法庭上播放监听录音。录音证据经常与其他证据结合起来使用，这一实践做法体现了《美国联邦证据规则》第901条的鉴真和辨认要求。① 在意大利，如果窃听是在法律允许的情况外进行的或者未遵守相关法律规定，由此产生的材料不得加以使用。这包括一系列由于窃听行为不当或信息内容不当而导致的证据材料不可使用的情形，例如，信息内容与案件无关，信息内容涉及职业或国家秘密，无效的采录行为（如未经预审法官的核准命令而实施的行为），不规范的采录行为（如对所窃听信息未加编辑而致使无法使用），无内容的采录行为（如未显示有价值可取用的信息），案件已宣布最终判决后所实施的拦截行为等。② 此外，违反令状原则和期间原则进行监听所取得的证据绝对排除。

在澳门初级法院审判的一起案件中，辩护人提出提取电话内资料作为证据的行为违反法律规定，因为没有取得相关权利人的同意。对此，法庭指出本案中没有截取通讯内容，澳门《刑事诉讼法典》第172条规范的情况是对正在生成的通讯内容进行截取或录音，由于涉及侵入通讯的问题，仅能由法官依法预先批准，警察机关方可截取有关通讯内容。然而，本案并不属于这种情况，所提取的是已生成及已存在的资料，应按照一般扣押物的处理情况作出处理。例如，警察机关在一单位内发现一封已开封的信件，就根本不需要法庭处理，因为当事人已知悉有关文书。虽然提取相关电话资料的内容未经当事人同意，但法庭认为有关电话已扣押在案，属于可用证据的范围，提取报告亦显示绝大部分的讯息内容为已读，故认为本案不单不属于截取通讯的情况，亦不属于函件扣押的情况，检察官通过批示要求司警人员对有关扣押物作出检查及提取资料，符合法律规定，有关证据可用。同理，从被扣押电脑内提取的资料也属于可用证据。③

澳门中级法院合议庭曾在裁判中引用葡萄牙最高司法法院退休法官及在澳门法律及司法培训中心任教员职务的恩里克斯（Leal - Henriques）法官在其著作中对澳门《刑事诉讼法典》第174条的批注，赞同并接受其对相关法律条文的阐释和理解，即区分因不符合该法第172条"容许进行之情况"和第173条"行动之程序"的规定而产生不同的后果。违反第172条

① 程雷：《技术侦查证据使用问题研究》，《法学研究》2018年第5期，第159页。
② 宋英辉等：《外国刑事诉讼法》，法律出版社，2006，第491~492页。
③ 澳门特别行政区初级法院第 CR2 - 18 - 0329 - PCS 号独任庭普通刑事案裁判书。

的条件乃不遵守实质的要素和条件，而违反第 173 条的要素和条件是不遵守形式上的要素和条件。不遵守第 172 条的后果是证据禁止，其产生的无效近似不可补正的无效；而不遵守第 173 条则不产生证据禁止的效果，更多的是程序上的无效，因为监听已经事先得到了法官的批准，只是事后没有按程序使用"实质上"有效的证据。① 这一观点兼顾了原则性和灵活性，有利于在打击犯罪和保障人权之间保持平衡。

（二）监听证据与传闻规则

通过监听取得的录音证据是否属于传闻证据？根据《美国联邦证据规则》第 801 条（d）（2）（E），共谋者的陈述被归于自认，并非传闻，监听录音就是共谋者陈述的一种类型。② 如果通话本身就是犯罪事实的部分内容，应不受传闻法则的限制，当然具有证据能力。日本通说也认为现场录音并非供述证据，故不适用传闻法则。③ 可见，监听录音本身一般不适用传闻法则，但是在运用或审查时必须严格遵守法定程序。

不过，如果将监听录音制作成监听译文，则属于书证，应视为传闻证据。执行监听的人员或被监听人对监听内容亲眼所见或参与的，如果出庭陈述并接受诘问，则相关陈述可作为认定案件的依据。此外，西班牙最高法院确立了法官授权监听和监听材料使用的相关规则，原始语音附带全文翻音材料应提交给法院。尽管翻音材料并非法律文件，但实践中法官乐于使用，因为其标明了主要内容及相关信息在音频中所处的位置。开庭前，所有材料都应开示给辩方；控辩双方可要求当庭播放，必要时可要求实施监听的警察出庭说明监听过程，法官可以在需要确认声音来源者的身份时进行鉴定。④ 这样的处理方式更有利于保障当事人的合法权益，避免监听的滥用或非法使用等问题。

（三）他案监听与偶然监听

他案监听是指侦查机关虽然对于发生的犯罪声请实施监听，但是其真

---

① 澳门特别行政区中级法院第 583/2012 号刑事诉讼程序上诉案裁判书。
② 王兆鹏：《传闻法则理论——证人陈述之危险》，载丁中原等《传闻法则——理论与实践》，元照出版公司，2004，第 24～25 页。
③ 〔日〕土本武司：《日本刑事诉讼法要义》，董璠舆、宋英辉译，五南图书出版有限公司，1997，第 346 页。
④ 程雷：《技术侦查证据使用问题研究》，《法学研究》2018 年第 5 期，第 163 页。

正目的是针对将来可能发生的犯罪或尚不具有合法监听要件的犯罪。[1] 显然，他案监听是为了规避法定程序的事前审查，超出了原来核定的罪名范围，因而属于违法监听行为，所取得的证据当然应予排除。

偶然监听（附带监听）是指在执行合法监听程序搜集证据的时候，执法人员在偶然情况下，可能监听到与批准监听犯罪无关的通讯内容，例如，被监听者的其他罪行或第三人的罪行。《德国刑事诉讼法典》并未对偶然监听所得材料的证据能力作出规定，德国学说和实务主要存在以下四种不同见解：无限制说；部分限制说；相对禁止说；绝对禁止说。[2] 但通说认为，《德国刑事诉讼法典》第 108 条的立法目的是基于假设，可再声请搜索票重复干预受搜索人，以防证据灭失。[3] 总之，对于偶然监听需要区分不同的情况加以处理。如果是被监听人的其他犯罪行为，对于他本人来说，并没有扩大对其秘密通讯自由权及隐私权的侵害，因而不宜视为违法监听，所获得的证据应具有证据能力。如果在合法监听过程中发现了第三人的犯罪行为，则要看其触犯的是何种罪名。如果该犯罪不属于可监听的范围，当然不允许采纳；如果属于监听范围，但没有经过法定、独立的监听程序，而是依附于原来的监听基础，且涉及第三人的隐私权及秘密通讯自由权，则应以第三人为对象依法另行申请监听，否则应视为违法监听，所得证据当然不得采纳。

关于偶然监听，澳门法院的裁判书可表明其见解。操纵卖淫罪并不属于澳门《刑事诉讼法典》第 172 条规定的可监听犯罪，但根据该条第 1 款 b 项，关于贩卖麻醉品的犯罪，有理由相信电话监听对发现事实真相或在证据方面非常重要时，可由法官以批示命令或许可对电话谈话或通讯进行截听或录音。本案中的监听不是专为调查操纵卖淫活动而进行的。司警人员是在侦查贩毒活动而进行监听的过程中，发现有关集团成员尚以操纵卖淫的方式贩卖毒品，在获得法官批准之后监听及继续监听相关的电话通讯。因此，不论是对相关电话号码展开监听或继续进行监听以搜集相关犯罪证据，都明显是按照有关法律规定进行的，并不存在任何违反法律规定的情

① 黄朝义：《刑事诉讼法》，新学林出版股份有限公司，2014，第 262 页。

② 王嘉铭：《侦查过程中偶然监听所得材料的证据能力》，《河北法学》2019 年第 2 期，第 160～161 页。

③ 吴巡龙：《监听偶然获得另案证据之证据能力》，《月旦法学教室》2006 年总第 47 期，第 86 页。

况。在合法监听中取得的证据不属于法律禁止的证据，即使在监听过程中发现该集团尚以可构成其他犯罪的活动方式贩毒，通过该等监听而取得的相关证据亦为合法和有效。[①] 可见，澳门法院的处理方式比较务实，既注重程序的合法性，也符合办案工作的实际需要。

（四）资料销毁

在德国，当通过监听取得的个人资料不再具有追诉犯罪或法院审查的需求时，应依照《德国刑事诉讼法典》第 101 条第 8 项的规定销毁。《丹麦司法行政法》第四卷第 791 条规定如下。①如果进行特殊侦查行为后未发生任何法律指控，或公诉随后被撤销，则警察通过特殊侦查行为获得的录音、照片或者其他复制品应被销毁。在销毁时，警察应通知律师。②如果上述材料对侦查非常重要，警方可向法庭申请撤销或者延期销毁指令。法庭决定前应听取指定律师的意见，法律另有规定的除外。③在采取电话拦截或信件拆封的侦查行为时，如果获取的通讯信息与某人涉嫌的犯罪有关，该人依法属于免予作证者，此种材料应被销毁。但如果该材料能够引发对该人的指控，或者可导致免去该人的指定律师，则前述规定不被适用。④除上述情况外，警方在介入通讯秘密时获得的对侦查不重要的材料应该销毁。台湾地区"通讯保障及监察法"第 17 条第 1 项规定，监察通讯所得的资料应加封缄或其他标识，由执行机关盖印，保存完整、真实，不得增删或变更，除已作为案件证据留存于该案卷或为监察目的有必要长期留存者外，由执行机关在监察通讯结束后保存 5 年，逾期予以销毁。相比之下，澳门《通讯截取咨询文本》的规定较为简单。该文本规定，如法官认为所收集的资料在证据方面属重要，将命令附于卷宗；否则须命令销毁，而所有曾参与行动的人就其知悉的内容均负有保密义务。

第五节　公共地方录像监视

澳门第 2/2012 号法律《公共地方录像监视法律制度》（以下简称《澳门天眼法》）对保安部队及保安部门在公共地方使用录像监视系统作出规

---

① 澳门特别行政区中级法院第 550/2014 号刑事诉讼程序上诉案裁判书。

范。使用录像监视系统的目的在于确保社会治安及公共秩序，尤其是预防犯罪及辅助刑事调查。俗称"天眼"的"全澳城市电子监察系统"于2016年起陆续投入运作，成为警方破案的"得力助手"。目前，澳门通关口岸的监察系统已全部具备面容识别功能。澳门警方已与澳门个人资料保护办公室初步沟通，强调日后升级每支天眼前均须获得把关及批准。① 就公共视频监控单独立法，体现了澳门对个人隐私保护的重视，其中亦有不少条款涉及证据制度。

一 使用原则

刑事程序法中能够对抗侵害隐私权的手段，其实极其有限，不外乎以下三种：限定授权基础、承认权利救济和禁止使用证据。② 使用录像监视系统须遵守合法性原则、专门性原则、适度原则和最少干预原则。涉及处理及保护个人资料的事宜应遵守澳门《个人资料保护法》的相关制度，以保障《澳门基本法》及其他法定的基本权利及自由。除了特殊情况，一般禁止使用录音功能。禁止在属于保护隐私或进行宗教礼仪的区域安装录像监视摄影机，即使有关区域位于公共场所亦是如此。同时禁止录音，但对维护及保护处于高风险的人及财产实属必要的除外。禁止收录直接、实时侵犯个人隐私的影像、声音或私人谈话。如果录像监视摄影机可能收录到涉及居所内部、居住楼宇或其附属部分的影像及声音，则被禁止使用。

在设有录像监视系统的显眼处必须张贴公告，以确保公众知悉系统的使用及负责处理资料的实体。负责处理录像监视系统收集的影像及声音的实体是指对摄录区域具有实质管辖权的保安部队及保安部门；如果影像及声音被其他就相关事宜具有实质职权的实体征用，该实体须承担处理有关影像及声音的责任。收集资料的操作人员基于其职务须履行保密义务，即使职务终止后亦然，否则可对其提起刑事程序。其他查阅或接触所收集资料的人，即使是偶然查阅或接触，亦须履行保密义务，不得为其自身或第三人利益而使用、评论、以任何方式传播或公开所知悉的资料，否则会被刑事起诉。所有被摄录的人均有权直接或通过澳门《个人资料保护法》规

① 《天眼拟增面容识别助捉贼》，《澳门日报》2018年11月30日第B01版。
② 林钰雄：《刑事法理论与实践》，中国人民大学出版社，2008，第296页。

定的公共当局查阅及销毁收集的摄录资料，但有关权利如果可能对社会治安构成危险或影响第三人的权利及自由，或妨碍任何性质的司法程序的正常进行，经说明理由后，可禁止行使该权利。

二　监控证据

从公共视频监控中调阅的资料内容丰富、直观鲜活，有利于警方破案，减少对口供、证人证言等言词证据的依赖。"基于监视影像画面同步、完整而连续的记录功能，往往在证据的可信性上具有一翻两瞪眼的强度，足以弥补其他供述或非供述证据在拼凑案情时可能产生人为误判的缺失。因此，监视器更具有事后追缉危害的功能。"[1]《澳门天眼法》第14条明确规定："按本法律规定收集的影像及声音，在刑事诉讼程序或轻微违反诉讼程序的各阶段中均构成证据资料。"录像记录应在有关程序结束后的30天内销毁。关于监控证据的证明力和证据能力问题关系到案件真相的查明和刑事司法的人权保障目标，应当从证据规则的角度多加分析，以确保其被正当使用。

（一）　监控证据与证据关联性规则

监控证据必须和待证案件事实有关，这也是证据关联性规则的基本要求。日本学者平野龙一亦表示，照片有可能被修改，也可能因拍摄方法不同而令人产生不实印象。[2] 一般而言，动态视频比静态照片更复杂，信息量更大，实务中监控录像的内容与待证事实有关的只是其中一部分，且可能经过剪辑、删改等处理，裁判者必须仔细加以鉴别。

（二）　监控证据与证据合法性规则

监控证据必须遵守合法性规则，例如，当安装设备违反必要性原则、最小损害原则、比例原则等要求时，所获证据是非法的。英国1999年《青少年审判和刑事证据法》第60条规定："对音像资料、电子资料应当从形成的时间和条件、仪器设备状况、制作方法、是否为原件、有无篡改和伪

---

[1]　洪兰：《从证人证词到被压抑的记忆——记忆是可靠的吗？》，《刑事法杂志》1998年第3期，第25页。

[2]　〔日〕平野龙一：《刑事诉讼法》，有斐阁，1958，第190、221~222页。

造等方面进行审查。"《中华人民共和国刑事诉讼法》并未对监控证据作出专门规定，根据定案证据的要求，当然也应具有合法性。《澳门天眼法》也明确要求公共场所录像监视必须依法进行。

（三）监控证据与传闻证据规则

通过监控设备获得的录音录像证据是否为传闻证据？对此，大陆法系和英美法系的处理方式不太一样。日本学者永井纪昭认为，录像带的证据能力应根据其所含信息区别对待，录像由画面和声音构成，声音部分应当与录音证据相同，有传闻证据与非传闻证据之分，而画面部分与相片证据无异。[①] 香港法院曾经审理的一起案件也颇能说明问题。在该案庭审中，辩方认为闭路电视录像是由电脑打印或创造出来的记录，可否被接纳为控方证供属于香港《证据条例》第22A条的管辖范围；控方必须传召"恰当的作者"（proper author）才可将有关录像呈堂，但控方没有传召租客作供，违反了香港《证据条例》第22A条的精神；没有证据证明该闭路电视主机是否运作正常，例如，何时安装、曾否被维修或损毁、曾否受到停电影响、显示时间是否真实。不过，在考虑控辩陈词后，法庭认为虽然控方要求呈堂的录像是从该闭路电视的主机硬盘撷取出来，而该硬盘是香港《证据条例》第22A条所指的电脑，但这些录像是否可被接纳为控方证供并不受上述第22A条所规范；控方提出了表面证供证明，刻录在4张光盘里面的录像是实物证据，所以控方可通过证供将其呈堂，毋须传召租客或使用者作供。[②] 这一解释符合监控录像证据的特点。

（四）监控证据之庭审调查规则

鉴于监控证据的特性，监控证据必须在法庭上播放，并经控辩双方当庭质证；必要时，法官应通知拍摄人员或资料管理人员出庭作证，进而判断其证明力和证据能力，并在裁判文书中充分阐明取舍的理由。2015年《美国联邦证据规则》第1001条（b）款规定："录制品包括以任何方式录制的字母、文字、数字或者其同等物。"美国大多数州法院的判例认为，在

---

① 张丽卿：《刑事诉讼制度与刑事证据》，元照出版公司，2003，第358页。
② 香港特别行政区区域法院刑事案件2015年第403号裁判书。

没有其他证据证明的情况下，录像带不能单独作为原始证据或实物证据。[1]
日本审判实务认为，录像带记录犯罪事实的模式为：事实－观察－记忆－
回放，与目击证人的供述有类似之处。但录像带从记忆到表现的过程主要
靠机械原理完成，其记忆内容是实在且详细的，其记忆回放也是正确的，
这可以说是录像带本质上最具特征的地方，也是与证言的不同之处。以录
像带为证据时，一般可类推适用《日本刑事诉讼法》中有关侦查机关勘验
笔录的规定，由拍摄人在审判中以证人身份出庭接受询问，供称拍摄正当
而无偏颇危险。[2]

第六节　可靠之人

在葡萄牙，"可靠之人"（葡萄牙语为：Homens de Confiança）[3] 是一个
广义上的概念，在刑事侦查中扮演着不同的角色，具体包括诱发者、渗透
者和单纯隐藏身份的人员三种。他们需要按照调查结果的受益实体的安排
执行任务，搜集通过一般侦查手段无法获取的犯罪信息。澳门法律并没有
禁止调查员以证人身份对自己直接接触和了解的事实作证。[4] 在司法实践
中，毒品犯罪、有组织犯罪、腐败犯罪等案件的侦办通常比较棘手，尤其
是在取证方面，传统方式难以奏效，而隐匿身份实施侦查可发挥一定优势，
有利于提高打击犯罪的效率，但有侵犯人权之虞，因而需要系统规范。

一　严格限制适用范围

由于隐匿身份侦查乃秘密进行，极易侵犯人权，因此，葡萄牙及澳门
均严格限制其适用范围，只有在社会危害性极大以及调查取证十分困难的
案件中才可采用，同时，立法上也作出了明确的列举。

---

① Jack B. Weinstein, *Cases and Materials on Evidence*, CA：The Foundation Press Inc.，1983，p.
124.

② 〔日〕熊谷弘等编《证据法大系 I》，日本评论社，1970，第 138、140 页。

③ 有人将其翻译成"线人"，但笔者认为这一翻译不准确，因为其包含刑事调查人员自身，
且容易与通常理解意义上的"线人"相混淆，故翻译为"可靠之人"。

④ 澳门特别行政区中级法院第 368/2014 号刑事诉讼程序上诉案裁判书。

（一）葡萄牙"可靠之人"侦查的适用范围

根据葡萄牙最高法院2000年7月12日所作裁判①的解释，诱发者（葡萄牙语为：o Agente Provocador）旨在诱发他人落实犯意；渗透者（葡萄牙语为：o Agente Infiltrado）是通过取得犯罪分子信任的方式接近他们并一起行动，必要时也参与实施相关的犯罪计划，但不得担任教唆犯的角色；单纯隐藏身份的人员（葡萄牙语为：o Agente Encoberto）则是置身于犯罪活动及犯罪分子以外，既不会诱发犯罪的发生，亦不会与被调查人发生任何信任关系。② 可见，"可靠之人"侦查所涵盖的方式与中国内地隐匿身份实施侦查措施基本一致。

在"可靠之人"的三种角色中，葡萄牙对于诱发者手段是绝对禁止的，并且设置了相应的不利后果。葡萄牙最早规范渗透者手段的是1983年有关吸毒及贩毒的第430/83号法令，③ 主要体现在该法第52条；后来，第15/93号法令④第59条保留了相关规定："以正式刑事调查为目的，在没有透露其身份和资格的情况下，接受直接或通过第三方提供的麻醉药品或精神药物的行为不受处罚。"之后，第45/96号法律《贩卖和滥用药物的法律制度》⑤ 就相关内容进行了修订，进一步加强了对渗透者的保护。此外，第36/94号法律《打击腐败、经济及金融犯罪的措施》⑥ 第6条也指出，就本法第1条中的犯罪给予合作或辅助的，均为正当。该条所允许的"可靠之人"侦查就是渗透者和单纯隐藏身份的人员。

不过，葡萄牙第101/2001号法律《秘密行动》⑦ 第7条明确废除了上述第15/93号法令第59条和第36/94号法律第6条关于渗透者的规定。该法对隐藏身份侦查进行了统一规范："指由刑事侦查人员或受其监督的第三

---

① 葡萄牙最高法院第2752/00 - 3ª号卷宗，裁判书制作人是 Virgílio Oliveira 法官。

② 〔葡〕Manuel Leal-Henriques：《澳门刑事诉讼法教程》（第二版），卢映霞、梁凤明译，澳门法律及司法培训中心，2011，第190页。

③ http://www. dre. pt/pdf1s/1983/12/28500/40154029. pdf，最后访问日期：2020年1月1日。

④ http://dre. pt/pdf1s/1993/01/018A00/02340252. pdf，最后访问日期：2020年1月1日。

⑤ https://www. infarmed. pt/portal/page/portal/INFARMED/LEGISLACAO/LEGISLACAO _ FARMA-CEUTICA_COMPILADA/TITULO_III/TITULO_III_CAPITULO_III/lei_45 - 96. pdf，最后访问日期：2020年1月1日。

⑥ http://www. dre. pt/pdf1s/1994/09/226A00/59085910. pdf，最后访问日期：2020年1月1日。

⑦ http://www. pgdlisboa. pt/leis/lei_mostra_articulado. php? nid = 89&tabela = leis，最后访问日期：2020年1月1日。

人通过隐藏身份的方式实施，旨在预防或遏止本法所规定的犯罪行为。"根据葡萄牙第101/2001号法律第2条，秘密行动可用于以下犯罪的预防及遏制："a) 故意杀人罪；b) 可能判处5年以上徒刑或被害人为16岁以下无行为能力人的侵犯性自由和性自决罪；c) 关于贩卖和改装被盗抢的车辆；d) 奴役、绑架和诱拐或劫持人质；e) 贩卖人口；f) 恐怖分子和恐怖组织；g) 妨害国家空运、水路、铁路或公路的安全运输，可能判处8年以上徒刑的；h) 使用炸弹、手榴弹或易爆物，枪支和炸药装置，核武器，化学或放射性物质；i) 盗窃银行、财政部和邮局办事处；j) 犯罪组织；l) 有关贩运麻醉药品和精神药物；m) 清洗黑钱、其他利益或所得；n) 贪污、挪用及权钱交易；o) 欺诈获取或滥用补贴或补助金；p) 通过有组织方式或电脑技术资源从事的经济或金融违规行为；q) 国际或跨国的经济或金融违规行为；r) 伪造货币、信贷证券、印花票证、印章和其他类似证券或相关工具；s) 有关证券市场。"

（二）澳门特别行政区"可靠之人"侦查的适用范围

澳门《刑事诉讼法典》中没有"可靠之人"的规定，有关特殊侦查手段体现在单行法中，适用范围与葡萄牙差异不大，但立法模式更为分散。澳门一共有三部单行法提及了"可靠之人"的侦查手段，据此，此类手段目前仅适用于有组织犯罪、贪污犯罪、与贪污相关联的欺诈犯罪、选举舞弊犯罪以及毒品犯罪等案件类型，显然，这几类犯罪的社会危害性极大，调查取证亦特别困难。

1. 有组织犯罪

根据《澳门基本法》第138条，《联合国打击跨国有组织犯罪公约》适用于澳门。澳门第6/97/M号法律《有组织犯罪法》第15条关于"不予处罚的行为"规定的则是"渗透者"侦查手段。该法所调整的有组织犯罪包括：杀人及侵犯他人身体完整性，剥夺他人行动自由、绑架及国际性贩卖人口，伪造货币、债权证券、信用卡、身份及旅行证件等重大犯罪。该法中的渗透侦查具有以下特点：①渗透的主体可以是刑事调查人员或第三人；②渗透的目的是为了预防或遏止犯罪，而不是诱发犯罪或者为犯罪提供便利、创造条件；③渗透的方式是隐藏身份或身份资料，在黑社会内部活动；④渗透的前提是取得司法当局的核准，紧急情况下可在事后获得授权；⑤渗透活动受到刑事警察当局的监督。

2. 贪污犯罪、与贪污相关联的欺诈犯罪、选举舞弊犯罪

《联合国反腐败公约》亦适用于澳门。该公约第 50 条第 1 款规定了各缔约国在反腐败中均应当"使用诸如电子或其他监视形式和特工行动等其他特殊侦查手段"。其中，特工行动（Undercover Operations）是指侦查机关根据本国法律或国际公约的规定，派遣秘密侦查人员，通过伪装等手段收集犯罪证据并抓获犯罪嫌疑人的一种特殊侦查方式。可见，特工行动的行为方式和目的类似于"可靠之人"侦查。澳门第 10/2000 号法律《澳门特别行政区廉政公署》（通过第 04/2012 号法律修改后更名为《澳门特别行政区廉政公署组织法》）的第 1 条、第 7 条等规定表明，隐藏身份的侦查手段适用于公务员实施的贪污犯罪及与贪污相关联的欺诈犯罪、在私营部门发生的贪污犯罪及与贪污相关联的欺诈犯罪、在因应澳门机关选举而进行的选民登记及有关选举中作出的贪污及欺诈犯罪。

3. 毒品犯罪

澳门也是《联合国禁止非法贩运麻醉药品和精神药物公约》的适用地区之一，因而 2009 年结合本地实际颁布了澳门《禁毒法》，该法旨在订立预防及遏止不法生产、贩卖和吸食麻醉药品及精神药物的措施。受该法规管的麻醉药品及精神药物，是指附于该法且属其组成部分的表一至表四所载的植物、物质及制剂。该法调整的毒品犯罪主要包括贩毒、吸毒、持有吸毒器具或设备，提供场地予人制毒、贩毒或吸毒，以及怂恿他人吸毒等。

二 遵循正当程序

葡萄牙和澳门不仅严格限制了"可靠之人"的适用范围，为了防止权力滥用，两地的立法对于相关程序的启动和运作也进行了规范。葡萄牙第 101/2001 号法律《秘密行动》第 3 条规定了采取此类侦查手段应遵循的程序要求："1. 秘密行动，旨在预防和遏制犯罪，取证手段与侦查目标或者正在侦查犯罪的严重程度之间应相称；2. 任何人不得被强迫从事秘密行动；3. 秘密行动需要获得主管检察官的事先授权，且必须通知预审法官，以便其在 72 小时内确认有效；4. 如果在预防犯罪领域，上述行动应获取预审法官和检察官的建议；5. 在前款所规定的情况下，启动建议权和批准决定权分别属于中央刑事侦查厅的检察官以及中央刑事法院的法官；6. 司法警察当局须最迟在行动结束后 48 小时内，向有权司法当局提交有关行动报告。"

可见，葡萄牙对于秘密行动的特殊侦查手段坚持比例原则和司法审查原则，以保障相关程序的公正性。澳门的法律修改相较于葡萄牙是滞后的，回归以后并没有如葡萄牙一般对涉及"可靠之人"侦查的立法进行整合，而是分散在三部单行法中，但其立法精神和制度设计与葡萄牙相差不大。此外，澳门《刑事诉讼法典》还将诉讼忠诚原则作为一项基本原则，该原则要求办案机关依法开展诉讼活动，尊重所有人的合法权利和人格尊严。因此，侦查人员不能为了打击犯罪而滥用权力，不择手段地获取证据。

（一）恪守必要性原则和适当及适度原则

必要性原则是指在常规侦查手段难以完成调查取证任务的情况下不得已而采取。适当及适度原则主要体现在澳门《刑事诉讼法典》第 178 条中。这一原则其实源自行政程序法。澳门终审法院曾在一起判决中指出，当审议决定者在享有一定选择余地的情况下作出行为时，才可适用适度原则。法学理论把该原则分为三个原则：适当性原则、必要性原则和狭义上的适度性或平衡原则。对一项措施适当性的评估是以经验为依据的，即采取的措施足以达到预期目的吗？如果该措施适当，再去看该措施是否必要。狭义上的适度性在于将限制性或限定性行为所要达到的福祉、利益或价值与由于该行为而要牺牲的福祉、利益或价值进行比较，以得知根据实质或价值参数，所牺牲的利益是否可接受、可容忍。[①]延伸至刑事诉讼时，其亦旨在禁止权力机关采用过度的手段。例如，澳门《禁毒法》第 31 条第 1 款规定，刑事调查人员或受刑事警察当局监控行动的第三人作出违法行为的预备行为或实行违法行为，应有别于教唆或间接正犯的其他共同犯罪方式，并与此行为目的保持应有的适度性。也就是说，只能在运用其他侦查措施无法取证或收集证据极其困难时才可使用该种方法，其应作为最后侦查手段，并且应在若干种可达目的之行为中选择适用对个人基本权利影响最轻微的行为，具体实施方法应与案件的严重程度、社会危害性、侦查工作进展状况、证据掌握情况等相适应，不应超越预防和遏制犯罪的必要限度。澳门《刑事诉讼法典》的有关规定也可说明这一点，例如，搜查及搜索的前提要件为"有迹象显示"，羁押的前提要件为"有强烈迹象显示"，检察院提出控诉的条件是"有充分迹象显示"。

---

① 澳门特别行政区终审法院第 13/2012 号行政司法上诉案裁判书。

（二）遵守法官保留原则

法官作为中立的第三方，一般来说比侦查机关自身决定要客观得多。澳门《刑事诉讼法典》第 321 条规定，法院依职权或应声请，命令调查所有其认为对发现事实真相及使案件获得良好裁判而必须审查的证据；如果所声请的证据不重要或不必要，或者证据方法不适当、不可能获得或被怀疑无法获得，则法官应驳回证据声请。因此，除了澳门《廉政公署组织法》第 7 条赋予廉政专员批准权以外，澳门《有组织犯罪法》和澳门《禁毒法》均规定了司法审查机制，法官将按照上述澳门《刑事诉讼法典》第 321 条的标准决定是否作出许可命令。如果遇到须紧急取证的情况，澳门《禁毒法》要求在作出该行为后的首个工作日通知有权限司法当局，以便其在 5 日内宣告有关行为有效，否则所取得的证据无效。澳门《有组织犯罪法》对于紧急情况下的证据取得也要求在随后首个工作日由有关司法当局赋予效力，否则无效。而且，澳门《有组织犯罪法》和澳门《禁毒法》均规定，刑事警察当局须最迟在有关人员或第三人行动结束后 48 小时内，向有权限司法当局提交有关行动报告。

三 畅通救济渠道

对于隐匿身份实施侦查，如果仅仅限制入口和规范程序，却未能对违法取证设置实质性的不利后果，则终将前功尽弃。换句话说，法院对于通过违法隐匿身份侦查获取的证据如何处理，是检验立法效果及司法公正的试金石。2003 年台湾地区 "警察职权行使法" 第 12、13 条明文规范了警察遴用第三人的相关规制。一般常被遴用的线人主要有旅店主、服务员、出租车司机、夜间守卫、流莺、车夫或在犯罪或危害潜藏环境的成员。[①] 美国司法实践提出了所谓虚伪朋友理论（false friend doctrine）。在 1966 年 Hoffa v. United State 一案中，Partin 为联邦政府的线人，政府雇用 Partin 并给予其酬劳，Partin 的工作是接近被告 Hoffa，取得其意图行贿的供述。警察安插线人 Partin 至被告 Hoffa 所住的旅馆谈话，线人 Partin 就旅馆中谈话的内容在

---

① 林灿璋、林信雄：《侦查管理——以重大刑案为例》，五南图书出版有限公司，2004，第 143 页。

审判中作证，被告 Hoffa 抗议违反宪法增修条文第四条 "禁止不合理之搜索扣押"。美国联邦最高法院判决认为宪法第四修正案保护的客体是空间，本案并未涉及这一利益，受邀进屋的线人 Partin 并未侵害宪法对当事人保障的空间。美国联邦最高法院认为被朋友出卖是社会必有的现象，说话者必须承担相关风险。① 不过，亦有法官认为这种风险由被背叛者承担是不公平的。②

此外，关于线人陈述及录音材料的证据问题，一般认为录音材料的证明力比较高。例如，美国 1971 年 United State v. White 案中指出陈述与录音仪器无区别对待的必要，并且录音仪器本身有一些好处，例如，线人的供述可能造假，但是录音资料则可避免，或者录音仪器的记忆较可靠，或者使用电子仪器线人比较不会改变作证与否的主意或作证的内容等。③ 欧洲人权法院在 Allan 案中亦指出，线人供述不被质疑的部分是其装设录音机录制的对话内容，被质疑部分为录音机未录制部分。④ 这也是录音证据的优势所在，但也不能掉以轻心，仍须结合相关证据综合审查判断。

（一）葡萄牙就"可靠之人"所获证据的相关立法及判决

《葡萄牙刑事诉讼法典》第 125 条就"证据之合法性"规定："凡非为法律所禁止之证据，均为可采纳者。"该法第 126 条规定了禁止使用的证据方法，该条第 2 款规定："利用下列手段获得之证据，即使获有关人的同意，亦属侵犯人之身体或精神之完整性。"其中，a 项指的是"以虐待、伤害身体、使用任何性质之手段、催眠又或施以残忍或欺骗之手段，扰乱意思之自由或作出决定之自由"。诱发者显然属于这里所说的"欺骗之手段"。从葡萄牙法院的相关司法见解来看，其完全不接纳"诱发者"的侦查手段。葡萄牙宪法法院于第 835/98 号卷宗作出的第 578/98 号裁判中强调："毫无疑问，在法治国的社会中，并不允许国家当局人员通过引导或教唆的方式获取犯罪证据，并藉此将他人定罪，因为这样是不道德的；在法治国中，这种不忠诚的行为完全违背了对刑事司法当局及其人员以符合一般道德规

---

① 王兆鹏：《美国刑事诉讼法》，自版，2004，第 224~225 页。

② Penelope R. Glover, "Re – Defining Friendship: Employment of Informants by Police", *University of Colorado Law Review*, Vol. 72, No. 3, 2001, pp. 749 – 754.

③ 401 U. S. 745, 91 S. Ct. 1122, 28 L. Ed. 2d. 453（1971）.

④ ECHR, Allan v. the United Kingdom, Reports 2002 – Ⅳ, §§ 8 – 22.

范的方式执行职务的期许。"① 不过，葡萄牙最高法院于 2002 年 1 月 30 日作出的裁判对于渗透者和单纯隐藏身份人员的侦查手段持不同观点。"隐藏身份的人员为公共当局的人员，其在实施犯罪的过程中只处于被动的位置，并以监视的方式查探犯罪活动的发生，因此，他们只是单纯的'便装警员'；至于渗透者，可以是警务人员或受命于警方的第三人，他们渗入犯罪分子之中，通过取得犯罪者或嫌疑人的信任，以取得可将之定罪的证据，然而，即使没有渗透者，犯罪决意仍会产生。"② 可见，葡萄牙承认渗透者和单纯隐藏身份这两种侦查手段的合法性和正当性，借此所获得的证据可以被采纳。

（二）欧洲人权法院针对卡斯特罗诉葡萄牙案的判决

欧洲人权法院曾于 1998 年 6 月作出了一份重要判决，该案即卡斯特罗诉葡萄牙案。③ 该案起因是葡萄牙法院主要根据两名警察的证言对贩毒者作出了有罪判决。其基本案情为：两名葡萄牙 PSP 便衣警察曾与一名吸毒者 V.S. 多次接触，并怀疑其涉嫌参与小额贩毒。为了查出 V.S. 的上游供应者，1992 年 12 月 30 日半夜前，两名警察向 V.S. 表示欲购买海洛因，V.S. 提到卡斯特罗可以帮助其获得。V.S. 从另一人 F.O. 处获知卡斯特罗的住址，于是四人一起前往卡斯特罗的住处。两名警察向卡斯特罗表示愿以 200000 埃斯库多（PTE）价格购买 20 克海洛因，并拿出一沓钞票。卡斯特罗同意，并和 F.O. 一起去另一人 J.P.O. 的住处取得海洛因，并且交付了超过 100000 埃斯库多（PTE）的金额。当他们带毒品回到 V.S. 家时，两名警察早已在门外等候。大约在凌晨 2 点前，当卡斯特罗从皮包中取出一包海洛因时，卡斯特罗、V.S. 以及 F.O. 三人当场被捕。葡萄牙法院在听取 F.O.、两名警察以及其他证词后，判处卡斯特罗有罪，并处以 6 年徒刑；判处 V.S. 相当于 20 天监禁的罚金。法院还解释道，假如社会所坚持的价值观证明牺牲被追诉者个人自由是正当的，则"卧底"并未被国内立法所

① 〔葡〕Manuel Leal-Henriques：《澳门刑事诉讼法教程》（第二版），卢映霞、梁凤明译，澳门法律及司法培训中心，2011，第 188 页。

② 〔葡〕Manuel Leal-Henriques：《澳门刑事诉讼法教程》（第二版），卢映霞、梁凤明译，澳门法律及司法培训中心，2011，第 190 页。

③ 本案详细经过可参见 http://www.idhc.org/esp/documents/CursDH_2011/11_MOSKALENKA_Karinna_06.pdf，最后访问日期：2020 年 1 月 1 日。

禁止。由于卡斯特罗先前已接洽 F.O.，而 PSP 两名警察的行为在这起罪行中并不是"决定性"的。1993 年 12 月 4 日，卡斯特罗向葡萄牙最高法院提出上诉，但被驳回。

1994 年 10 月 24 日，卡斯特罗又通过欧洲人权法院对葡萄牙提起诉讼，认为其违反了《欧洲人权公约》第 6 条公正审判的规定。欧洲人权法院在判决书中指出，即使是在打击贩毒案件中，使用卧底也应受到限制，警察通过诱惑获得的证据不能使用。两名警察的行为已经超越了卧底的界限，其挑唆犯罪，且并无迹象显示，如果没有其介入，犯罪仍会发生。从一开始，申请人卡斯特罗已被剥夺公平审判的权利。因此，9 名法官经过评议，最终以 8 比 1 的绝对优势作出裁判，认为葡萄牙法院的判决违反《欧洲人权公约》第 6 条第 1 款，并判处葡萄牙政府总额 10000000 埃斯库多（PTE）的赔偿金。不过，唯一持不同意见的是巴特科维茨法官，他认为："所谓卧底警探充当诱发者的抗辩在本案的情形中是不能令人信服的。在任何一个社会中，人们没有适当或必要的授权却贩卖毒品，都应该知道会损害第三方的合法权益。而且，在这类案件中，立法允许使用卧底侦查手段。"但是，这一解释似乎没有切中要害，因为立法允许卧底侦查不代表允许诱发犯罪。无论如何，就欧洲人权法院判决的影响而言，如果判决葡萄牙违反《欧洲人权公约》的规定，此判决效力仅约束诉讼当事国。不过，该判决对欧洲其他国家亦造成了较大的冲击。

（三）澳门对于"可靠之人"所获证据的处理

澳门地狭人多，基本上是一个熟人社会，隐藏身份相对不易，且目前尚无证人保护法，因而实务中很少直接通过第三人取得与案件有关的证据。据报道，2013 年澳门《刑事诉讼法典》修订期间，政府代表及立法部门细则性讨论时坚持立场，认为针对特定犯罪并经法官批准使用"放蛇"[①] 比较适合现况，暂时没有必要推行一般性制度，再者现阶段制定也嫌仓促，日后如有需要再检讨。[②] 总之，澳门秉承葡萄牙的传统，无论在立法上还是实务中与葡萄牙的态度基本一致，即对于"犯意引诱"的手段明确禁止，所获证据属于不可补正的无效证据；至于渗透者和单纯隐藏身份人员依法获

---

① 港澳地区对诱惑侦查的俗称，请参见黄少泽《电话监听手段正当程序化的理论与实践》，《刑侦与法制》2006 年总第 34 期，第 10 页。

② 《当局称暂毋须全面放蛇》，《澳门日报》2013 年 1 月 31 日第 B07 版。

取的证据，可在法定条件下慎重采用。

1. 证据禁用原则

澳门《刑事诉讼法典》通过非法证据排除的规定禁止采用扰乱意思自由或决定自由的侦查手段。该法第 113 条第 2 款（基本照搬前述《葡萄牙刑事诉讼法典》第 126 条第 2 款）规定了证据禁用方法，即"利用下列手段获得之证据，即使获有关之人同意，亦属侵犯人之身体或精神之完整性"。该款 a 项规定："以虐待、伤害身体、使用任何性质之手段、催眠又或施以残忍或欺骗之手段，扰乱意思之自由或作出决定之自由。"可见，和葡萄牙一样，澳门也禁止诱发犯意的侦查方法及通过此种方法获取的证据。"诱发者"以违反"诉讼忠诚原则"的方式搜集的证据，法庭不会采纳。因此，侦查机关也就丧失了引诱犯罪的动力。此外，澳门《刑法典》第 25 条还规定："……故意使他人产生作出事实之决意者，只要该事实已实行或开始实行，亦以正犯处罚之。"至于渗透者或单纯隐藏身份的人员，其侦查活动通常需要司法审查，所获的证据一般是合法的。

2002 年澳门终审法院对一起贩毒案作出的第 6/2002 号判决反映了审判机关的基本态度，其对于渗透者和单纯隐藏身份侦查是认可的。该案的大致经过如下：被告乙被警方拘留后表示愿意与警方合作，在警方的指示下，乙与上诉人甲取得联系，佯装再次购买大麻。后来，在双方约定的地点，上诉人甲被捕并在甲身上发现了一袋净重 9.958 克的大麻和一支含有净重 0.203 克大麻的卷烟。上诉人的上诉理由之一就是，本案存在禁用的取证方法。对此，法院在判决书中写道："要严格区分提供机会以发现已经存在的犯罪和诱发一个还不存在的犯罪意图这两种情况。……运用渗透者进行刑事调查本身不一定就属于被禁止的取证方法。在本案中，上诉人一直进行贩毒活动的意图是完全自主形成的，警方部署的假装毒品买卖没有促成这个一直在进行中的犯罪活动或上诉人的犯罪意图，而只是把它们显现出来，这并不构成《刑事诉讼法典》第 113 条第 2 款 a 项所指的以欺骗手段进行的取证，也没有超出法律允许的范围，所取得的证据亦并非无效。"①

在另一起案件中，澳门终审法院重申了上述意见：卧底者与引诱者之间在侦查活动中存在区别。卧底者是当局人员或者与当局合作的公民个人进行调查，而诱使者是说服尚未下决心犯罪的其他人实施犯罪。在前一种

---

① 澳门特别行政区终审法院第 6/2002 号刑事诉讼程序上诉案裁判书。

情况中，活动是合法的；在第二种情况中，根据澳门《刑事诉讼法典》第113条，活动是非法的。该案的基本事实如下：2000年4月29日0时40分左右，司警人员带嫌犯乙前往该犯位于［地址（3）］单位的住所进行搜查，在该单位内将壬（当时处于非法在澳门逗留状态）抓获。警方在嫌犯乙的上述住所内搜获三个怀疑装有毒品的塑料袋。经化验证实，上述塑料袋中的物质含有大麻，净重1.088克。上述毒品是嫌犯乙从嫌犯丁处取得的，目的是自己食用。为缉拿嫌犯丁，嫌犯乙按照司警人员的安排，致电嫌犯丁，并约定在［酒店（1）］门口进行毒品交易。2000年4月29日3时30分，在［酒店（1）］大堂，警方人员将嫌犯辛抓获，并在其身上搜获一片药片。经化验证实，上述药片含有"二甲"（甲烯二氧）苯乙胺成分。上述毒品是嫌犯丁让嫌犯辛交给嫌犯乙的。上诉人丁争辩说，该一审合议庭裁判因使用了在证据上禁用的方法而无效，因为只是由于警员们作出的安排，上诉人丁才把药片让予嫌犯乙。对此上诉理由，法院认为，由于司法警察的安排，上诉人丁才应嫌犯乙的要求贩卖了一片药片，这一安排是在从乙处查获了净重1.088克大麻之后才付诸实施的，而上述大麻是该嫌犯从丁手中购得供本人吸食的。这就是说，警方此时已经掌握了贩卖者的证据，上述安排只是为了将其当场抓获。正如在上述2002年6月27日的合议庭裁判中所说，警方安排的交易仅仅为了让上诉人丁实施犯罪的资料得以暴露，而不是为了诱使上诉人丁实施其无意进行的犯罪行为。另外，上述药片的交易进行后不久，就从上诉人丁处查获了用于出售的29片药片。综上，上诉人丁提出的瑕疵理由不成立。[①]

2. 辩论原则

即便是由特殊侦查手段获取的证据，也不允许在法庭外进行调查。在澳门，侦查人员出庭作证是一种常态。当然，由于"可靠之人"侦查的特殊性，为了保护相关人士的安全，立法上亦有特别的设计，主要包括：制作供未来备忘用之声明、采取特殊保护、嫌犯离场、不公开审理等。

首先，根据澳门《刑事诉讼法典》第253、276条及澳门《有组织犯罪法》第26条，被害人、证人、辅助人、民事当事人或鉴定人因恐怕报复而可能离境，或以任何方式表示不能在审判中作供，可依法进行供未来备忘用之声明的记录。但是，此声明仍需要遵守澳门《刑事诉讼法典》第308

---

① 澳门特别行政区终审法院第10/2002号刑事诉讼程序上诉案裁判书。

条第 2 款规定的辩论原则。根据中级法院的解释，此声明是旨在提前举证的诉讼行为，以便证人在开庭前提供的证词可以在庭审中使用。为保证有关辩论原则的实行，澳门《刑事诉讼法典》第 53 条第 1 款 f 项规定，在证人提供按照该法第 253 条及第 276 条规定的供未来备忘用之声明时，必须有辩护人的援助，以保障嫌犯的辩护权利。没有辩护人援助下录取的声明笔录不能在审判听证中宣读，相关声明属于禁用证据。[①] 其次，澳门《有组织犯罪法》第 28 条第 4 款规定："法官为防止泄露有关公务员或第三者身份采取适当措施，有关身份受司法保密的保障。"据此，法官可以采取适当措施，如使用化名等。再次，法官还可以根据澳门《刑事诉讼法典》第 333 条的规定，在作出声明的过程中命令嫌犯离开听证室。最后，澳门《刑事诉讼法典》第 77 条第 5 款还规定了不公开的方式。"在不公开之行为进行时，仅必须参与该行为之人，以及基于应予考虑之理由，尤其是职业或科学上之理由而经法官容许之其他人，方得旁听。"

第七节　控制下交付

控制下交付是指违禁物或者赃物等犯罪物品在侦查及追诉机关的全程监控下进行运送和交付，旨在追查幕后主使者、其他共犯或上下游犯罪分子，以求人赃并获，一网打尽。这就意味着犯罪行为在侦控机关的眼皮底下发生，因而不同于传统的侦查措施。控制下交付的成立不须严格到整段监控过程，只要运送物品自始至终未曾脱离警方的视线即可。控制下交付从表现形式上来看，包括有害的控制下交付和无害的控制下交付；人货同行的控制下交付和人货分离的控制下交付。[②] 控制下交付的基本特征在于其实施中侦查人员不是积极主动地参与交付过程，而是着力对可疑货物及其交付流程进行监控，以查明犯罪事实，取得相关证据或待交付完成时实施抓捕。[③] 控制下交付应当遵循以下三个原则：合法原则、合作原则和保密原则。

---

① 澳门特别行政区中级法院第 623/2010 号刑事诉讼程序上诉案裁判书。
② 程雷：《秘密侦查的中国问题研究》，中国检察出版社，2018，第 21 页。
③ 郑曦：《〈反腐败公约〉规定的特殊侦查手段的实施状况与困境》，《中国刑事法杂志》2014 年第 1 期，第 72 页。

一 国际公约中的控制下交付

1988 年《联合国禁止非法贩运麻醉药品和精神药物公约》第 1 条规定："所谓控制下交付，是指为期查明特定犯本条约第 3 条第 1 项所定之犯罪者或参与者，在一国或多国的有关主管当局知情及监视下，容许含有麻药、精神药物、本条约附表一或附表二所列物质或其替代物之非法或可疑的货品，运出、通过或运入其国境，而采取的一种技术。"2005 年《联合国反腐败公约》第 50 条要求，为有效打击腐败，各国应允许使用控制下交付、电子或其他形式的监视和特工行动等特殊侦查手段。该公约第 2 条规定，控制下交付是指在主管机关知情并由其监控的情况下，出于侦查某项犯罪并查明参与该项犯罪的人员的目的，允许非法或可疑货物运出、通过或者运入一国或多国领域的做法。此外，《联合国打击跨国有组织犯罪公约》第 2 条第 i 款、第 20 条亦有类似规定。

二 回归前有关控制下交付的规定

回归前，澳门第 5/91/M 号法令《关于贩卖及使用麻醉药品及精神病药品视为刑事行为以及提倡反吸毒措施事宜》第 35 条规定如下。1. 按照程序所处阶段，预审法官或检察长，得按个别情况，许可司法警察对携带麻醉品或精神科物质经本地区过境者不采取行动，俾能在目的地国或各目的地国及其他可能的转运地国协助下，认别更多参与各转运及分销活动者的身份并提出控诉，但不应妨碍对本地区法律适用的事件实行刑事诉讼。2. 该许可须应目的地国的请求，及属下列情形者，方获给予：①详细知悉贩卖者的可能路线及其身份的详尽资料；②获目的地国及转运地国有权限当局保证物质安全，无漏失或遗失的危险；③获目的地国或转运地国有权限当局确保其法例制定了对嫌犯进行适当的刑事制裁，确保实行刑事诉讼；④目的地国或转运地国有权限司法当局承诺将各犯罪者，尤其是曾在本地区活动的犯罪者进行活动的结果的详细资料及其行动的详细情形作紧急通知。3. 如安全界限明显缩小，或发现路线有预料以外的更改，或存在任何其他将来难以扣押该等物质及拘捕嫌犯的情形，则司法警察须采取行动。4. 如未能预先通知给予许可的实体而采取行动，则须在随后的 24 小时内以书面报告作出通知。5. 目的地国或转运地国不履行应承担的义务会构成对其尔后请求不予许可的依据。6. 国际接触须通过司法警察进行。不过，该法规已被回归后的澳门《禁毒法》所废止。

三　回归后有关控制下交付的规定

澳门《禁毒法》第30条基本保留了原来第5/91/M号法令第35条的规定。1. 视诉讼程序所处的阶段，可由刑事起诉法官或检察官针对个别情况，许可司法警察局对携带经澳门转运的麻醉药品或精神药物的人不采取行动，以便能够与目的地国或目的地区及其他转运地国或转运地区合作，识别及检控更多参与转运及分发活动的人，但不妨碍对澳门法律所适用的事实提起刑事诉讼。2. 仅在有关给予许可的请求是由目的地国或目的地区提出，且在出现下列情况时，方给予该许可：①详细知悉携带者的可能路线及足以识别其身份的资料；②目的地国、目的地区或转运地国、转运地区的主管当局保证麻醉药品或精神药物的安全，不会发生有人逃走或麻醉药品或精神药物遗失的危险；③目的地国、目的地区或转运地国、转运地区的主管当局确保其法例规定了对嫌犯的适当刑事制裁，且确保对嫌犯提起刑事诉讼；④目的地国、目的地区或转运地国、转运地区的有权限司法当局，承诺将各犯罪行为人，特别是曾在澳门进行有关犯罪活动的行为人活动情况的详细资料和警方行动结果的详细资料紧急通知澳门。3. 如果安全程度明显降低，或发现有关路线有未预见的更改，又或发生导致将来难以扣押有关麻醉药品或精神药物及逮捕嫌犯的其他情况，则即使已给予以上两款所指的许可，司法警察局仍须采取行动。4. 如已采取行动而未预先通知刑事起诉法官或检察官，则须在随后24小时内向其提交书面报告。5. 目的地国、目的地区或转运地国、转运地区不履行应承担的义务可构成对其日后请求拒绝给予许可的依据。6. 司法警察局负责与外地的联络。

第八节　获得证据方法之检讨

澳门现行法律体系中的获得证据方法比较分散，以传统方式为主，在某些方面还需要进一步完善，及时回应社会发展的新变化，补充新的获得证据方法，并对已有方法进行适当调整。

一 刑事勘验

勘验是通过感官知觉对无法直接出现在法庭的场所或物品进行的勘查和检验。实施勘验的人通过接触观察物体状态或场所情状，依其认知发现证据，判断犯罪情形。勘验本身不可作为证据，而是以勘验结果作为证明之用，应将勘验结果制作成笔录。① 也就是说，勘验一般作为获取证据的手段，勘验结果或勘验笔录才是证据。在刑事诉讼中，勘验是侦查人员通过人的视、听、触、闻和品来感知人或物，查验犯罪地点和行凶器械、阅览照片和影像、听录音等，这是一种针对证人、鉴定人和书证之外的证据提取活动。② "勘验处分因为性质使然，往往构成直接审理原则之例外，犯罪现场之履勘，便是必须于法庭外为之的典型情况。"③

目前，澳门《民法典》和澳门《民事诉讼法典》规范了勘验证据，但是澳门《刑事诉讼法典》在证据方法和获得证据之方法中均未提及，这是比较罕见的，应考虑将其纳入立法。实际上，刑事犯罪中常常有犯罪现场，需要进行现场勘验，将其纳入立法更有利于指导实践。澳门《刑事诉讼法典》在获得证据之方法中规定了检查，检查的对象不限于人，也包括物、场所等。在内地和其他法域的刑事诉讼法中，勘验和检查一般被视为两种不同的侦查方法，是发现和获取证据的重要途径。勘验和检查的主体、任务和性质相似，区别在于：勘验的对象是现场、物品和尸体；而检查的对象则是活人的身体，主要是犯罪嫌疑人、被害人的身体。

在美国，对于诉讼中重要但不能在法庭上被适当提出或难以再现的场所或物体，亲自去观察的行为是"勘验"，这一权力扩展到对刑事和民事案件中的人身和不动产的勘验。在日本，勘验是指在侦查中凭借五官对物的状态进行辨认。如果是物证，最好是将其扣押后向法庭出示，但是有些物品是无法扣押的，如犯罪现场的状况等，只能将该物品的状况记载在勘验

---

① 吴灿：《勘验笔录之证据能力》，《月旦法学教室》2018 年总第 188 期，第 25 页。
② 《德国刑事诉讼法典》，宗玉琨译注，知识产权出版社，2013，第 48 页。
③ 林钰雄：《刑事诉讼法》（上册·总论编），元照出版公司，2013，第 571 页。

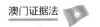

笔录中作为证据使用。① 《日本刑事诉讼法》第 130 条规定，日出前、日落后，如未经住居者、看守者或代理人的承诺，不得为勘验而进入有人住居或看守的住宅、建筑物或船舶。但在日出后有无法达成勘验目的之虞的情形，不在此限。在日没前着手执行勘验时，在日落后亦得继续执行。

此外，随着电子通讯技术的发展，针对电子证据的网络勘验也日益普遍。2016 年中国最高人民法院、最高人民检察院、公安部联合下发的《关于办理刑事案件收集提取和审查判断电子数据若干问题的规定》第 9 条规定，为进一步查明有关情况，必要时，可以对远程电脑信息系统进行网络远程勘验。进行网络远程勘验，需要采取技术侦查措施的，应当依法经过严格的批准手续。

二 科技侦查

现代科技的迅猛发展彻底改变了人们的生活方式和工作方式。科技手段被引入侦查活动后，大大提高了侦查的效率，提升了侦查的质量。以 DNA 分析技术为例，解读 DNA 复杂而耗时，美国鉴识与国家安全科学学会的研究员将人工智能技术运用于 DNA 图谱分析，开发了 PACE（Probabilistic Assessment for Contributor Estimate）系统，能在几秒内精确分析、分类样本。此外，英国伦敦的警察鉴识小组每年须查验 5.3 万部电子装置以搜索犯罪证据，但人工智能技术能够协助警方在短时间内从嫌疑人的电子设备中搜索有关照片并进行数据分析。② 通过算法取证已成为网络时代搜集网络电子数据的唯一选择，应本诸法教义学的原理，推求证据关联性及可采性规则的应然法理，重新解读关联性规则中的经验法则，引入科技证据的可采性标准，参酌欧盟《一般数据保护条例》中数据权的规定，确立算法取证中合法性的基本原则和相应规则。③ 可见，科技发展的速度和广度已经无法忽视，必须及时对其作出回应。

---

① 宋维彬：《论刑事诉讼中勘验、检查笔录的证据能力》，《现代法学》2016 年第 2 期，第 175 页。

② 龙建宇、庄弘钰：《人工智能于司法实务之可能运用与挑战》，《中正大学法学集刊》2019 年总第 62 期，第 58~59 页。

③ 何邦武：《网络刑事电子数据算法取证难题及其破解》，《环球法律评论》2019 年第 5 期，第 65 页。

其中，"大数据"对诉讼证据的影响特别深远。侦查工作自始至终无法脱离大数据的支撑；信息爆炸使得大数据时代提前到来，倒逼侦查工作方式的颠覆性变革。[①] 大数据侦查是指通过电脑技术对存储于网络和电脑系统中的海量数据进行收集、共享、清洗、比对和挖掘，从而发现犯罪线索、证据信息或者犯罪嫌疑人的侦查措施，其中，数据查询、数据比对和数据挖掘是大数据侦查的三种具体行为样态。[②] 从广义来看，大数据侦查包括大数据侦查思维、大数据侦查模式、大数据侦查方法和大数据侦查机制等。[③] 随着大数据时代的到来，应在"信息引导侦查"理念基础上进一步树立"数据优先、数据分析、数据安全"理念。[④] 大数据侦查具有独特的优势，但可能侵犯人的隐私权。数字时代的信息隐私问题至少具有以下两个特色：一是公私部门搜集个人信息的数量几乎没有上限；二是信息一旦公开，其传播速度之快难以想象。[⑤] 更糟糕的是，司法实践已经反复证明，数据瑕疵与质量低下的数据经常导致错误的关联，甚至给公民自由带来直接损害。[⑥] 这些都是值得警惕和重视的，应当扬长避短，尽量发挥大数据侦查的优点。

关于 GPS 定位追踪器，可连续多日、全天候不间断地追踪他人车辆行驶路径及停留地点，巨细靡遗地长期掌握他人行踪，看似琐碎、微不足道的活动资讯，经由拖网式监控，大量搜集、比对定位资料，个别活动的积累集合将产生内在关联，取得的资料呈现宽广的视角场景，不为人知的私人生活图像被迫揭露。在这种长期且密集的监视与记录下，他人身体在形式上虽为独处状态，但心理上保有隐私的独处状态已被破坏殆尽，属于侵害他人隐私权的非公开活动。[⑦] 不过，1999 年德国杜塞多夫邦最高法院的刑事判决首度肯定了使用这一科技措施的正当性。《德国刑事诉讼法典》第100 条 h 款规定了此措施的前提条件，卫星定位措施是其他专为监察目的而

---

① 张俊岳：《"大数据"背景下侦查工作的变革》，《北京警察学院学报》2014 年第 4 期，第48 页。

② 程雷：《大数据侦查的法律控制》，《中国社会科学》2018 年第 11 期，第 157 页。

③ 王燃：《大数据侦查》，元照出版公司，2018，第 40 页。

④ 宋寒松主编《大数据与职务犯罪侦查》，中国检察出版社，2017，第 55 页。

⑤ 刘静怡：《通讯监察与民主监督：欧美争议发展趋势之反思》，《欧洲研究》2017 年第 1 期，第 47 页。

⑥ Andrew Ferguson, "Big Data and Predictive Reasonable Suspicion", *University of Pennsylvania Law Review*, Vol. 163, No. 2, 2015, p.399.

⑦ 台湾地区高雄地方法院 2016 年度易字第 110 号判决。

采用的科技方式，其使用前提必须是为了调查事实或相对人的下落。① 澳门立法目前对此尚未作出规定。这一活动涉及隐私过多，必须十分慎重，同样需要遵守必要性原则、最后手段原则、法官保留原则和持续监督原则等。

---

① 吴俊毅：《德国刑事诉讼上使用卫星定位技术进行监察之研究》，《中正大学法学集刊》2019
年总第 63 期，第 32、46、48 页。

第六章
证据的理论分类

　　对诉讼证据的分类研究最早来源于 18 世纪英国著名法学家边沁。边沁在其著作《司法证据原理》一书中，将诉讼证据分为实物证据与证人证言、直接证据与情况证据、原始证据与传来证据等九大类。[1] 英国证据法专家罗纳德·沃克在其《英国法律制度》一书中，将英国诉讼证据划分为以下四种类型：直接证据与情况证据；原始证据与传闻证据；最佳证据与次要证据；口头证据与实物证据等。美国将证据划分为：实物证据、书面证据、证人证言、司法认知和专家证言。[2] 法国还将证据分为预先成立的证据与事后成立的证据。[3] 研究证据分类问题就是研究对证据进行分类的理由与依据，研究类型界定是否准确、是否便于使用；对证据体系进行类别划分是否合逻辑，是否具有包容性，是否符合运用证据认定案件事实的需要。[4] 总之，在理论上对证据进行不同的分类，有利于从不同角度认识和理解证据，从而更好地运用证据。

---

① 刘金友主编《证据法学》，中国政法大学出版社，2001，第 197 页。
② 陈卫东、谢佑平主编《证据法学》，复旦大学出版社，2005，第 98 ~ 99 页。
③ 沈达明编著《英美证据法》，中信出版社，1996，第 272 页。
④ 龙宗智：《证据分类制度及其改革》，《法学研究》2005 年第 5 期，第 86 页。

第一节　实物证据与言词证据

根据表现形式的不同，证据可分为实物证据和言词证据。这种分类的意义主要在于区分两者的证明力大小，把握各自的特点和优点，进而准确运用和认定相关证据。

一　实物证据

实物证据是指那些以物品、痕迹、文书、录音录像等为物质载体的证据形式。物证、书证、勘验检查笔录等属于典型的实物证据。实物证据的优点是客观性强，比较可靠，但是自己不能说话，需要通过一定手段或工具来呈现其证明价值。在美国证据法中，广义的实物证据被分为物证（real evidence）、示意证据（demonstrative evidence）、书证（writing）和录制证据（recording）等，并分别确立了具体的鉴真规则。① 电子数据属于言词证据还是实物证据，存在一定争议，应具体分析。例如，2016 年中国最高人民法院、最高人民检察院、公安部联合颁布的《关于办理刑事案件收集提取和审查判断电子数据若干问题的规定》第 1 条第 3 款规定："以数字化形式记载的证人证言、被害人陈述以及犯罪嫌疑人、被告人供述和辩解等证据，不属于电子数据。"可见，通过手机、数码相机等方式收集的言词证据不属于电子数据，电子数据只是固定言词证据的方式，证据种类本质上并不会改变。

二　言词证据

言词证据是指以人的陈述为表现形式的证据，既可以是口头陈述，也可以是书面陈述。言词证据通常包括证人证言、鉴定意见、当事人陈述或声明等。和实物证据相比，言词证据的主观性非常强，容易受到人的记忆力、感知力、表达力等多方面因素的影响，内容上可能真假混杂，证明力

---

① 陈瑞华：《实物证据的鉴真问题》，《法学研究》2011 年第 5 期，第 130 页。

可能小于实物证据。因此，在诉讼过程中，实物证据一般优先于言词证据，且两者在调查程序、排除规则等方面也存在若干差异。

第二节　直接证据与间接证据

根据证据与案件主要事实之间的关系不同，可将证据分为直接证据和间接证据。凡是能够单独证明案件主要事实的证据就是直接证据；不能单独证明案件主要事实，必须和其他证据一起才能证明案件主要事实的证据是间接证据。可见，在这种证据分类中，对案件主要事实的理解是一个关键要素。在三大诉讼中，案件主要事实各有不同：刑事案件的主要事实是指当事人是否犯罪、构成何种犯罪的事实；民事案件的主要事实是指当事人之间法律关系发生、变更、消灭的事实；行政案件的主要事实是行政行为是否合法的事实。

一　直接证据

所有能够单独证实或排除系争事实的证据就是直接证据，又称确实性证据。直接证据的信息量极大，对案件的证明作用也非常显著。一旦取得直接证据，案件事实基本情况就比较明确了。但是，在诉讼实践中，收集到直接证据的概率相对较低，当事人和办案人员往往面对的是间接证据。

二　间接证据

间接证据不能单独用于证明案件的主要事实，信息量相对较小，往往只能反映案件的某个方面或者某个环节，可能据以推论直接事实，又称可能性证据或情况证据。如果直接证据不存在，必须借助间接证据，先行证明间接事实的存在，再以经验法则及论理法则推论直接事实即待证事实的存在与否，就是间接证明。[①] 全案的间接证据必须能够互相印证，合乎逻辑

---

① 　姜世明：《间接证明之研究》，《政大法学评论》2013 年总第 135 期，第 3 页。

地得出唯一结论，才能据以认定案件事实。

第三节　原始证据与传来证据

根据证据的出处和来源不同，证据可分为原始证据和传来证据。这种证据分类的价值也在于区分证据的证明力，原始证据的证明力一般大于传来证据。在诉讼过程中，应当尽可能提交原始证据，如果原始证据灭失、丢失或者难以取得，才能有条件地使用传来证据，且传来证据不能作为定案的唯一证据。《中华人民共和国刑事证据法专家拟制稿》第 15 条规定，收集、运用证据应当遵循原始证据优先规则。能够收集原始证据的，不得只收集派生证据。

一　原始证据

凡是直接来源于案件事实本身、未经转述或复制的证据是原始证据，俗称第一手资料。由于原始证据没有经过中间环节，能够最大限度地反映案件的最初情况，失真的可能性相对较小，可靠性较高。例如，在刑事案件中，从犯罪现场直接提取的物品或痕迹等；在民事案件中，合同当事人签订的合同书原件等；在行政案件中，行政机关对行政相对人作出的决定书等。

二　传来证据

传来证据也称派生证据，是指经过摘抄、复制、转述等中间环节的证据，可能是二手甚至三手、四手资料。正因如此，传来证据存在较大风险，虚假的可能性相对较高。需要指出的是，传来证据和传闻证据不是一回事，虽然在中文里只有一字之差。英美证据法中的"传闻证据"对应的英文是"hearsay evidence"，除了道听途说来的案件情况是传闻证据以外，目击证人如果没有亲自出庭接受质证，其庭前的书面证言也被视为传闻证据。因此，传闻证据既可能是原始证据，也可能是传来证据。而"传来证据"对应的英文是"secondary evidence"，不可能是原始证据。

第四节 实质证据与辅助证据

划分实质证据和辅助证据的基本标准是：在证明逻辑上证据与证明对象之间是否具有"生成"意义上的相关性，有则为实质证据，无则为辅助证据。[①] 实质证据可作为待证事实的积极证明手段，也称积极证据；辅助证据则不能作为待证事实的积极证明手段，也称消极证据。

一 实质证据

实质证据（Substantive Evidence）是证明待证事实存在与否的证据。一般而言，对于被告不利的事实，应依照积极证据来认定。例如，在刑事诉讼中，证明被告人是否存在有关定罪量刑的事实的证据就是实质证据；在民事诉讼中，证明民事法律关系发生、变更、消灭的事实的证据就是实质证据；在行政诉讼中，证明行政行为合法性的证据是实质证据。

二 辅助证据

辅助证据是以实质证据的真实性及合法性为证明对象的证据。辅助证据（Auxiliary Evidence）本身不得作为单独证据来证明待证事实，而是用来解释或补充说明其他证据。辅助证据又可分为补强证据和弹劾证据，两者的证明作用刚好相反，补强证据的目的在于加强或担保证明力，弹劾证据的目的在于减弱或降低证明力。

（一）补强证据

依据《牛津法律词典》，补强证据（Corroborative Evidence）是指在要项上用来确认其他证据真实性的证据。[②] 对于某些证明力比较弱的证据来说，例如，言词证据等，主观性较强，虚假的可能性较大，对于案件事实

---

① 周洪波：《实质证据与辅助证据》，《法学研究》2011 年第 3 期，第 158 页。

② Jonathan Law, *A Dictionary of Law*, 8th ed., online version, UK：Oxford University Press, 2015, p. 98.

的证明作用往往有限，这就需要其他证据来补充或加强。在刑事诉讼中，最典型的需要补强的证据是自白证据。因此，口供不能单独作为定案根据，必须有其他证据来补强，以避免误判。补强证据应该与被补强证据有不同的来源，但是两者的证明对象应当是一致的，这样才能发挥补强作用。

（二）弹劾证据

弹劾证据（Impeachment Evidence）是英美法系的概念，是指争执证人陈述可信性或证明力的证据，其作用在于减弱或打击实质证据的证明力，法官形成心证的时候可以参考，但是不得作为认定事实的基础。例如，在证人作证时，提出证人曾经有过伪证罪的证据。在证据能力的限制方面，弹劾证据不如补强证据严格。弹劾证据旨在降低某项证据的可信度，法院是否采纳弹劾证据，只需在判决中陈述理由即可，不需要经过证据能力的判断。《日本刑事诉讼法》第328条就弹劾证据作出明文规定，基于刑事诉讼发现真实及维护公平正义的功能，证人于审判外的陈述虽不符合传闻法则的例外规定，不能作为认定犯罪事实的证据，但并非绝对不能将之作为弹劾证据，供法院审判心证时参考。

第五节　本证与反证

诉讼活动是对抗性的，在此过程中，双方相互攻击和防御。从证据角度来看，诉讼活动也是本证和反证互相作用的过程，本证和反证的对立贯穿诉讼始终。本证和反证之间的交锋既是对立的，也是互为补充的，可以防止法官偏听偏信，对于查明案件真相非常重要。两者的划分与举证责任有关。

一　本证

本证是指对于待证事实承担举证责任的一方当事人为证明该事实存在或真实而提出的证据。本证必须达到使法官确信该事实的程度，当事人才算完成举证责任。如果本证只是使案件处于真伪不明的状态，法官则要适用举证责任法则，认定该事实不存在，也就是说，不利后果由承担举证责任的一方当事人承担。在刑事诉讼中，本证是能够证明被告有犯罪事实的证明资料，也称攻击证据。在民事诉讼中，本证是对当事人主张的事实具有肯定性作用的证据。

二　反证

反证是指对于待证事实不负举证责任的一方当事人为证明该事实不存在或不真实而提出的证据。反证的目的在于削弱、动摇、否定甚至推翻本证的证明力，只要令本证的待证事实限于真伪不明的状态，反证的目的就已达到。因此，从时间来看，本证在先，在本证提出之后，反证通常才出现。在本证与反证都已呈交法庭的情况下，法官应先调查本证，如果本证的证明力很低，以至于无法说服法官，也就没有必要调查反证了。在刑事诉讼中，反证是否定被告犯罪事实的认定，不能充分证明犯罪的证明资料，例如，不在场证明。在民事诉讼中，反证是指能够证明对方当事人主张的事实不存在的证据。

第六节　有罪证据与无罪证据

在刑事诉讼中，按照对案件事实的证明作用不同，证据可分为有罪证据和无罪证据。这种分类看似简单，意义却重大，旨在提醒办案人员树立合法、全面的证据意识，在诉讼中全面收集或审查证据，不能过分关注有罪证据而忽略了无罪证据存在的可能性，最大可能地保障案件审理的质量和效果。这也体现了无罪推定原则的精神。中国 2019 年《人民检察院刑事诉讼规则》第 61 条第 3 款规定，人民检察院提起公诉，应当秉持客观公正立场，对被告人有罪、罪重、罪轻的证据都应当向人民法院提出。

一　有罪证据

有罪证据，顾名思义，是指能够证明嫌疑人有触犯刑法的犯罪事实的相关证据，无论是证明罪重或罪轻，都是有罪证据。有罪证据属于控诉性质的证据，事关被追诉者的重要权利，必须经过严格的审查判断才能作为

定案证据。《韩国刑事诉讼法》第 310 条规定，被告人的坦白是对其不利的唯一证据时，不得作为有罪证据。

二　无罪证据

无罪证据和有罪证据相反，能够证明被告人无罪。凡是证明被告人无罪的证据就是无罪证据。无罪证据属于辩护性质的证据。美国法律规定，检察机关必须与辩护律师一起使用警察侦查获得的为被告人开脱罪责的信息材料。[①] 为了充分保障被告人的合法权益，即使是控诉方收集到无罪证据，也应该及时告知辩护方。

---

① 〔美〕爱伦·豪切斯特勒：《美国刑事法院诉讼程序》，陈卫东、徐美君译，中国人民大学出版社，2002，第 245 页。

第七章

证据规则

证据规则是调整证据证明力和证据能力的规则。证据规则是证据原则的下位概念，可以说是证据原则的具体体现。证据规则在诉讼中的作用毋庸置疑，"不管证明制度在判决过程中多么重视公正，审判制度都不可能缺少一些规定证明的规则"。[①] 证据规则大多是在多年经验的基础上建立起来的，其宗旨是保证获得案件的客观真实，防止冤枉无辜。[②] 美国法学家塞耶提出，证据法的核心内容是一套基本上属于否定性的规范和排除的技术规则，与案件事实在逻辑上没有证明作用的东西一律不能被采用为证据。[③] 英美法系由于陪审团、对抗制等因素的影响，通常都有繁杂的证据规则。相比之下，大陆法系的证据规则比较简单。不过，随着两大法系之间的相互交流与学习借鉴，大陆法系开始逐渐接受英美法系证据法中的一些规则，并结合本地实际作出适当的调整。应当说，证据规则是人们长期诉讼活动

---

① 〔美〕丹尼斯·帕特森：《布莱克维尔法哲学和法律理论指南》，汪庆华、魏双娟译，上海人民出版社，2013，第177页。

② 〔英〕K. S. 肯尼、J. W. 塞西尔·特纳：《肯尼刑法原理》，王国庆等译，华夏出版社，1989，第484页。

③ 沈志先主编《刑事证据规则研究》，法律出版社，2011，第5页。

经验的总结，体现了诉讼规律，既有利于办案人员客观、全面地收集、审查判断证据，也有利于当事人及其他诉讼参与人正确、有效地运用证据，还有利于合理分担证明责任，提高证明效率，查明案件真相。中国内地有学者指出，中国证据立法遵循了"新法定证据主义"的理念，不仅对单个证据的证明力大小强弱确立了一些限制性规则，而且对认定案件事实确立了一些客观化的证明标准；这一证据理念的出现与立法者对证据真实性的优先考虑、对法官自由裁量权的限制有密切关系，也与刑事诉讼的纠问化、司法裁判的行政决策化存在因果关系。① 当然，证据规则也不是万能的，不能过分夸大其作用。早在 19 世纪早期，英国哲学家边沁就曾发出这样的警告："从本质上说，为证据寻找一种确保公正裁决的可靠规则是完全不可能的，人类的心智太过敏感以致无法建立规则，这些规则只能提高坏判决的概率。一位对真相公正的调查者在这方面所能做到的就是让立法者和法官警惕这些草率的规则。"② 澳门现行证据制度非常强调法官的自由心证，这有利于维护司法权威和保障法官的自由裁量权，防止法定证据制度的僵化和刻板。不过，职业法官和普通大众毕竟在知识背景、法律素养、思维方式等方面存在一定差异，为了引导当事人合法、有效地收集、运用证据，监督法院依法裁判，并加强民众对司法的理解和信任，完善的证据规则必不可少。尤其是随着社会的发展，澳门亦有必要重新审视现有的证据规则，保留其中富有特色、行之有效的证据规则，并结合新情况、新需要作出适当的补充。

第一节　关联性规则

证据规则并不是杂乱无章的规定，而是一个有层次、有内涵的整体。在所有证据规则中，关联性规则是基础性规则。这一规则体现在很多国家或地区的立法中。美国证据法专家华尔兹对关联性的定义是：实质性和证

---

① 陈瑞华：《以限制证据证明力为核心的新法定证据主义》，《法学研究》2012 年第 6 期，第 147 页。

② 〔英〕威廉·特文宁：《反思证据——开拓性论著》，吴洪淇等译，中国人民大学出版社，2015，第 46 页。

明性加在一起就等于相关性。① 美国学者罗纳德·J. 艾伦认为英美法系的证据相关性规则蕴涵着丰富的激励因素。② 关联性规则还有以下两个派生规则：品格证据规则和类似行为规则。

一 关联性的内涵

证据的关联性又称"相关性"，是指"证据对其所要求证明的事实具有的必要的最小限度的证明能力"。③ 关联性是可采性的前提。《美国联邦证据规则》第 401 条规定，在下列情形下，证据具有相关性：①具有该证据比没有该证据，会使事实更倾向于可能存在或不可能存在；并且②上述事实对于确定诉讼具有重要意义。据此，不得采纳不具有关联性的证据。但采纳所有逻辑相关的证据会造成证据泛滥、不公平且不切实际。④ 因此，"如果不公正的偏见、混淆争议或误导陪审团的危险实质性超过该证据的证据价值时，或者考虑过分迟延、浪费时间或无需提交重复证据等情形的"，亦可排除。⑤ 在英美法系的法庭上，以某一证据的证明力非常微小或者其与案件事实的关联性极小为理由反对采纳该证据已然成为一种日常惯例。⑥ 大陆法系国家和地区也越来越多地在立法中设置了关联性规则。例如，《瑞士刑事诉讼法》第 139 条规定，为了发现事实真相，刑事司法机关应当使用所有根据新科学发现和经验上具有相关性且法律规定可采纳的证据。不允许引入任何不相关、显而易见、刑事司法机关已知或者在法律上已经充分证明了的事项作为证据。

---

① 〔美〕乔恩·R. 华尔兹：《刑事证据大全》，何家弘等译，中国人民公安大学出版社，1993，第 15 页。

② 〔美〕罗纳德·J. 艾伦：《证据的相关性和可采性》，张保生等译，《证据科学》2010 年第 3 期，第 376 页。

③ 张建伟：《指向与功能：证据关联性及其判断标准》，《法律适用》2014 年第 3 期，第 3 页。

④ 〔美〕阿维娃·奥伦斯坦：《证据法要义》，汪诸豪、黄燕妮译，中国政法大学出版社，2018，第 3 页。

⑤ 〔美〕理查德德·A. 波斯纳：《证据法的经济分析》，徐昕等译，中国法制出版社，2001，第 122～123 页。

⑥ 〔美〕米尔建·R. 达马斯卡：《漂移的证据法》，李学军等译，中国政法大学出版社，2003，第 19 页。

二 品格证据规则

品格是指对某人的性情或某种一般特征（如诚实、性格温和或者爱好和平等）的概括性表述。[①] 英国证据法学家墨菲认为证据法中的"品格"主要包含以下三方面内容：首先，是声誉，即一个人在其生活的社区中获得的熟悉他的人给予他的总评价；其次，是性格倾向，即一个人以特定方式行事的倾向或趋势；最后，是一个人过去的特定行为实例，如曾经因刑事违法行为而被定罪。[②] 从证据法的角度来看，一个人的品格如何与正在处理的案件之间没有关联性，因而品格证据一般不得使用。品格证据规则的核心价值在于避免对案件审理产生偏见、拖延等负面影响。

不过，品格证据规则亦有例外。近年来，美国在"最大限度保护被害妇女利益"社会政策的影响下，品格证据规则在立法方面出现了向受害人一方倾斜的趋势。在性骚扰民事案件中禁止使用受害人的品格证据，但允许使用加害人的品格证据。[③]《美国联邦证据规则》第 404 条 b 款规定，有关被告人犯罪、不法行为或其他行为的品格证据在证明犯罪动机、机会、意图、准备、计划、知识、身份、无过失或无意外事件的情形下，具有相关性。"初犯"和"前科"的被告人品格证据通常也是法官考虑的因素。此外，还存在"开门原则"，被告人必须为试图证明自己具有良好品格的企图付出代价，被告人提出品格证据就算敞开了法律为保护被告人利益而原本关闭的所有大门。[④] 英国《2003 年刑事司法法》第 101 条规定，刑事诉讼中被告人不良品格的证据只有在符合下列条件时才可以被采纳：①诉讼各方当事人一致同意该证据可以采用；②该证据是由被告人自己提出的，或者是被告人在接受以获得此种证据为目的而进行的反询问中，在回答某一提问时提出的；③该证据是重要的说明性证据；④该证据与控辩双方存在争议的一项重要事项相关；⑤该证据对于被告人与共同被告人之间存在争议

---

① 〔美〕约翰·W. 斯特龙主编《麦考密克论证据》，汤维建等译，中国政法大学出版社，2004，第 379 页。

② Peter Murphy, *Murphy on Evidence*, UK: Oxford University Press, 2003, p. 116.

③ 纪格非：《品格证据在性骚扰民事案件中的运用——美国的立法、判例及启示》，《环球法律评论》2012 年第 4 期，第 131 页。

④ 蔡巍：《美国联邦品格证据规则及其诉讼理念》，《法学杂志》2003 年第 4 期，第 66 页。

的一项重要事项具有重大的证明价值；⑥该证据是纠正被告人留下的虚假印象的证据；⑦被告人对其他人品格进行抨击的。《新加坡刑事诉讼法》第266条还规定了前科能够作为证据使用的情形：①对明知物品是盗窃所得而接受或持有该赃物的人提起诉讼；并且②有证据证明被盗财产由该人占有，如果该人曾在之前的5年内因欺诈或不诚实被定罪，可以提交有关该前科的证据，在证明其是否知道所占有的财产是盗窃所得时，该证据可被考虑在内。

大陆法系在立法上对品格证据的适用一直鲜有规定，由于人们相信法官的职业理性，司法实践中通常将其交由法官自由心证。澳门《刑事诉讼法典》第115条规定："须向证人询问其直接知悉且为证明对象之事实。在法官确定可科处之刑罚或保安处分前，就关于嫌犯人格、性格、个人状况、以往行为等事实作出询问，仅在对证明犯罪之构成要素，尤其是行为人之罪过，属确实必要之范围内，或在对采用强制措施或财产担保措施属确实必要之范围内，方得为之，但法律另有规定者除外。"在台湾审判实务中，被告品格证据能力的要件包括：①原则上由被告先提出；②品格证据与待证事项具有关联性。2016年度台上字第480号判决表示："被告之品格证据如系供证明被告犯罪之动机、机会、意图、预备、计划、认识、同一性、无错误或意外等事项，而与犯罪事实具有关联性者，因攸关待证事实之认定，应依法践行调查证据程序，使当事人、辩护人等有陈述意见的机会，始得作为判断之依据。"①

此外，无论是英美法系还是大陆法系，很多国家和地区都设立了不同形式的人格调查制度。由于被告人的性格特征、成长经历、家庭背景、生活社交等能够全面反映其品格状况，通过社会调查可以在刑事程序上对每个犯罪人选择恰当的处遇方法。例如，《挪威刑事诉讼法》第161条规定，如果对于决定其刑罚或其他预防措施具有意义，通常应当对被告人进行社会调查。社会调查的目的在于取得被告人人格、社会环境和未来前景的有关信息，以此作为裁判案件的参考。对于何时进行社会调查和社会调查所应遵循的程序，国王可以指定进一步的规则。澳门2007年《违法青少年教育监管制度》亦规定对违法青少年应进行社会调查，以便了解青少年的教育背景、成长环境、违法原因等，进而采取更有针对性的教育和矫治措施。根据该法第14条，社会报告由社会重返部门或少年感化院撰写，用于辅助

---

① 吴巡龙：《被告品格之证据能力》，《月旦法学教室》2018年总第184期，第23、25页。

司法机关了解青少年的人格、行为，了解其社会、家庭背景及经济、教育状况。作为终局裁判依据的社会报告，被称为"判前社会报告"。除法定情况外，如果法官认为社会报告有助于作出决定，以及检察院认为社会报告对决定是否提出声请及对组成声请书是重要的，亦可要求撰写和提交该报告。非由检察院要求提供的社会报告，须让检察院知悉。这一做法和国际是接轨的。联合国《少年司法最低限度标准规则》第16条规定："所有案件除涉及轻微违法行为的案件外，在主管当局作出判决前的最后处理之前，应对少年生活的背景和环境或犯罪的条件进行适当的调查，以便主管当局对案件作出明智的判决。"

在香港，如果证人作出了对另一方当事人不利的证言，其可信度往往会产生争议。与证人可信性相关的事项相当广泛，主要包括：①证人的一般观察能力与记忆力；②证人的法庭证言与之前向调查人员所作的供词冲突；③证人以前曾被定罪，特别是那些包括不诚实要素的罪行；④证人与案中人、事或审讯的结果有利益关系，或者对与讼另一方持有偏见；⑤证人品格败坏；⑥证人身心残障。一般而言，证人的可信性属于非核心问题，盘问一方不能进一步提证以证明证人的答案不正确。但法律亦规定了一些例外，如果盘问的内容属于上述第2～6项中的任何一项，而证人否认，则盘问者可提证以证明证人的答案虚假。如果作证者是被告人，除非符合香港《刑事诉讼程序条例》第54（1）条的规定，否则控方不能盘问被告人以前的定罪或他的品格。①

三　类似行为规则

被告的前科或先前的类似行为与其当前实施的行为之间通常没有关联性。尽管人的行为具有习惯性和稳定性，但是类似行为未必都是同一人所为，可能只是偶然发生，或者他人模仿。尤其在刑事诉讼中，不能因被追诉者曾实施类似行为而认定其也是此次犯罪行为的实施者。

不过，对类似行为一律排除可能影响追诉犯罪，因而在一些国家和地区存在例外情况。例如，英国对类似行为放宽了采纳的限制，如果属于非常类似的行为，可采纳为证据。再如，中国最高人民法院、最高人民检察

---

① 李绍强：《香港刑事证据法的基本原则与应用》，《人民检察》2002年第2期，第62页。

院《办理走私刑事案件适用法律若干问题的意见》第 5 条明确规定了应认定犯罪嫌疑人、被告人具有走私主观故意的若干具体情形，符合任一情形即可直接认定犯罪嫌疑人、被告人具有走私的主观故意，其中一种是"曾因同一种走私行为受过刑事处罚或者行政处罚的"。这是一个比较特别的规定，存在一定争议，但仅限于主观要件的证明。

四　对澳门的启示

澳门没有在法律中明确规定关联性规则，相关判断交给了法官，法官遵循逻辑和经验对证据作出客观评价，在其形成心证的过程中当然会排除与案件不具有关联性的证据。不过，从立法的体系性或者指导当事人举证方面来讲，补充这一规则也是必要的。关联性规则是所有证据规则的基石。此外，关联性规则可以限定法庭调查的证据范围，无论是法官还是当事人无须将时间花费在没有关联性的证据上，有利于节约司法资源，提高诉讼效率。随着新型证据的出现，对于关联性的要求也在变化。例如，对电子证据而言，既要考察信息或内容的关联性，也要考察载体或形式的关联性。也就是说，电子证据的关联性体现为鲜明的双联性。[1] 这些特点和要求都是传统证据所不具备的，澳门的立法和司法也应作出回应。

第二节　证据禁用规则

不惜任何代价来调查真相并不是刑事诉讼法的原则。[2] 有时候即使明知证据为真，但由于取得手段违法，为了保护其他价值，此类证据也可能被排除。这就是非法证据排除规则的要求，在澳门则体现为证据禁用规则。澳门《刑事诉讼法典》第 105 条规定了合法性原则。违反或不遵守刑事诉讼法的规定，仅在法律明文规定诉讼行为属无效时，才导致有关诉讼行为无效。如果法律未规定诉讼行为属无效，则违法诉讼行为属于不当行为。该法典还专门规定了禁用证据的条款，只要不是法律所禁止的证据均可被

---

① 刘品新：《电子证据的关联性》，《法学研究》2016 年第 6 期，第 178 页。

② 〔德〕托马斯·魏根特：《德国刑事诉讼程序》，岳礼玲、温小洁译，中国政法大学出版社，2004，第 187 页。

采纳。证据禁用规则在民事诉讼中体现为证据合规范原则，即澳门《民事诉讼法典》第 435 条的规定。不得在审判中采用通过侵犯人的身体或精神的完整性，或通过侵入私人生活、住所、函件及其他通讯方法而获得证据。此外，澳门《廉政公署组织法》第 12 条规定，廉政公署在法定职责范围内作出行为及措施，不受特别形式约束，但在收集证据时，不得采取损害人的权利、自由、保障及正当利益的程序。廉政公署为查清事实而认为有需要时，可以要求任何人作出陈述。

一 证据禁用的意义

证据规则有两方面价值取向，即真实取向和权利取向。真实取向预期的排除效果是正确认定案件事实，防止误判，避免冤枉无辜的人；权利取向的核心内容是人权，以保护被追诉者及其他诉讼参与者的权利为出发点和归宿点。[①] 非法证据的排除或禁用实际上就是证据能力、证据资格的问题，并不涉及判断证明力的问题。一般而言，证据禁止规则可分为"取得禁止"和"使用禁止"。前者是指在证据的调查、收集及保全程序中设立禁止性条件，以约束和规范侦查机关的取证行为，防止其滥用权力，以保障人权；后者则是指禁止法院将已违法取得的特定证据作为定案基础，侧重规范法院对证据的实质审查行为。

英美法系实行当事人主义，调查证据主要是当事人自己的责任。在美国，"威慑"理论是确立非法证据排除规则的重要依据，即通过否定警察的"成果"威慑其将来可能的违法取证行为。[②] 大陆法系实行职权主义，证据的调查、收集属于公权力机关的职权，为了拘束法院的裁判对象，才产生了证据禁止理论，以解决证据适格的问题。据此，法院无法调查、使用和采纳某些被认为违法或有问题的证明材料，其实质是约束法院的权力。

二 证据禁用的方式

《葡萄牙刑事诉讼法典》第 126 条规定了证据禁用方式，澳门的证据禁

[①] 张建伟：《排除非法证据的价值预期与制度分析》，《中国刑事法杂志》2017 年第 4 期，第 41 页。

[②] United States v. Calanda, 414 U. S. 338 (1974), pp. 347–348.

用规则深受葡萄牙影响，内容基本一致。澳门《刑事诉讼法典》第 113 条规定，通过酷刑、胁迫或一般侵犯人的身体或精神的完整性而获得的证据，均为无效，且不得使用。利用下列手段获得的证据，即使获有关之人同意，亦属侵犯人的身体或精神的完整性：a）以虐待、伤害身体、使用任何性质的手段、催眠或施以残忍或欺骗的手段，扰乱意思自由或作出决定的自由；b）以任何手段扰乱记忆能力或评估能力；c）在法律容许的情况及限度以外使用武力；d）以法律不容许的措施作威胁，以及以拒绝或限制给予依法获得的利益作威胁；e）承诺给予法律不容许的利益。未经有关权利人同意，通过侵入私人生活、住所、函件或电讯而获得的证据，亦为无效，但属法律规定的情况除外。如果使用本条所指获得证据的方法构成犯罪，则该证据仅可用于对该犯罪的行为人进行追诉。该法典第 274 条还规定，凡非为法律禁止的证据，在预审中均可采纳。预审法官认为需要讯问嫌犯时以及嫌犯有此要求时，应当讯问。

（一）绝对禁止

根据澳门《刑事诉讼法典》的相关规定，绝对禁止的取证方法包括：酷刑、胁迫和一般侵犯人的身体或精神的完整性。

联合国《禁止酷刑和其他残忍、不人道或有辱人格的待遇或处罚公约》第 1 条对"酷刑"作出了界定。澳门《刑法典》第 234 条第 2 款亦规定，意图扰乱被害人作出决定的能力或自由表达其意思，而使其身体或心理遭受剧烈痛苦或严重疲劳，或使用化学品、药物或其他天然或人造工具等行为，视为酷刑、残忍、有辱人格或不人道的待遇。酷刑为刑法所禁止，以此方法所获取的证据当然不得在刑事诉讼中被采用。

"胁迫"是指以暴力或重大恶害相威胁。澳门《刑法典》第 148、149 条分别规定了胁迫和严重胁迫的行为及处罚措施。胁迫构成刑法上的犯罪，以胁迫方法获取的证据亦不得被采纳。

关于"一般侵犯人的身体或精神的完整性"，澳门《刑法典》分则第一编第三章规定了侵犯身体完整性的犯罪，包括以下罪名：普通伤害身体完整性罪，严重伤害身体完整性罪，加重伤害身体完整性罪，减轻伤害身体完整性罪，过失伤害身体完整性罪，参与殴斗罪，虐待未成年人、无能力之人、配偶或使之过度劳累罪等。

此外，麻醉分析、精神催眠等方法则侵犯了人的精神完整性。英国医学会在 1955 年、美国医学会在 1958 年、美国精神医学会在 1961 年均认可了精神催眠的治疗方法，但无法称之为科学。① 不过，这里需要探讨一下的是测谎。测谎是为了确认供述或陈述的真实性，麻醉分析与精神催眠可以直接获得被讯问人的供述。葡萄牙有著者认为，使用测谎技术属于禁用取证手段的范围。但澳门有司法官指出，严格地讲，从现有法律规定中似乎并不能得出排除使用测谎技术明确且肯定的结论，测谎实际上是通过被测试人的生理及心理的反应来体现其与案件的关系，与 DNA 识别、酒精测试、尿液检测等并无本质区别。②

为了监察执法的情况，避免发生酷刑、不人道或有辱人格的事件，澳门治安警察局的公众接待处、拘留室和讯问室均设有闭路电视。此外，为了加强警务人员对禁止酷刑规定的认识，提高其守法意识，治安警察局将《禁止酷刑和其他残忍、不人道或有辱人格的待遇或处罚公约》的条文张贴在其各附属单位的告示板上，供所有前线警员查阅及了解有关条文，并在每周例行会议上向警务人员讲述禁止使用酷刑等问题。澳门司法警察局的拘留室会有指定人员定时巡查，且该设施内亦设有闭路电视，以便值日人员监察拘留室内的实时情况。此外，对于逗留在司法警察局内接受调查的人士，该局会提供必要的饮食，需要时会派员陪同赴医院就诊，并确保有关人士提出的合理请求得到满足。由于澳门第 1/2009 号法律《增加第 21/88/M 号法律〈法律和法院的运用〉的条文》的生效，2009 年司法警察局制定了《有关处理律师陪同证人、涉嫌人或嫌犯面对司法警察局调查工作的内部指引》，要求刑事侦查人员在进行调查期间让所有协助、配合和接受刑事调查工作的人，在不妨碍刑事程序正常进行的情况下，均能根据相关法律所赋予的权利取得法律信息和法律咨询，以及由律师在无须出示授权书的情况下陪同。2010 年，澳门司法警察局修订了《司法警察局内部规章》及《司法警察局值日室及 993 报案热线的工作规章》，在规范调查措施方面新增规定，要求任何刑事侦查人员在采取调查措施时，尤其是向诉讼主体进行讯问时，须严格遵守法律及有关禁止使用酷刑和其他残忍、不人道或

---

① 李复国：《精神催眠与测谎对侦讯辅助功能之探讨》，《律师杂志》1998 年第 7 期，第 77 ~ 83 页。

② 徐京辉：《惩治有组织犯罪之对策探析——澳门的相关法律与司法实践》，《行政》2002 年第 4 期，第 1176 页。

有辱人格的待遇或处罚的实体及程序规定。①

通过澳门法院的裁判文书可以了解审判机关对于非法证据的基本态度和处理方式。在 2010 年的一起判决中，上诉人提出自己是警察暴力的受害者，被上诉法院违反澳门《刑事诉讼法典》第 113 条的规定，考虑了以禁用方法获得的证据。根据案卷资料，上诉人确实在被司法警察拘留的当天、随后刑事起诉法官进行的首次司法讯问结束时提出他在司法警察局进行的讯问证据无效。当时，在刑事起诉法庭内，检察院和预审法官均认为提出的问题不存在，原因是案卷内并未载有被告任何声明或讯问笔录。尽管如此，预审法官命令立即把上诉人送往医院进行医学检验，以便查明其是否受伤及受伤原因。上诉人从未指出哪项证据是通过禁用手段获得的。上诉人首次司法讯问时提出证据无效，是指其在司法警察局进行的讯问。但是，除了成为嫌犯、扣押、搜查和搜索笔录以及身份资料声明书之外，上诉人在司法警察局没有再签署其他文件，卷宗也未载有任何上诉人在司法警察局提供声明的笔录。这样，法庭当然不可能以上诉人在司法警察局提供的声明作为形成心证的基础，第一审合议庭裁判已表明这一点。这样，在本案中显然不存在证据无效。②

再如，在没有辩护人的援助下录取的供未来备忘用之声明笔录违反了澳门《刑事诉讼法典》第 53 条第 1 款 f 项及第 253 条的规定，不符合澳门《刑事诉讼法典》第 337 条第 2 款 a 项的规定，不能在审判听证中宣读。原审法院在庭上宣读了未依法采集的证人供未来备忘用的声明，并以此作为形成心证的证据之一，在审查证据方面违反了限定证据价值的规则，尤其是澳门《刑事诉讼法典》第 53 条第 1 款 f 项、第 253 条及第 337 条第 2 款 a 项的规定，在审判中采用了禁用证据。因此，原审判决在审查证据方面确实有明显错误的瑕疵，而有关瑕疵亦影响整个诉讼目标事实的认定，应依法将卷宗送回初级法院，以便对整个诉讼目标重新审判。③

---

① 联合国禁止酷刑委员会审议缔约国根据《禁止酷刑和其他残忍、不人道或有辱人格的待遇或处罚公约》第 19 条提交的第五次定期报告之《澳门特别行政区的履约报告》，2012，载联合国人权高级专员办公室网站，http://docstore.ohchr.org/SelfServices/FilesHandler.ashx?enc＝6QkG1d％2FPPRiCAqhKb7yhslEE2YuVt8GA5WKG3GEX％2BZE8xeh2Tbk％2BZuUT8b1Qo8byU2ysMXwS5Fv9fhkij％2Fz2a2YmfKLr3LGJ％2BGcOKIavHxRVoi05rAkwuTzdRhVHuv％2By，最后访问日期：2020 年 1 月 1 日。

② 澳门特别行政区终审法院第 27/2010 号刑事诉讼程序上诉案裁判书。

③ 澳门特别行政区中级法院第 623/2010 号刑事诉讼程序上诉案裁判书。

此外，关于利用"可靠之人"取证的方式，澳门中级法院曾指出，"可靠之人"的概念应按照其广义来理解，包括与正式刑事追诉机关合作并获得承诺对其身份及活动保密的全部证人。其中，涉及私人和正式机关的人员，尤其掩饰身份进入犯罪世界或与之产生联系的警察（便衣警察、卧底警察或渗透警察），哪怕仅限于搜集情报，也是其诱使而作出犯罪行为。作为出发点，求诸可靠之人通常构成一种欺骗手段。然而，根据澳门《刑事诉讼法典》第113条第1款 a 项，这并不意味着诉诸可靠之人永远且绝对属于禁用证据的范畴。在所有情形中，原则上只有那些可能将嫌犯置于一种与其他禁用取证方法相同的胁迫情形中的欺骗手段，才应视为禁用方法。因此，如果可靠之人的参与仅以打击犯罪为目的，应坚持不予接受。但如果可靠之人的参与是基于排他性或主导性的预防目的，至少就针对侵害生命有具体且立即的危险，或意味着第三人的身体完整性将受到严重牺牲的危险，则可容许可靠之人参与。当通过可靠之人对可能有的行为人进行通缉，属于镇压或瓦解恐怖主义、暴力犯罪或高度有组织犯罪的计划时，便是其具体体现。①

（二）相对禁止

根据澳门《刑事诉讼法典》的相关规定，相对禁止采用的取证方法包括在未经有关权利人的同意下，通过侵入其私人生活、住所、函件或电讯而获得的证据，这类证据亦为无效，但属法律规定的情况除外。之所以是"相对禁止"，是因为在未经有关权利人的同意下，此类证据才是禁用的，且存在法定例外情形。意图破坏他人的私人生活，泄露与他人家庭生活或性生活隐私有关的事实，根据澳门《刑法典》第186条可被科处刑罚，涉及的犯罪行为包括：未经同意截取、录音取得、记录、使用、传送或泄露谈话内容或电话通讯；未经同意以相机摄取、获取或泄露他人的肖像；偷窥在私人地方的人或窃听其说话；以及泄露关于他人的私人生活或严重疾病的事实。

三 关于瑕疵证据

非法证据与瑕疵证据是不同的，主要在于违法程度的差别。非法证据

---

① 澳门特别行政区中级法院第 242/2001 号刑事诉讼程序上诉案裁判书。

是由于取证程序存在严重违法情形而导致证据被排除；瑕疵证据则是存在取证程序上的轻度违法，未必导致证据的直接排除，而是要求侦查人员予以补正或作出合理解释，并由法官决定是否采信。瑕疵证据补正规则的核心目的在于保证裁判中认定事实的精确性，与保障人权等价值目标并无直接关系，因此排除瑕疵证据的法院裁判也不具有道德谴责和程序制裁的意味，仅仅是为了保证真实的发现。① 澳门相关法律并未明确规定瑕疵证据问题，法官可以遵从自由心证。2010 年最高人民法院、最高人民检察院、公安部、国家安全部、司法部联合发布了《关于办理死刑案件审查判断证据若干问题的规定》和《关于办理刑事案件排除非法证据若干问题的规定》，这两个证据规定确立了补救瑕疵证据的一些规则。取证程序或证据形式、内容上的轻微瑕疵不一定需要通过非法证据排除的方式禁止使用，可以通过补充完善、证据补强、重新进行、合理解释等方式进行补正，否则，可能影响裁判的顺利进行和实体公正的实现。2019 年《人民检察院刑事诉讼规则》第 70 条规定，收集物证、书证不符合法定程序，可能严重影响司法公正的，人民检察院应当及时要求公安机关补正或者作出书面解释；不能补正或者无法作出合理解释的，对该证据应当予以排除。对公安机关的补正或者解释，人民检察院应当予以审查。经补正或者作出合理解释的，可以作为批准或者决定逮捕、提起公诉的依据。

四　毒树之果规则

在美国证据法中，违法搜集的证据被看成"毒树"，通过此类证据发现的其他证据则被视为"果实"，因违法证据的波及效果，由此获得的其他证据也应排除其证据能力，这就是所谓的"毒树之果"规则（the fruit of the poisonous tree doctrine）。毒树之果规则是在美国 1920 年西尔夫索恩诉合众国一案中确立的，法庭在该案判决中指出，非法获取的证据不应被用来获取其他证据，因为最初非法获取的证据已经腐蚀、污染了随后获取的所有其他证据。② 不过，为了避免放纵犯罪，后来美国联邦最高法院为这一规则确定了三项重要例外：一是微弱联系的例外；二是独立来源的例外；三是

---

① 易延友：《瑕疵证据的补正与合理解释》，《环球法律评论》2019 年第 3 期，第 19 页。
② Rolando V. Del Carmen, *Criminal Procedure: Law and Practice*, California: Wadsworth Publishing Company, 2013, pp. 60 – 61.

不可避免的发现。① 但是同属英美法系的英国，与大多数国家一样，将相关证据交由法官进行裁量。

在大陆法系，德国的证据禁止理论中有类似于"毒树之果"理论的"波及效应"理论。② 不过，德国联邦最高法院就放射效力问题，可谓"酌采"毒树之果理论，其方法是不折不扣的权衡理论。③ 其判例通常认为，从非法取得的信息派生的证据是可采的。④《瑞士刑事诉讼法》第141条第4款规定证据禁止的放射效力，不只是违法取得的（第一次）证据无证据使用能力，通过该（第一次）证据才可能取得的（第二次）证据也应无证据使用能力。不过，瑞士司法裁判也在尝试限缩证据禁止的放射效力。⑤ 一律排除"毒树之果"显然不利于惩罚犯罪。中国亦没有采取"毒树之果"原则。《最高人民法院关于适用〈中华人民共和国刑事诉讼法〉的解释》第106条规定："根据被告人的供述、指认提取到了隐蔽性很强的物证、书证，且被告人的供述与其他证明犯罪事实发生的证据相互印证，并排除串供、逼供、诱供等可能性的，可以认定被告人有罪。"值得一提的是，巴西虽然属于大陆法系，但其规定了类似美国的毒树之果规则。《巴西刑事诉讼法》第157条规定，非法证据不予采纳；违反宪法或法律规定而取得的证据属于非法证据，应当从卷中抽出。派生自非法证据的证据同样不予采纳，但两者之间不存在因果关系或派生证据可通过独立来源取得者除外。独立来源是指按照调查或刑事预审本身的典型和惯常程序，有关来源本身可独自导向属于证明对象的事实。在命令将经宣告不被采纳的证据抽离卷宗的裁判作出后，经宣告不被采纳的证据应通过司法裁决决定销毁，并赋予当事人跟进有关附随事项的权利。

在澳门，相关法律没有对此作出明确规定。一般而言，证据无效将使有关证据不能在有关诉讼程序中被采纳或被使用，通过该无效证据而获得的其他证据一般也不能在诉讼程序中被采用，以遏制不法取证现象。法律之所以规定违反澳门《禁毒法》第31条第3款规定将产生导致证据无效的

---

① 陈瑞华：《刑事证据法学》（第二版），北京大学出版社，2014，第136页。

② 齐树洁主编《英国证据法》，厦门大学出版社，2002，第151～156页。

③ 林钰雄：《德国证据禁止论之发展与特色》，载林钰雄《干预处分与刑事证据》，北京大学出版社，2010，第219页。

④ 龙敏：《德国证据禁止制度简述》，《人民法院报》2019年9月20日第08版。

⑤ 〔瑞士〕Sabine Gless：《法定证据使用禁止——瑞士是先驱?》，王士帆译，《月旦法学杂志》2017年总第265期，第251页。

严重效果，原因是立法者认为有必要对刑事警察当局的调查行为或行动进行监察，由有权限司法当局审查有关调查行为或行动是否合法有效，避免及控制刑事警察当局在调查过程中作出不合规范的调查行为。[①] 为了统一适用标准，澳门将来修法时应作出规范。

五　关于非正式谈话

澳门《刑事诉讼法典》第 337 条第 7 款是一个阻止性规定。曾接收嫌犯声明的刑事警察或参与收集该等声明的其他人，均不能就嫌犯声明的内容以证人身份接受询问，以保障嫌犯的权利，避免法律不允许宣读的声明被通过嫌犯声明知悉事实的证人所间接确认。相应地，禁止法院基于这种证人证言形成心证。[②] 澳门终审法院亦在裁判中对该条款作出了阐释，即其立法原意是防止违反关于禁止在听证中宣读先前声明的规定。如果曾收集有关声明的警员就该声明的内容以证人身份接受询问，禁止宣读的规定就变成了一纸空文。不过，对于被告与警员之间的非正式谈话，应区分情况处理。就其中应遵守禁止就被告向刑事警察机关作出的声明内容询问该机关这一规则的谈话，与不得适用这一规则的谈话进行区分。被告在刑事警察机关录取的声明之外，所作的最终未加载卷宗的声明都受到有关禁止原则的保护。被告在被拘留或事实重演时向警员所作的承认犯罪或透露其作案手法、隐藏犯罪物品或受害人尸体的地点的交代，均可成为警员在听证中的证言，并由法院考虑其价值。在警员录取声明的过程中，如果被告承认犯罪，但要求对该声明不作记录，那么在听证中就这一点应禁止对警员进行询问，因为被告特意提出不希望有关声明加载卷宗。在本案中，被告携带装有毒品的行李箱，以现行犯身份被当场抓获，承认该行李箱是他的且知道里面装了什么，因而没有任何理由扩大禁止就被告声明内容询问警员的范围，该声明是被告在不受警员任何胁迫、欺骗且与询问笔录完全无关的情况下作出的。[③] 在另一起案件中，澳门中级法院也表达了类似观点。本案上诉人在观看录像时对警员所作的声明是在不受警员任何胁迫、欺骗且与询问笔录完全无关的情况下作出的，有关司警人员并不是正式录取上

---

① 澳门特别行政区中级法院第 924/2015 号刑事诉讼程序上诉案裁判书。
② 澳门特别行政区中级法院第 143/2002 号刑事诉讼程序上诉案裁判书。
③ 澳门特别行政区终审法院第 17/2016 号刑事诉讼程序上诉案裁判书。

诉人声明的警员，因此，有关谈话并不属于澳门《刑事诉讼法典》第337条第7款所禁止的范围。[①] 可见，在一定前提下，嫌犯与警察的非正式谈话可以有条件地合法使用，并不会被法院视为违反沉默权原则或者直接言词原则。

六　澳门证据禁用规则之检讨

总的来看，澳门证据禁用规则基本达到了立法目的，起到了保障人权的作用，对侦查机关也形成了监督制约，但有关制度设计仍有一定的缺憾。

（一）违法情形有待补充

日本1978年以前的判例认为，扣押、收集程序违法不会改变物体的性质和形态，因而不会改变其作为该种形态的证据价值。1978年，日本最高法院在判决中宣示，在符合以下条件时，应否定非法搜查、扣押取得的证据：①在证物的收集程序上存在忘却宪法及刑事诉讼法规定的令状主义的重大违法；②从抑制将来违法侦查的角度来看，将该证物作为证据是不适当的。[②]《中华人民共和国刑事诉讼法》第54条明确规定："采用刑讯逼供等非法方法收集的犯罪嫌疑人、被告人供述和采用暴力、威胁等非法方法收集的证人证言、被害人陈述，应当予以排除。收集物证、书证不符合法定程序，可能严重影响司法公正的，应当予以补正或者作出合理解释；不能补正或者作出合理解释的，对该证据应当予以排除。"相比之下，澳门的证据禁用侧重于言词证据，忽略了实物证据的违法取证情形，应予以补充明确。

（二）禁用例外应当列举

美国的非法证据排除规则存在若干例外情形。第一，独立来源理论，即允许法院采纳警方从单独、独立的来源处通过非法搜查所独立获得的证据。第二，必然发现理论，即允许法院采纳未经由违宪来源也必然会被发现的证据。第三，因果关系减弱理论，即当违宪的警察行为与证据之间关

---

① 澳门特别行政区中级法院第1118/2017号刑事诉讼程序上诉案裁判书。

② 宋英辉：《日本刑事诉讼法简介》，载《日本刑事诉讼法》，宋英辉译，中国政法大学出版社，2000，第31页。

系遥远，或二者关系因某种介入因素中断时，"宪法所保护的利益不会因排除该证据而得到保障"。[①] 对非法证据一律禁用，未免过于苛刻，不利于查明案件真相，还可能放纵犯罪。因而，总结诉讼经验，增加禁用的例外情形对澳门来说也是必要的。

（三）排除程序存在缺失

澳门《刑事诉讼法典》第 125 条规定了询问规则。该法典第 336 条还规定，未在听证中调查或审查的任何证据，在审判中均无效，尤其是在法院形成心证上无效力，除非法律规定容许在听证中宣读的诉讼文件中所载的证据。综上，证据必须在法庭上经过双方对质，由法官评价形成心证。澳门终审法院曾指出，应依职权审理关于禁用证据的问题，该等问题只有在终局裁判转为确定后才能被排除。[②] 然而，目前澳门《刑事诉讼法典》对排除的具体操作程序缺乏明确规定。例如，排除程序何时进行？检察官和法官如何处理？举证责任由谁承担？嫌犯承担何种责任？证明标准如何？等等，这些问题在立法中均找不到答案。对此，澳门可以借鉴其他法域的有关规定。早在 2010 年，最高人民法院、最高人民检察院、公安部、国家安全部、司法部就联合颁布了《关于办理刑事案件排除非法证据若干问题的规定》；2012 年《中华人民共和国刑事诉讼法》第二次修正时，还特别完善了非法证据排除规则，其中详细规定了非法证据排除的程序性规则，即第 56 条的法庭调查、第 57 条的证明责任和第 58 条的判定标准，以保证该规则得到有效的落实。

（四）私人违法取得证据的效力

除了追诉机关，私人取证亦可能违法，那么，相关证据是否禁用？该问题的关键在于刑事诉讼上的证据禁用规则乃是规范和约束公权力机关的行为，而不是私人行为。因此，通说认为，私人违法取得的证据原则上没有禁用的法理。当然，此问题也存在一定争议。

英美法系一般认为非法证据排除规则是为了遏制公权力机关违法取证；在私人不法取证的情形中，可通过民事求偿或刑事追诉达成吓阻效果，未

---

① 俞伟：《非法证据排除规则的例外——犹他州诉斯特里夫案》，《苏州大学学报（法学版）》2016 年第 4 期，第 146 页。

② 澳门特别行政区终审法院第 17/2016 号刑事诉讼程序上诉案裁判书。

必需要排除非法证据，除非触犯了刑法中的相关罪名。不过，如果私人以强暴、胁迫等非和平方式取得陈述，则可能严重侵犯其他人的合法权益，且容易导致虚伪陈述，此时应排除其证据能力。① 美国联邦最高法院在Burdeau案②中作出了指导性判决，其主张私人的搜索或扣押不在美国宪法第四增修条款的范围内，此后法院见解一般认为私人违法取证不适用证据排除法则。

大陆法系通常设置了相关证据制度解决这一问题，同时赋予法官采用裁量权。德国目前学说与实务的走向是，如果法院使用该证据的行为，将构成另一次自主性的基本权侵害，则该证据应当禁用，例如，在极端违反人性的案例中，私人以强暴、胁迫的方法取得证据时，法院应基于人性尊严的保障，例外禁止使用该证据。③ 可见，德国的这一见解较好地平衡了打击犯罪和保障人权两个目的。在台湾地区，私人录音、录像取得的证据应受"刑法"第 315 条与"通讯保障及监察法"的规范，私人违反此规范所取得的证据应予排除。台湾地区"通讯保障及监察法"第 29 条第 3 款规定，监察者是通讯一方或已事先取得通讯一方同意，不是出于不法目的，则不罚。台湾学者提出，法院在审理程序中使用该私人不法取得证据的行为本身，是否单独构成一次自主性的基本权侵害？法官首先应该通过证据能力的概括规定，取得司法续造的基础；其次，法官解释、运用该概括规定时，必须就个案审查，依照比例原则进行权衡。④

1995 年《最高人民法院关于未经对方当事人同意私自录制其谈话取得的资料不能作为证据使用的批复》（法复 1995 第 2 号）明确规定，未经对方当事人同意私自录制其谈话，是不合法行为，以这种手段取得的录音资料不能作为证据使用。《最高人民法院关于适用〈中华人民共和国民事诉讼法〉的解释》第 106 条规定，对以严重侵害他人合法权益、违反法律禁止性规定或者严重违背公序良俗的方法形成或者获取的证据，不得作为认定案件事实的根据。

澳门《刑法典》第二卷第一编"侵犯人身罪"第七章"侵犯受保护之私人生活罪"规定了"侵入私人生活罪"（第 186 条）、"侵犯函件或电讯"

---

① 吴巡龙：《私人取证》，《月旦法学教室》2013 年总第 133 期，第 38 页。
② Burdeau v. McDowell, 256 U. S. 465（1921）.
③ 林钰雄：《干预处分与刑事证据》，北京大学出版社，2010，第 202～203 页。
④ 林钰雄：《刑事诉讼法》（上册·总论编），元照出版公司，2013，第 623 页。

（第 188 条）以及"不法之录制品及照片罪"（第 191 条）。其中，"不法之录制品及照片罪"是指未经同意，将他人非公开的讲话录音，或允许他人使用该录制品；或违反他人意思，非法为他人拍摄照片或影片，或容许他人使用该等照片或影片的行为。一经判罪，可处最高 2 年徒刑或科最高 240 日罚金。根据澳门法院的相关判决，拍摄者需要在故意违反被拍摄者的意愿下才能入罪，如果不了解被拍摄者不想被拍摄的意愿而录像，则不能入罪。[①] 此外，根据澳门《打击电脑犯罪法》第 12 条第 2 款以及澳门《刑法典》第 192 条 b 项，将拍摄到的影像上传互联网的行为构成"加重不法之录制品及照片"罪，可处最高 2 年 8 个月徒刑或科最高 320 日罚金。可见，在澳门，私人取证必须十分慎重，否则，不仅所获证据无法使用，甚至可能导致拍摄者承担刑事责任。不过，这一规定是否完全合理，可能需要结合社会发展作出进一步反思。毕竟，社会生活比较复杂，在有些特殊情况下，拍照或录像可能是当事人不得已的维权手段。如何平等保护争议各方当事人的合法权益是一个值得深思的问题，不宜采取一刀切的处理方式。

第三节　自白任意性规则

被追诉者对被指控犯罪的全部或部分承认称作"自白"，相当于"供述"或"口供"等概念。根据无罪推定原则、非法证据排除规则等方面的要求，被追诉者的自白应该是自愿的，而不是出于酷刑、胁迫等违背本人意愿的原因。

一　自白的含义

在英语国家，自白通常用"confession"（供述）或"admission"（承认）表达，两者只有微妙的差别，"confession"一般指完整和详细的陈述，"admission"则相当于"认罪"，是对指控的犯罪予以承认，但未必对所认犯罪作

---

① 澳门特别行政区中级法院第 14/2011 号刑事诉讼程序上诉案裁判书。

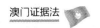

出具体、详细的陈述，往往是就部分事实而不包括犯罪意图的陈述。① 依据先后顺序，自白可能产生于以下三种场合：警察讯问程序、传讯程序和法庭审判程序。② 自白在刑事证据体系中的地位特殊，有时具有一定的证据价值，但过分依赖自白往往会造成事实真相的扭曲。③ 被追诉者自己最清楚有无犯罪，但是由于和案件有利害关系，其言未必为真。从人趋利避害的本能来看，一般来说，无罪之人不会承认自己犯罪。但是，在极个别的情况下，也不能排除这种可能。即使有罪之人作出的自白，也是真真假假，且随着诉讼进程的推进，还会出现反反复复的情况。

二 自白任意性的要求

《日本刑事诉讼法》第 319 条规定，出于强制、拷问或者胁迫的自白，在经过不适当的长期扣留或者拘禁后的自白，以及其他可以怀疑并非出于自由意志的自白，都不得作为证据。不论是否被告人在公审庭上的自白，当该自白是对其本人不利的唯一证据时，不得认定被告人有罪。前两款的自白包括对起诉的犯罪自认有罪的情形。台湾地区"刑事诉讼法"第 156 条也有类似规定。被告自白非出于强暴、胁迫、利诱、诈欺、疲劳讯问、违法羁押或其他不正当方法，且与事实相符者，得为证据。被告或共犯的自白不得作为有罪判决的唯一证据，仍应调查其他必要证据，以察其是否与事实相符。被告陈述其自白系出于不正当方法，应先于其他事证而为调查。该自白如系经检察官提出，法院应命检察官就自白出于自由意志，指出证明方法。被告未经自白，又无其他证据的，不得仅因其拒绝陈述或保持缄默，而推断其罪行。总之，自白任意性的要求强调自白的自愿性，体现了对人的自由意志的尊重。

三 澳门法中的自白规则

《澳门基本法》第 28 条第 4 款明确禁止施行酷刑或予以非人道的对待。

---

① 张建伟：《自白任意性规则的法律价值》，《法学研究》2012 年第 6 期，第 165 页。
② 魏晓娜：《非法言词证据认定路径的完善》，《人民检察》2017 年第 18 期，第 10 页。
③ 王兆鹏：《审判阶段缄默权之理论研究（上）》，《月旦法学杂志》1996 年总第 16 期，第 97~98 页。

联合国《禁止酷刑和其他残忍、不人道或有辱人格的待遇或处罚公约》同样适用于澳门。澳门《刑法典》第 234～237 条亦规定酷刑及其他残忍、有辱人格或不人道的待遇是犯罪行为。澳门《刑事诉讼法典》的证据禁用规则也体现了自白任意性的要求。

第四节　传闻证据规则

传闻证据规则最早起源于英国，在 16 世纪就有其被用于司法审判的记载，到 18 世纪发展到达鼎盛时期。① 传闻规则与英美法系陪审团制度、当事人主义的模式有密不可分的关联，注重当事人与证据的关系，为避免误判和维持审判的公平公正，必须使当事人尤其被告能够直接推敲原证据的可靠性。② 为了避免在提供理由时面临麻烦，法官通常仅在无法获得原始证据或者需要对直接的口头语言进行补强的时候，才会使用传闻证据。③ 不过，传闻规则可能导致一些不具争议的证据不被采纳，也没有考虑由于特别原因无法出庭的证人，从而影响判决的公正性。因此，如今英美法系的传闻规则也发展了大量例外情形。

一　传闻证据的含义

英国学者 Hegdonn 将传闻证据界定为：不在法庭上作证的证人所作的明示或默示的事实肯定以及没有证人作证时向法院提出的文书上所载的事实肯定。④ 传闻陈述之所以不能作为证据，是因为其涉及两个人的知觉、记忆、表达瑕疵，且不能以具结或诘问的方式予以克制。被告以外之人在审判外的陈述，有如下危险，所以原则上不得作为证据：①审判外的陈述者未具结；②审判外陈述未经交互诘问；③裁判者无法亲自观察审判外陈述中的言行举止；④审判外陈述可能被断章取义摘录，而非陈述的全部，导

---

① 程衍：《传闻证据规则的特点及价值》，《人民法院报》2018 年 11 月 23 日第 08 版。
② 黄东熊：《刑事诉讼法研究》（第三册），元照出版公司，2017，第 2 页。
③ 〔美〕米尔吉安·R. 达马斯卡：《比较法视野中的证据制度》，吴宏耀等译，中国人民公安大学出版社，2006，第 281 页。
④ 沈达明：《英美证据法》，中信出版社，1996，第 100 页。

致裁判者未听到全部陈述。① 此外，就当事人主义的诉讼制度而言，勘验笔录和鉴定报告，因侧重当事人与证据间的关系，不论是在侦查中还是审判中做出的，性质上是书面陈述的一种，属于传闻证据，应受传闻法则的规范。② 在香港，传闻证据是指作供者在法庭上转述证人的陈述，或基于第三者的资料来指证某一事实的证供。在上述情况下，由于律师无法盘问原证人，难以验证证据的可靠性，刑事审讯不接纳传闻证据。根据香港《刑事诉讼程序条例》第 221 章第 79C 条第 6 款 A 项，若录像记录获接纳为证据，须传召事主出庭。

英美法系以外的国家或地区并不是不知道传闻证据的危险性，但是很少排除传闻证据，一般没有直接规定传闻证据规则，而是规定审判中的直接言词原则。例如，德国的法庭有职责在其权力范围内尽一切力量查明真相：①卷宗的内容不得作为裁判的依据；②所有在审判程序外获得的资料来源均不得作为判决的基础；③书证的影印本具有较小的证据价值；④法官必须能够时时洞悉诉讼过程；⑤形成法官心证的所有证据的调查，应当在法庭上以口头方式进行；⑥在审理过程中更换法官时，必须重新开始公开审理程序。③ 即使规定了传闻证据规则的国家，也设置了大量例外情形。例如，在日本，传闻证据规则的例外是如此频繁出现，大多数案件的关键证据不是来自证人，也不是来自开庭过程中的口头作证，而是来自侦查期间制作的案卷，而彼时辩方律师的活动则严重且合法地受到限制。④ 大陆法系对待传闻证据的处理方式与职权主义审判有很大关系。

澳门法律中并未明确规定传闻证据规则，只规定了直接言词原则。传闻法则与直接言词原则的作用一样，均旨在排除可信性甚低的二手供述。⑤ 澳门《刑事诉讼法典》第 115 条规定："须向证人询问其直接知悉且为证明对象之事实。"这一规定有两层含义：一是应尽可能使用原始证据；二是审查证据应尽可能采用口头方式，让诉讼主体直接、亲身了解有关证据。澳门《刑事诉讼法典》第 116 条还规定了间接证言。如证言内容来自听闻某

---

① 王兆鹏：《刑事诉讼讲义》，元照出版公司，2010，第 690 页。
② 吴灿：《勘验笔录之证据能力》，《月旦法学教室》2018 年总第 188 期，第 26 页。
③ 沈志先主编《刑事证据规则研究》，法律出版社，2011，第 93 页。
④ 〔美〕戴维·T. 约翰逊：《日本刑事司法的语境与特色——以检察起诉为例》，林喜芬等译，上海交通大学出版社，2017，第 105 页。
⑤ 宋维彬：《传闻法则与直接言词原则之比较研究》，《东方法学》2016 年第 5 期，第 25 页。

些人所说的事情，法官可传唤其作证；如果法官不传唤其作证，则该部分证言不得作为证据，但因其死亡、事后精神失常或未能被寻获而不可能对其作出询问的，不在此限。上述规定同样适用于证言内容来自阅读某文件的证言，而有关证人不是该文件的作者。传闻证言必须说明通过何人或从何来源知悉有关事情，如果证人拒不说明或说不清证言的来源或原始陈述人，则其所作证言在任何情况下均不得作为证据。在某案中，澳门法院指出，如果单凭一份由外地警察部门撰写的警察报告就认定在澳门以外地区发生的犯罪事实，则存在审查证据方面的明显错误。[①] 澳门《刑事诉讼法典》第117条第1款也明确规定，对公众所述的事情或公开流传的谣言所作的复述，不得采纳作为证言。禁止间接证言的目的在于让法院不将那些只是转述自他人但实际上能够直接听取的证言采纳为证据方法。那些只是将听闻的事情作为基础的证人证言没有任何价值，因为使用及衡量听闻性质的证言的做法与一个具有审检分立结构的诉讼程序是不相协调的。[②] 证人作证应当是亲身行为，在任何情况下均不得通过授权人进行。

二　笔录及声明的容许宣读

澳门《刑事诉讼法典》第336条第1款规定，未在听证中调查或审查的任何证据，在审判中均无效，尤其是在法院形成心证上无效力。可见，所有陈述或声明都应在庭审中作出，一般不允许传闻证据。不过，根据该法典第337条，在听证中仅可宣读下列笔录：关于在住所内听取声明和紧急行为的笔录；或未载有嫌犯、辅助人、民事当事人或证人声明的预审或侦查笔录。

辅助人、民事当事人及证人先前所作的声明仅在下列情况下才可宣读：①供未来备忘用之声明；②检察院、嫌犯及辅助人同意宣读；③通过法律所容许的请求书而获取的声明；④听证中作出声明的人记不起某些事实时，宣读使该人能够记起该等事实所需的部分；⑤声明与听证中所作声明之间存在矛盾或分歧；⑥声明人因死亡、嗣后精神失常而不能到场。此外，听证中曾有效拒绝作证的证人在侦查或预审时所作的证言，在任何情况下均

---

① 澳门特别行政区终审法院第12/2015号刑事诉讼程序上诉案裁判书。
② 澳门特别行政区终审法院第41/2012号行政司法上诉案裁判书。

被禁止宣读。曾接收不可宣读声明的刑事警察机关，以及曾以任何方式参与收集声明的任何人，均不得就该声明的内容以证人身份接受询问。宣读的容许及其法律依据须载于记录中，否则无效。

值得一提的是，澳门《有组织犯罪法》规定了一些特殊规则，在某种程度上扩大了传闻证据的采纳范围，旨在加大对于有组织犯罪的打击力度，同时防止有关证人因害怕报复而不敢作证。例如，被害人、辅助人、证人、鉴定人或民事当事人的声明，即使已向刑事警察机关作出，如果与听证中的声明存在明显矛盾或分歧，也可在听证中宣读。在公众可进入的地方，即使是在保留专用的地方所取得的信息、录像或磁带录音的记录，也可接纳为证据。

关于嫌犯声明的宣读，立法上也是严格规范的。为了保障嫌犯的沉默权，也是为了确保直接言词审理原则，根据澳门《刑事诉讼法典》第338条，只有在下述两种情况下，才容许宣读嫌犯先前作出的声明：①应嫌犯本人的请求，不论声明是向何实体作出的；或②如果该声明是向法官或检察院作出的，且与听证中的声明存有矛盾或分歧。澳门法院曾在裁判中指出：对宣读被告先前陈述的条件应作限制性解释，以便配合在被告不出席听证时，允许经相关辩护人声请，宣读其陈述。[①] 这一立法及实践体现了对被告人合法权益的充分保障，同时也兼顾了个案中的特殊需要。

三　传闻证据规则的新发展

在英美法系中，传闻规则存在诸多例外，使得该规则更加复杂。传闻规则的例外是指不直接排除传闻证据，而是根据其他证据规则具体考察，相关情形一般可归纳为以下10种：①自白与自认；②公文书与官方记录文件；③形成于正当业务活动的书面文书，如商业活动、教学、行政管理等；④临终前的陈述；⑤自然发生的语言；⑥附随情况，即同主要事实一起发生的其他现象；⑦关于精神状态和身体状况的陈述；⑧陈述笔录；⑨学术论文；⑩评定意见，包括关于家属血缘关系的陈述。[②] 美国也没有僵化适用传闻证据规则，而是受到29个例外和8个豁免的约束，据此，许多类型的传闻陈

---

① 澳门特别行政区中级法院第8/2005号刑事诉讼程序上诉案裁判书。
② 陈浩然：《证据学原理》，华东理工大学出版社，2002，第287页。

述都具有可采性。① 加拿大及新西兰亦设定了"必要性"和"可靠性"两种测试，如果通过这些测试，传闻证据也可予以接纳。在加拿大1993年的一起著名案件 Regina v. B. （K. G. ）② 中，几名十来岁的证人声称自己说了谎，加拿大最高法院在其1993年的判决中采纳了这些证人先前的不一致陈述。最高法院在本案中对警察讯问时的录像表示嘉许，称之为司法历史上的"里程碑"，录像使无法监测传闻陈述和无法评价陈述者可信性的危险大为降低。③ 在日本，确认是否为传闻例外的根据有以下两个方面：一是可信性情况的保障；二是使用该传闻证据的必要性，例如，在陈述人死亡、所在不明、居住在境外等不能到庭的情况下，不能给对方提供反诘问的机会，但没有其他证据可以代替该证据。这两要件相互补充并成反比例关系，即一个要件极力补充时，另一个要件即可放宽。④ 可见，为了克服传闻规则带来的弊端，很多国家在不断调整该规则的适用范围，通过发展大量的例外情形，避免极端化的排除方式影响司法公正的实现。

香港法律改革委员会在研究报告中指出，现有的传闻证据规则过于严格和欠缺弹性，或导致一些按日常生活标准被视为准确和可靠的证据被排除，因而建议不相关且不可靠的传闻证据应予排除，但如有必要，则相关和可靠的传闻证据应以可理解和有原则的方式被接纳为证据。具体建议如下：赋予法庭酌情决定权，在信纳"有必要"和"可靠"的情况下，接纳传闻证据。同时，应给予更大空间在特定情况下接纳传闻证据。传闻证据在以下情况应予以接纳：①属于现有法定例外规定的范围之内；②属于会被保留的普通法例外规定的范围之内；③案中各方同意；或④法庭信纳有必要接纳传闻证据和信纳传闻证据可靠。⑤ 可见，传闻证据的范围和例外情形一直广受争议，随着社会发展亦有调整的需要。

此外，针对医疗纠纷，有些地区还提出了"道歉法则"。例如，台湾地

---

① 〔美〕罗纳德·艾伦等：《证据法：文本、问题和案例》，张保生等译，高等教育出版社，2006，第453页。

② R. v. B. （K. G. ），［1993］1 S. C. R. 740.

③ 〔加〕玛丽安·K. 布朗：《澳大利亚、新西兰、香港、加拿大传闻法律改革及酝酿中的改革——以"先前不一致陈述"为重要视角》，刘玫、初殿清译，《证据科学》2008年第6期，第749页。

④ 〔日〕土本武司：《日本刑事诉讼法要义》，董璠舆、宋英辉译，五南图书出版有限公司，1997，第350页。

⑤ 香港法律改革委员会：《刑事法律程序中的传闻证据报告书》，2009年11月，第21页。

区"医疗处理法草案"第 7 条规定："……说明、沟通、提供协助或关怀服务……所为遗憾、道歉、让步或为缓和医病紧张关系所为之其他陈述，不得采为相关行政处分、诉讼之证据或裁判基础。"在法律上，道歉的内容是传闻证据。"道歉法则"的内容包括以下 7 项元素：①道歉的定义、司法系统的适用和受保护的道歉陈述，例如，怜悯、懊悔、过错、过失等；②道歉并不构成表达或暗示承认有过错或责任；③道歉不构成确认行动的原因或承认主张；④道歉对保险给付并不违反、损及或引起任何保险契约的影响；⑤道歉并非相应确定责任；⑥道歉在民事诉讼中并非承认有责任的证据；⑦道歉的主题即法律规范的范围，例如，医疗、交通意外等。① 如今，人们对身体健康日益关注，医疗纠纷多发，而此类证据比较复杂，相关证据规则亦有待作出专业化和系统化的规定。

总体而言，与上述国家和地区相比，澳门对于直接言词原则的贯彻还是比较彻底的，虽然有利于确保审判的公正性，但是缺乏灵活性。在宣读笔录及声明方面，其实可以作出若干例外规定，例如，日本和香港提出的"必要性"和"可靠性"标准，值得借鉴。否则，可能在个案中影响案件事实的查明，也不利于维护当事人的合法权益。

第五节　意见证据规则

意见证据是指证人在发表证言时对有关争议事实的观点、信念、推论、猜测、判断等，这些意见不同于证人对案件事实的亲身感知，更不是案件事实本身。根据意见证据规则，证人的意见超越证人的职能范围，因而意见证据应予以排除。

一　意见证据规则的理论基础

意见证据规则的理论基础在于证人职能与裁判职能的区别。证人只能就其亲身感知的案情进行如实陈述，不能发表缺乏事实基础的观点或评论、法律问题的意见等，因为提出看法或作出推断等是裁判者的职能。当然，

---

① 陈伟熹：《道歉法则》，《医疗品质杂志》2019 年第 4 期，第 64～65 页。

有时候事实与意见的区分并不明显。美国一位法官曾说，意见与事实只是程度上的一种区别。① 因此，裁判者需要细细甄别，避免证人的意见干扰自己的判断。

二　意见证据规则的内容

英美法系通常将证人分为普通证人和专家证人。普通证人只能就自己感知的案件情况进行陈述，不得发表推论、推测或者判断；但是专家证人恰好相反，应当根据其专门知识或技能对案件的专门性问题发表专业意见。根据英国 1975 年特纳案（R. v. Turner）所称，专家证人的意见证据规则是由曼斯菲尔德勋爵（Lord Mansfied）在 1782 年的福克斯案（Folkes v. Chadd）中确立的，即科学人员在其科学领域内可根据已被证明的事实提供意见，凡是有关科学的问题，不能传唤其他证人。② 澳大利亚法律没有对专家证人的资格问题作出明确规定，证人能否以专家的身份在法庭上就案件涉及的相关事实提供意见证据，属于法官自由裁量权的范围。③《澳大利亚联邦法院操作指引》规定，专家证人不是当事人的辩护人，其最重要的职责是对法庭负责，而不仅对其当事人负责。④ 香港《证据条例》第 58 条第 2 款规定了意见证据可被接纳的情形。凡任何人被传召在民事法律程序中作证人，而该人并不合资格就某项有关联的事宜的意见陈述，如为传达其亲身所察觉的有关联的事实而作出，可接纳为其所察觉的事实的证据。

在大陆法系中，一般没有所谓的专家证人，而是规定了鉴定人制度。鉴定人不同于专家证人，其职业准入、管理、出庭等要求一般比较严格。《日本刑事诉讼法》规定证人只能就自己体验的事实提供证言，但是根据该法第 156 条，证人可以供述根据实际经历过的事实推测的事项。《巴西刑事诉讼法》第 213 条规定，法官不能允许证人表达个人判断，但与事实的叙述密不可分者除外。中国 2019 年《最高人民法院关于民事诉讼证据的若干规定》第 72 条第 1 款规定："证人应当客观陈述其亲身感知的事实，

---

① 高忠智：《美国证据法新解——相关性证据及其排除规则》，法律出版社，2004，第 147 页。

② 樊崇义、吴光升：《鉴定意见的审查与运用规则》，《中国刑事法杂志》2013 年第 5 期，第 4 页。

③ 季美君：《澳大利亚专家证据可采性规则研究》，《证据科学》2008 年第 2 期，第 149 页。

④ 龙敏：《澳大利亚专家证据规则的特点》，《人民法院报》2019 年 2 月 1 日第 08 版。

作证时不得使用猜测、推断或者评论性语言。"台湾地区"刑事诉讼法"第 160 条规定，证人的个人意见或推测之词，除以实际经验为基础者外，不得作为证据。其立法理由是保障被告利益，真实求证。

澳门《刑事诉讼法典》第 117 条规定，对公众所述之事情或公开流传之谣言所作之复述，不得采纳作为证言。就有关事实的纯属个人确信的表述或对该事实的个人理解，仅在下列情况下及在该情况所指的严格范围内方可采纳：①该表述或理解不可能与就具体事实所作的证言分开；②基于任何科学、技术或艺术方面的原因而作出该表述或理解；③在法官确定可科处的刑罚或保安处分时作出该表述或理解。可见，澳门立法对意见证据并没有采取单一化的处理方式，而是区分情况灵活对待，能够满足司法实践的不同需要。《葡萄牙刑事诉讼法典》第 130 条也有类似的规定。

第六节　最佳证据规则

在所有证据规则中，最佳证据规则可以说是最古老的一个规则。该规则在功能上主要是防止对事实的扭曲、对当事人的欺诈以及可能产生的误导。① 英国学者吉尔伯特在其 1754 年出版的划时代著作《证据法》中写道：与证据相关联的第一个也是最重要的一个规则就是，人们必须有适合于事实性质的最佳证据；法律的设计就是要对权利状态的认识达到刚性的确实性并进而主张，以旨在正确查明案件事实的最佳证据规则为理念和主线，制定并建构证据规则体系。② 现代影印技术等的发展使复制件的精确度更有保障，法庭也越来越倾向于将复制件与原件仅在证明力上作区分。③ 在美国，该规则仅适用于书写品、照片（影像）或录制品。通常来说，提供机械复制的副本也能满足此规定。④ 目前，澳门法律没有明确规定最佳证据规则，但是从澳门《民法典》的相关规定来看，无疑体现了该规则的要求，

① 〔美〕史蒂文·L. 伊曼纽尔：《证据法》（第四版），中信出版社，2003，第 474 页。
② 〔美〕约翰·W. 斯特龙主编《麦考密克论证据》，汤维建等译，中国政法大学出版社，2004，第 10 页。
③ 胡萌：《英国最佳证据规则的兴衰》，《人民法院报》2019 年 6 月 14 日第 08 版。
④ 〔美〕阿维娃·奥伦斯坦：《证据法要义》，汪诸豪、黄燕妮译，中国政法大学出版社，2018，第 235 页。

例如，正本的证明力是最高的。

一　适用范围

最佳证据原则要求诉讼当事人尽可能提供可获得的最佳证据。传统的最佳证据规则主要是针对书证，原始文件优先于其复制件。不过，随着社会的发展，最佳证据规则的内涵也在拓宽，不局限于书证，例如，对于物证来说，原物的证明力高于复制品的证明力。

普通法的法庭最关心证据质量问题，证据规范重视获得对认识意义最佳的、可合理获得的证据。[①] 出于真实性的考虑，文本必须提供原本，在作出合理说明前，其他证据形式不可采纳，从而排除不相关的证据，有利于审判的顺利进行。[②]《美国联邦证据规则》第 1002 条规定，为证明文字、录音或照相的内容，要求提供该文字、录音或照相的原件，除非本证据规则或国会立法另有规定。

大陆法系国家和地区的立法亦或多或少地体现了相关要求。例如，《德国民事诉讼法典》第 435 条规定，公文书可以提出原本或提出经认证的缮本。但缮本在认证后须具备公文书的要件；法院也可以命令举证人提出原本，或命其说明不能提出原本的原因并释明之。举证人不服命令时，法院依自由心证对该认证缮本所具有的证明力，作出判断。

二　例外情形

最佳证据规则也存在例外情形，例如，原件被损毁或遗失的、被盗窃的、不便搬运的、特别珍贵的、必须返还的、不能外借的、需要保密的、无法获取原件的、双方没有异议的等。在这些情形下，法官可以有条件地使用复制品、复制件等，但是应结合具体案情和其他证据来评价其证明力。《日本刑事诉讼法》规定，只有在法院允许的情况下，才可以用副本代替原本，但并不因此而排斥对副本的收集，副本经查证属实，可以起到与原本同样的证明作用。

---

① 吴洪淇：《阐释与理论：英美证据法研究传统的二元格局》，《华东政法大学学报》2011 年第 1 期，第 91 页。

② 齐树洁：《英国证据法》，厦门大学出版社，2002，第 400 页。

第七节　补强证据规则

英国证据法中的补强规则是指特定类型的证据必须被其他独立证据证实或佐证，以达到诸如刑事定罪的特定效果。从补强证据规则的历史来看，英国法院认为在某些犯罪中应有其他证据担保口供的真实性，裁判者不宜单凭口供定罪。这原本属于司法实践中的一项弹性原则，此后经过逐渐发展，最终演变成为严格的证据法则。① 在大陆法系中，出于对法定证据制度的反感，自由心证占据优势地位，证据补强规则只是极少的例外，甚至有的国家并无任何证据补强规则；补强基本上只针对口供，主要是基于防止偏重口供的政策因素。② 然而，随着证据规则的发展，大陆法系国家和地区也在逐步吸收补强规则的合理之处，补强的范围也不再局限于口供，尤其在刑事诉讼中，某个单一证据不得作为认定被告有罪的唯一证据，即孤证不能定案。

一　补强规则的意义

在某种意义上，补强规则是法定证据主义思维下的产物，与自由心证原则难免有些冲突。但无可否认，在现代自由心证制度下，裁判者的自由裁量带有一定的主观不确定性，尤其是针对言词证据的判断，因而需要对证明力比较弱、可信性存在高度风险的证据加以适当防范和限制，加强对自由心证的监督和约束。补强规则可以加强或支持已有证据的证明力，特别是在某些难以调查取证的案件中，有利于准确查明案件事实，防止误判。例如，性侵犯之诉容易提起，但不易反驳，补强证据规则的运用有利于减少可能产生的潜在风险，对被害人的证言必须补强，法官也必须对此进行提示。③

---

① 李学灯：《证据法比较研究》，五南图书出版有限公司，1992，第66页。
② 纵博：《"孤证不能定案"规则之反思与重塑》，《环球法律评论》2019年第1期，第154页。
③ 〔英〕罗纳德·沃克：《英国证据法概述》，王荣文、李浩译，西南政法学院诉讼法教研室，1984，第87页。

二 补强证据的范围

在刑事诉讼中，口供就是证明力相对较弱的证据。即使是自愿的口供，也可能是虚假的，因而补强是阻止冤错案件的有效防线之一。日本的补强证据规则比较发达。《日本宪法》第 38 条第 3 款明确规定："任何人其不利的唯一证据为本人口供时，不得定罪或科以刑罚。"根据《日本刑事诉讼法》第 301 条，当案件证据中有需要补强的自白时，在法庭调查中必须先调查有关犯罪自白以外的其他事实和证据，再对自白进行调查。① 《日本刑事诉讼法》第 319 条第 3 款更加明确地规定："不论被告人是否在公审庭上自白，当该自白是对其本人不利的惟一证据时，不得认定被告人有罪。"日本通说要求对罪体进行补强，罪体是从犯罪中排除犯罪主体和主观方面之后的残余部分。② 补强证据并不以证明犯罪构成要件的全部事实为必要，只要能够佐证自白的犯罪不是虚构，能保障自白的真实性即可；佐证不能直接推断出被告实行犯罪，但此项证据与自白综合判断，如果足以认定犯罪事实亦可。日本判例认为，法庭供述可作庭外口供的补强证据。③ 《韩国刑事诉讼法》第 310 条亦规定，被告人的坦白是对其不利的唯一证据时，不得作为有罪证据。台湾地区"刑事诉讼法"第 156 条第 2 款也有类似的口供补强规则。被告或共犯的自白不得作为有罪判决的唯一证据，仍应调查其他必要的证据，以察其是否与事实相符。当然，补强证据规则不只是对于口供，也适用于其他需要补强的证据，例如，被害人陈述等，只不过口供的补强更为典型。同为大陆法系的法国，则赋予自白完全的证据价值。《法国刑事诉讼法典》第 428 条规定，自白与所有证据资料相同，由法官自由判断。

一般说来，民事诉讼的证明标准低于刑事诉讼，对于补强证据的要求不高。不过，中国 2019 年《最高人民法院关于民事诉讼证据的若干规定》第 90 条明确规定："下列证据不能单独作为认定案件事实的根据：（一）当事人的陈述；（二）无民事行为能力人或者限制民事行为能力人所作的与其

---

① 李小猛：《日本刑事诉讼自白法则评述》，《人民法院报》2018 年 11 月 30 日第 08 版。

② 〔日〕松尾浩也：《日本刑事诉讼法》（下卷），张凌译，中国人民大学出版社，2005，第 38、49 页。

③ 〔日〕田口守一：《刑事诉讼法》，张凌、于秀峰译，中国人民大学出版社，2010，第 302 页。

年龄、智力状况或者精神健康状况不相当的证言；（三）与一方当事人或者其代理人有利害关系的证人陈述的证言；（四）存有疑点的视听资料、电子数据；（五）无法与原件、原物核对的复制件、复制品。"这一规定也是在总结民事审判经验的基础上正式提出的，值得注意。

三　补强证据的条件

补强证据本身必须具备证明力和证据能力，这是最基本的要求。此外，补强证据还须有独立的来源。正如贝卡利亚所言："如果某一事件的各个证据都同样依赖于某一证据，那么，事件的或然性并不因为证据的多少而增加或者减少，因为所有证据的价值都取决于它们所唯一依赖的那个证据的价值。"[①] 在英美法系中，补强证据必须是有独立来源并使被告与被诉犯罪发生牵连的证据，强调补强证据与累积证据的不同；累积证据是重复已知的证据。[②] 此外，补强证据和待补强证据应该是针对共同的证明对象，如果各自的证明对象不同，也难以起到补充或者加强的作用。

---

① 〔意〕贝卡利亚：《论犯罪与刑罚》，黄风译，中国法制出版社，2005，第23页。
② Judy Hails, *Criminal Evidence*, 6th ed., US：Copperhouse Publishing Co., 2009, p.61.

第三编 **证明论**

对于已经时过境迁的事情，人们只有搜集过去留下的遗迹并进行分析综合，逻辑加工，才能在一定程度上揭露历史的本来面目，对某种判断的真伪作出正确评价。这种研究对于地质学、考古学、古生物学、古人类学、天体演化和宇宙学等学科，对于侦查员破案、法医验尸、法庭判罪等活动是有决定意义的。① 诉讼证明与考古活动也有相似之处，均是通过发现、收集、运用证据来证实过去发生的事情。诉讼以证明为中心，怎么强调证明的作用都不过分。但是，证据本身不能发挥证明作用，必须通过人的证明活动方可。可以说，证据是从静态角度体现其形式、方法、手段、属性、内容、特征等；证明则是从动态角度运用、调查、分析、判断证据的活动。二者相辅相成，缺一不可，共同构成了证据法的主体部分。需要指出的是，本编所探讨的证明是诉讼证明，与日常生活中的证明还是有很大不同的。诉讼证明是回溯性的认识活动，所有的案件事实都发生在过去且无法重现，办案机关了解案情的唯一途径就是证据。诉讼证明又是在一定空间、一定时间内完成的活动，必然受到各种主客观因素的影响。总体而言，诉讼证明的主要内容由证明主体、证明对象、证明责任、证明标准和证明程序等构成。

诉讼证明与法官释明不同。释明权实际上是法官应尽的一项义务，属于法官诉讼指挥权的范畴。但法官是裁判者，不是证明主体。法官权力的扩张并不一定与当事人的保障相冲突；相反，可强化程序公正和判决的正确性。② 在德国、日本等大陆法系国家，法官的释明权占有重要地位，尤其是在职权主义审判模式中。毕竟，绝大多数诉讼参与人没有法律知识和诉讼经验，法官释明不仅方便法院审理案件，也方便当事人积极举证和行使诉讼权利，有助于提高诉讼参与人对司法机关的信任。如果当事人的主张、请求或举证不充分，法院却听之任之，不予解释，甚至径行裁判，则违背了辩论主义的内在精神。因此，法官应通过询问或提示进行阐明，敦促当事人适当行使权利或补充证据，

① 刘元亮等：《科学认识论与方法论》，清华大学出版社，1987，第118页。
② 〔意〕莫诺·卡佩莱蒂等：《当事人基本程序保障权与未来的民事诉讼》，徐昕译，法律出版社，2000，第52页。

避免当事人因举证不当而遭受不利后果。最高人民法院在（2015）民申字第1417号裁定书中指出："所谓释明是指在当事人的主张不正确、有矛盾，或者不清楚、不充分，或者当事人误认为自己提出的证据已经足够时，法官依职权予以提示，让当事人把不正确和有矛盾的主张予以排除，不清楚的主张予以澄清，不充足的证据予以补充的行为。"

第八章
证明主体与证明对象

诉讼证明离不开人的参与。诉讼旨在解决争议,诉讼证明无非是有关主体运用证据证明其主张或请求的活动。对于当事人来说,证明既是权利也是义务。从证据制度发展史来看,人类的证明能力是不断提高的。就某个阶段而言,人们对案件事实的认识具有不同的局限性。诉讼证明的目的是通过证据阐明自己的主张,证实案件事实,反驳对方当事人,进而说服法官。在这个意义上,诉讼证明是一种"他向"证明活动。裁判者在证明的过程中兼听则明,避免出现偏见、轻信等错误。在不同性质的诉讼中,证明主体也会有所不同。

第一节　证明主体

证明主体是在诉讼中依法收集、提供或运用证据确定、阐明案件事实或主张的机关和个人,其依法享有权力或权利,并承担相应的义务。证明主体往往是与举证责任联系在一起的。证人、鉴定人和勘验人员并不是证明主体,其只是为证明主体的证明活动提供证据。法院作为居中裁判者,

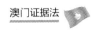

既不是证明主体，也不承担举证责任。在刑事诉讼中，侦查机关亦非证明主体，只是调查取证的主体而已，其本身并不承担举证责任。在三大诉讼中，案件性质不同，承担举证责任的主体不同，证明主体自然也会有所区别。

一 刑事诉讼证明主体

为了保障被追诉人的合法权益，根据无罪推定原则，刑事诉讼一般实行控方举证原则。据此，公诉案件由检察机关或检控官、控方律师举证，在不同国家或地区，公诉人的具体身份不同；自诉案件则由自诉人举证。在澳门，刑事犯罪根据起诉方式不同，可分为公罪、半公罪和私罪。其中，半公罪是指非经被害人告诉，检察院不得提起公诉。公罪和半公罪都是由检察官在法庭上举证；私罪则由自诉人举证。

二 民事诉讼证明主体

民事争议的特点之一在于双方当事人是平等的民事主体，在诉讼中地位平等，享有相同或相当的诉讼权利，承担相同或相当的诉讼义务。民事诉讼一般实行"谁主张、谁举证"的原则。民事诉讼的证明主体只能是当事人。在大多数情况下，原告作为诉讼的发起者，需要对其主张或请求加以证明。不过，根据举证责任的分配规则，被告在某些情形下亦可作为证明主体。根据澳门《民事诉讼法典》第3条，非应当事人的请求，法院不得排解诉讼案件中的利益冲突，整个民事诉讼程序都依赖当事人的推动来进行，由当事人负责确定诉讼目标并提出事实的证明，法官不得自主调查真实性，诉讼受到当事人陈述的事实限制。也就是说，当事人主张或请求的范围决定了法院的审查范围。

三 行政诉讼证明主体

澳门《行政诉讼法典》第1条开宗明义：行政上的司法争讼程序受本法典规定及关于司法体系组织的法律规定所规范，且补充适用经作出必要配合的民事诉讼法的规定。可见，澳门行政诉讼的法律依据具有多元化特征，除了澳门《行政程序法典》、澳门《行政诉讼法典》等，还适用澳门《民事诉讼法典》。因此，行政诉讼证明与民事诉讼证明相似，当事人共同分担证明责任。无论是作为原告的行政相对人，还是作为被告的行政机关，都可能根据需要对案件事实进行证明，但两者的证明责任有很大不同。原告在行政程序中负一定的举证责任，并且实质上带入行政诉讼，并不减免被告对行政行为合法性所负的举证责任，在行政机关作出行政行为的事实认定中，有一部分证据材料是由当事人提供的。[①] 在行政诉讼中，总体而言，原告提出主张，被告行政机关主要证明其行政行为的合法性。此外，根据公共行政开放原则和信息权原则，居民有权要求行政机关提供非保密的信息，容许其查阅卷宗或发出有关证明。[②]

第二节　证明对象

证明对象是指证明主体需要运用证据加以认识和论证的案件事实，包括实体法事实和程序法事实。明确证明对象有利于引导证明主体围绕目标证明案件真相，也有利于法官作出裁判。澳门《民事诉讼法典》第567条规定，法官不受当事人在选定、解释及适用法律规则方面的陈述约束；然而，法官仅可采用当事人分条缕述的事实。此外，诉讼中有些事实是不需要证明的，提出此类事实的一方无须举证，但是对方可举证反驳或推翻。总的来看，澳门关于证明对象的制度还可以进一步优化和细化。

一　证明对象的范围

证明对象也是证明客体、证据标的。证据标的只能是具体的事实，而不能是抽象的经验规则或普遍适用的法律。但是，法官不了解的外国法、习惯法和章程却是需要证明的。[③] 在适用辩论主义的程序中，只能就已提出、被争执且具有重要性的事实主张提出证据；如果欠缺待查事实或证据

---

① 刘善春：《行政诉讼举证责任分配规则论纲》，《中国法学》2003年第3期，第70页。

② 米万英、何伟宁：《澳门地区行政诉讼：制度、立法与案例》，浙江大学出版社，2011，第32页。

③ 邵建东主编《德国司法制度》，厦门大学出版社，2010，第163页。

方法的明确性，则当事人的证据声请不被允许，这就是所谓的证明禁止原则。① 具体来说，在三大诉讼中，证明对象也是不同的。

（一）刑事诉讼证明对象

刑事诉讼的证明对象主要围绕犯罪构成要件事实以及可能遇到的程序争议事实。澳门《刑事诉讼法典》第 111 条规定了证明对象。一切对犯罪是否存在、嫌犯是否可处罚以及确定可科处的刑罚或保安处分等在法律上重要的事实，均为证明对象。如果当事人提出民事损害赔偿请求，则对确定民事责任重要的事实，亦属于证明对象。澳门的上述规定与大陆法系国家或地区的立法比较一致。例如，《意大利刑事诉讼法》第 187 条规定，与控告、可罚性、刑罚或保安处分的适用有关的事实均为证明的对象。与适用诉讼规范有关的事实也是证明的对象。如果设立了民事当事人，与因犯罪而产生的民事责任有关的事实是证明的对象。

（二）民事诉讼证明对象

在民事诉讼中，构成证明对象的案件事实应符合以下条件：①必须具有法律意义，即能够引起某项法律权利义务或法律效果发生、妨碍、阻却或消灭的事实；②有必要利用证据加以证明，即真实性尚未确定或者当事人之间存在合理争议的事实。② 根据澳门《民事诉讼法典》第 433 条，调查对象是对案件的审查及裁判重要且应被视为有争议或需要证明的事实。一般而言，证明对象是事实，而非法律规则。在并不设有调查基础内容的诉讼、程序和附随事项中，证明对象涉及不应通过文件、自认或当事人协议而被视为已获证明的分条缕述的事实。③

此外，援用习惯法或澳门地区以外法律的人，应证明该法的存在及其内容；而法院则应依职权设法查明。如果法院须按习惯法或澳门地区以外的法律作出裁判，且无一当事人援用该法，或援用方的对方承认该法的存在及内容或对其不提出反对，法院亦应依职权查明。法院在不能确定适用法律的内容时，应采用澳门一般法律的规则。

---

① 刘明生：《摸索证明禁止之原则》，《月旦法学教室》2017 年总第 181 期，第 39 页。
② 邵明：《论民事诉讼证据裁判原则》，《清华法学》2009 年第 1 期，第 126 页。
③ 〔葡〕利马：《民事诉讼法教程》（第二版），叶迅生、卢映霞译，澳门法律及司法培训中心，2009，第 278 页。

（三）行政诉讼证明对象

澳门《行政诉讼法典》第五章将行政之诉分为：确认权利或受法律保护之利益之诉；命令作出依法应作之行政行为之诉；提供信息、查阅卷宗或发出证明之诉；关于行政合同之诉；实际履行非合同民事责任之诉；涉及行政上之违法行为之诉讼手段。行政诉讼的审理对象是被诉行政行为，但在不同的行政之诉中，证明对象有所差异。例如，行政合同之诉的目的在于解决与该等合同的解释、有效性或执行有关的争议。再如，涉及行政上之违法行为之诉讼手段，主要是证明相关行政行为的合法性等。

二 免证事实

为了提高诉讼证明的效率，许多国家和地区都规定了免证事实，即提出这类事实的一方当事人免予举证；但是对方当事人如果有相反证据则可反驳或推翻。2019 年《最高人民法院关于民事诉讼证据的若干规定》第 10 条明确规定："下列事实，当事人无须举证证明：（一）自然规律以及定理、定律；（二）众所周知的事实；（三）根据法律规定推定的事实；（四）根据已知的事实和日常生活经验法则推定出的另一事实；（五）已为仲裁机构的生效裁决所确认的事实；（六）已为人民法院发生法律效力的裁判所确认的基本事实；（七）已为有效公证文书所证明的事实。前款第二项至第五项事实，当事人有相反证据足以反驳的除外；第六项、第七项事实，当事人有相反证据足以推翻的除外。"澳门对此还没有作出系统的规定，相关规定分散在部分条文中。总的来看，存在一定不足之处，需要进一步完善。

（一）自认

澳门的自认制度主要体现在澳门《民法典》和澳门《民事诉讼法典》中。澳门《民法典》第 345 条规定，自认是指当事人对不利于己、但有利于他方当事人的事实承认其真实性。根据澳门《民事诉讼法典》第 489 条，自认不可撤回，但在诉辩书状中对事实的明确自认可撤回，只要他方当事人未逐一接受该自认。

1. 概念辨析

自认是承认有关事实的声明。首先，自认不同于认诺。简单而言，自认一般针对事实主张，而认诺针对另一方当事人的实体请求。在民事诉讼中，自认既可以是原告提出的，也可以是被告提出的，但处于被告地位的当事人方能认诺。在诉讼效果上，两者对法院都有一定的拘束力，但自认产生免除事实主张者举证责任的效果，认诺则导致法院作出不利于认诺方的败诉判决。在诉讼代理中，认诺需要得到当事人的特别授权。澳门《民事诉讼法典》第 79 条第 2 款规定："诉讼代理人仅当其所持之授权书明文许可其对诉讼作出认诺、就诉讼目标进行和解、舍弃请求或撤回诉讼时，方得作出该等行为。"其次，自认与对事实的单纯承认也不同。在事实的单纯承认中，当事人没有承认某一事实为真实，但顺从地视其为真实而予以接受，因而解除了对方当事人证明这一事实的责任。①

2. 自认的分类

根据场合不同，自认可分为诉讼上的自认和诉讼外的自认。根据澳门《民法典》第 348 条，诉讼上的自认是指在不论是否有管辖权的法庭或仲裁庭上作出的自认，即使涉及非讼事件或程序也是如此；诉讼外的自认是指通过与诉讼上自认不同的方式作出的自认。根据澳门《民法典》第 349 条，诉讼上的自认又可分为自发的诉讼上自认和引发的诉讼上自认。自发的诉讼上自认，可按诉讼法规定在书状内作出，或在有关诉讼内经当事人亲自确认或经特别受权人确认作出；引发的诉讼上自认可在当事人陈述内作出，或在提供给法院的资料或解释中作出。

另外，根据澳门《刑事诉讼法典》第 325 条，如果嫌犯声明欲自认对其归责的事实，主持审判的法官须询问其是否基于自由意思及在不受任何胁迫下作出自认，以及是否拟作出完全及毫无保留的自认，否则无效。完全及毫无保留的自认会导致以下后果：①放弃就归责事实的证据调查，以及该等事实因此被视为已获证实；②立即转作口头陈述，如基于其他理由而不应判定嫌犯无罪，则立即确定可科处的制裁；③司法费用减半。但上述后果不适用于下列情况：①有多名共同嫌犯，但并非所有嫌犯均作出了完全、毫无保留且不相矛盾的自认；②法院凭心证怀疑自认不是在自由状态下作出的，尤其是对嫌犯可否完全被归责存有疑问，或法院凭心证怀疑自认事实的真实性；③该犯罪可处以最高限度超过 3 年徒刑，即使可以选择

---

① 〔葡〕利马:《民事诉讼法教程》（第二版），叶迅生、卢映霞译，澳门法律及司法培训中心，2009，第 255 ~ 256 页。

科处罚金。如果出现完全或毫无保留的自认，或出现部分或有保留的自认时，法院凭自由心证决定应否及在何等程度上就已自认事实调查证据。上述规定与《葡萄牙刑事诉讼法典》第 344 条的规定类似，只是其中第③项的规定是"被自认的行为可判处 5 年以上徒刑"。

鉴于刑事案件的性质和特点，许多国家和地区对于采纳自认是有严格限制的。针对 2009 年《德国刑事诉讼法典》第 257 条 C（协商程序）在实务上如何运作，德国联邦宪法法院于 2012 年委托杜塞尔多夫大学进行了较大规模的实证研究。研究结果显示，67.1% 的受访法官表示对于认罪自白总是会加以审查，38.3% 的受访法官没有总是对认罪自白的可信性加以审查，只是经常、有时、偶尔审查，甚至从未加以审查，且多数法官是通过与卷证资料的比对以及对被告人提出个别问题，而不是采取进一步的证据调查程序来审查认罪自白的可靠性。① 总之，为了保障被追诉者的合法权益，应确保其自认是明知且明智的，并且其充分了解自认的后果。

3. 自认的方式

一般来说，自认的表示应当明确无疑，除非法律免除这一要求。如果当事人被命令作出陈述或到场提供资料、解释，但其在未证明存在合理障碍的情况下不到场、拒绝作出陈述或拒绝提供资料、解释，或以不记得、不知道作答为由，则法院可对当事人的行为作出自由判断，以确定其证明力。但澳门《民法典》第 307 条规定了默示自认，如果债务人拒绝在法庭作出陈述或宣誓，或在法庭作出与已履行义务的推定相抵触的行为，则视其自认债务。

4. 自认的效力

作出自认的人应当具有能力及权利处分其自认事实所涉及的权利。在普通共同诉讼中，共同诉讼人的自认产生效力，但以该自认人的利益范围为限；在必要共同诉讼中，共同诉讼人的自认则不产生效力。代位诉讼人所作的自认对被代位诉讼人不产生效力。

在一诉讼程序内作出的自认仅在该诉讼内具有诉讼上自认的效力；在任何诉讼开始前的程序或附随程序中作出的自认，仅在与有关程序相应的诉讼内具有诉讼上自认的效力。凡通过与诉讼上自认不同的其他方式作出的

① 卢映洁：《德国刑事诉讼依协商为判决之制度发展与实践》，《中正大学法学集刊》2016 年总第 53 期，第 102～104 页。

自认，均为诉讼外的自认。在下列情况下，自认不对自认人构成不利证据：①法律认为属于不充分的自认或涉及法律禁止承认或调查的事实；②自认所涉及的事实与不可处分的权利有关；③自认事实是不可能或明显不存在的。

根据澳门《民法典》第 351 条，以书面方式作出的诉讼上的自认，对自认人具有完全的证明力。对于以公文书或私文书方式作出的诉讼外的自认，按照文书的有关规定确定其证明力，如果该诉讼外的自认是向他方当事人或其代理人作出的，则具有完全证明力。未载于文件上的诉讼外的自认，在不采纳人证的情况下，不可由证人证明；在采纳人证的情况下，自认的证明力由法院自由判断。凡非以书面方式作出的诉讼上的自认以及向第三人作出的或载于遗嘱内的诉讼外的自认，其证明力均由法院自由判断。

关于自认的无效及可撤销，如果对诉讼上或诉讼外自认的撤销请求权仍未失效，则即使有关裁判已确定，仍可因意思表示的欠缺或瑕疵，而按一般规定宣告该自认无效或撤销该自认。重要的错误，则无须具备撤销法律行为所要求的要件。

自认还具有不可分割性。如果诉讼上或诉讼外的自认表示附带其他事实或情事的叙述，而该事实或情事旨在否定自认的效力或旨在变更或消灭其效力，则拟利用该自认表示作为完全证据的当事人须接受附带的其他事实或情事真实，除非证明该事实或情事不真确。就承认人对不利于己的事实所作的承认，如果不能具备自认的价值，则由法院对其证据要素予以自由判断。

5. 小结

总的来看，澳门的自认制度还有一些不足之处，参考其他地区的立法经验，可从以下两个方面进行完善。

一是增加自认的例外情形。台湾地区学者认为自认有如下例外情形。①法院应依职权探知的事项，如人事诉讼事件，因事关公益，法院不受自认的拘束，应依职权调查证据。②在通常诉讼事件中，对于依职权调查事项中公益性较高的事项，如审判权、专属管辖权、回避原因、当事人能力和诉讼能力，无自认的效力。③必要共同诉讼中一人所为的自认，因该自认的行为对全体共同诉讼人不利，故对全体不产生效力。④自认事实不可能或已显著不属实，不产生自认效力。对比来看，澳门对于共同诉讼中的自认作出了规范，但是其他方面还有待进一步明确。

二是补充、完善分割或撤回自认的规定。《巴西刑事诉讼法》第 198 条规定，被控诉人沉默不构成自认，但是可以构成法官内心确信的要素。该法第 200 条规定，自认是可分割、可撤回的，但不妨碍法官基于对全部证据审查而形成的自由心证。《德国民事诉讼法典》第 290 条规定，当事人撤回其在审判中的自认，只限于能够证明其自认与真实情况不符，而且其自认是由于错误发生的。在这种情形下，自认失去效力。不过，《法国民法典》第 1356 条第 4 款规定："裁判上的自认，不得撤回，但如能证明其系因事实错误而为，不在此限；不得以误解法律为借口而主张撤回裁判上的自认。"不难发现，澳门对于自认撤回制度的规定比较简单，且缺少自认可分割的相关规定。

（二）无须陈述或证明的事实

《德国民事诉讼法典》第 291 条规定，对法院来说，如果是公知的事实，则无须予以证明。例如，历史事件，新闻媒体广泛报道的事实。[①]《瑞典司法程序法典》第 2 条规定，众所周知的事实无须证明，法律规制也无须证明，但须适用外国法律且法庭对其内容不知晓的，法庭可要求当事人提供相关证据。台湾地区"刑事诉讼法"第 157 条亦规定，公众周知之事实，无须举证。澳门《民事诉讼法典》第 434 条则规定了无须陈述或证明的事实，即明显事实无须陈述及证明，以及众所周知的事实应视为明显事实。法院履行其职务时知悉的事实亦无须陈述；法院采纳该等事实时，应将证明该等事实的文件附入卷宗。

从其他地区的立法来看，自然规律和科学定律、定理已为科学所证明，当事人无须证明，也不具备证明能力。此外，预决事实一般也无须证明。这里的预决事实主要是指由生效文书确认过的事实，生效文书主要包括司法裁判、仲裁裁决和公证文书等。这几种文书的制作主体权威，程序严格，经过其确认的事实，真实性和可靠性都比较强，除非有相反证据推翻。在法国，尽管没有法律明文规定，但法院判例自 19 世纪以来一直遵循一个原则："刑事司法裁判决定在民事方面具有既决事由的权威效力。"[②] 澳门《民事诉讼法典》第 574 条规定了已确定判决的效力。判决确定后，就出现争议的实体关系所作的裁判在诉讼程序内具有强制力，且在该法第 416 条及随

---

① 邵建东主编《德国司法制度》，厦门大学出版社，2010，第 164 页。
② 龙宗智：《刑民交叉案件中的事实认定与证据使用》，《法学研究》2018 年第 6 期，第 8 页。

后数条所指之范围内，在诉讼程序以外亦具有强制力，但不影响与再审上诉及基于第三人反对而提起之上诉有关之规定的适用。涉及案件实体问题的批示具有上述裁判效力。如判处被告作出扶养给付或其他给付，而给付数额或存续期需要依具体情况而定，则只要导致作出该判处的具体情况改变，有关判决即可变更。综上，对于自然规律、科学定律、公证书确认的事实等免证范围，澳门亦可作出补充规定。

第九章

证明责任

　　证明责任，即举证责任的概念，最早始于古罗马时期。罗马法谚有云：
"举证之所在，败诉之所在。"在三大诉讼中，举证责任的实质都是将某些
法律要件事实的证明负担分配给其中一方当事人，如果该当事人不能举证
或不能达到证明要求，则裁判者判决举证责任的承担者败诉。

第一节　证明责任的内涵

　　一般认为，举证责任具有双重含义。目前美国法学界的通说是塞耶
（Thayer）教授提出的双层次证明责任学说，即"提出证据责任"和"说服
责任"。[①] 大陆法系的证明责任"双重含义说"源于德国学者尤里乌斯·格
尔查 1883 年出版的论文集《刑事诉讼导论》，其中将证明责任区分为"诉
讼上的证明责任"和"实质上的证明责任"。[②] 中国的提法略有不同。对此，

---

① 　Johne C. Klotter, *Criminal Evidence*, 5th ed. , New York：Anderson Publishing Co. , 1992, pp. 34 – 35.

② 　陈刚：《证明责任法研究》，中国人民大学出版社，2000，第 19 页。

最高人民法院修改后民事诉讼法贯彻实施工作领导小组曾指出，立法"并未采纳举证责任或证明责任的概念，而是使用举证证明责任的表述，其目的在于强调：①明确当事人在民事诉讼中负有提供证据的行为意义的责任，只要当事人在诉讼中提出于己有利的事实主张的，就应当提供证据；②当事人提供证据的行为意义的举证责任，应当围绕其诉讼请求所依据的事实或者反驳对方诉讼请求所依据的事实进行；③当事人在诉讼中提供证据，应当达到证明待证事实的程度，如果不能使事实得到证明，则当事人应当承担相应的不利后果。在具体内容上，举证证明责任、证明责任的内容一致"。① 此外，在大陆法系职权主义审判模式下，法院承担一定的调查职责，当事人承担一定的事案解明义务，但是这些并不属于证明责任，因为其与败诉结果无关。

一　提出证据责任

提出证据责任，也叫形式举证责任或主观责任，这是行为意义上的举证责任。一般而言，当事人一方有义务就待证事实的争议向法院提出相当的证据，以支持其主张或抗辩。如果其未履行责任，则法院可作出对其不利的裁判或认定。具体来说，在民事诉讼中，当事人必须对自己的积极主张提出证据加以证明；在刑事诉讼中，通常由控方对指控犯罪事实提出证据。但是也有例外，例如，美国联邦最高法院在帕特森诉纽约州案（Patterson v. New York）中认为，被告如果主张心神丧失（insanity）、正当防卫（self-defense）和被害人挑衅（provocation），则被告须对上述事实负提出证据责任。或者说，如果被告提出积极抗辩（affirmative action），即负有提出证据责任，积极抗辩是指被告拥有特别知识且可公平要求被告提供证据的抗辩。② 此外，为了防止当事人利用不正当手段，违反诚实信用原则，妨碍对方当事人举证，法官可在某些情形下认定对方关于证据的主张或该证据证明的事实为真实。例如，台湾地区"民事诉讼法"第282条之1规定："当事人因妨碍他造使用，故意将证据灭失、隐匿或致碍难使用者，法院得审酌情形认他造关于该证据之主张或依该证据应证之事实为真实。前项情

---

① 最高人民法院修改后民事诉讼法贯彻实施工作领导小组编《最高人民法院民事诉讼法司法解释理解与适用》，人民法院出版社，2015，第312页。

② 陈志龙：《超越合理怀疑与证据证明》，《台北大学法学论丛》2009年总第69期，第196页。

形，于裁判前应令当事人有辩论之机会。"

二　说服责任

说服责任，也称实质举证责任或客观责任，是指承担举证责任的一方必须提出足够的证据加以证明，如果无足够证据使法官产生内心确信，则须承担争议的不利后果。可见，说服责任是一种结果意义上的举证责任，是对案件败诉风险的分配。需要指出的是，案件事实处于真伪不明的状态是举证责任发生的前提；真伪不明的事实是指作为裁判依据的主要事实，不涉及间接事实和辅助事实。这种不利后果由一方当事人承担，为了公平起见，通常由立法预先确定。可以说，举证责任是一种立法上的拟制或假定。对法官来说，当案件主要事实处于真伪不明的状态时，法官亦不能拒绝裁判，举证责任规则可指引法院裁决。关于说服责任的程度，美国法将其分为三层：超越合理怀疑（beyond a reasonable doubt）、简明证明（clear and convincing evidence）和优势证据（preponderance of evidence）。[①] 相较而言，说服责任比提出证据责任更重，与败诉结果联系在一起。

三　关于法院的调查职责

德国学者汉斯·普维庭曾言："证明责任的作用永远不可能帮助法官对尚未形成心证的具体事实形成心证……证明责任判决始终是'最后的救济'，或者说'最后一招'，如果为了使法官达到裁判的目的，就别无选择。"[②] 法院虽有调查证据的职权，但在证明主体未履行证明责任的情况下，法院也可放弃调查证据的权力，直接作出不利于该证明主体的判决。[③] 日本《人事诉讼法》第 20 条规定，在人事诉讼中，法院可斟酌当事人未主张的事实，并可依职权进行证据调查；在这种情形下，法院应当就事实及证据调查的结果听取当事人的意见。[④] 不过，在职权主义审判中，法院承担的调查职责只是为了更好地查明案件真相以利裁判，并不是一种举证责任。

① 陈志龙：《超越合理怀疑与证据证明》，《台北大学法学论丛》2009 年总第 69 期，第 198 页。
② 〔德〕普维庭：《现代证明责任问题》，吴越译，法律出版社，2006，第 27 页。
③ 《日本刑事诉讼法》，宋英辉译，中国政法大学出版社，2000，第 25 页。
④ 〔日〕松元博之：《日本人事诉讼法》，郭美松译，厦门大学出版社，2012，第 368 页。

四 关于事案解明义务

在大陆法系，不负证明责任的一方当事人还要承担一定的事案解明义务。事案解明义务的概念由德国学者首创，后来日本、台湾引入该概念及相关理论并加以探讨。事案解明义务是指在诉讼过程中，当事人对于案件事实解明应负义务的总称，包括陈述义务、文书提出义务、勘验协力义务、信息披露义务等。[①] 对于违反该义务的后果，有学者主张分层理论，即区分义务违反的程度以及对于相对方主张的真实性（可信性）高低而定。如果存在违反重大义务，原则上可采举证责任转换说；如果是违反轻微义务，原则上纳入证据评价范围即可；至于其他情形，可考虑"可反驳的真实推定"。[②]《德国民事诉讼法典》中并没有关于事案解明义务的专门规定。对于不负证明责任的当事人在证据调查中的协助义务，德国现行法的基本做法是诉诸实体法上的信息请求权，同时辅以诉讼法上的陈述义务和文书提出义务。[③] 同样地，事案解明义务也不属于举证责任的范畴，因为和败诉结果无关。

第二节 证明责任分配的一般原则

举证责任分配指的是举证责任由哪一方当事人承担的问题。举证责任分配法则包括举证责任分配的一般原则和举证责任的减轻规则，前者是学者一般所论的规范理论，后者则是当事人发挥自主性以证据契约对举证责任分配一般原则的调整。[④] 英美法系从实用主义的立场出发，提出证明责任的分配须衡量多个因素，包括由请求变更现状的当事人承担证明责任的自然倾向、特别政策因素、方便、公平和裁判上对盖然性的估计。[⑤] 证明责任的实质是后果责任。由于证明责任与不利后果捆绑，其分配实际上是一种

---

① 庞小菊、徐英倩：《不负证明责任当事人的事案解明义务》，《国家检察官学院学报》2015年第3期，第116页。

② 姜世明：《举证责任与真实义务》，新学林出版股份有限公司，2006，第163~164页。

③ 吴泽勇：《不负证明责任当事人的事案解明义务》，《中外法学》2018年第5期，第1362页。

④ 姜世明：《举证责任转换》，《月旦法学教室》2004年总第17期，第18页。

⑤ 〔美〕约翰·W. 斯特龙主编《麦考密克论证据》，汤维建等译，中国政法大学出版社，2004，第652页。

实体风险的分配，一般应通过立法提前设定。

一 刑事诉讼证明责任的分配

现代刑事诉讼的前提是无罪推定原则。公诉案件一般由公诉方承担举证责任，公诉方要向法庭提供充分的证据证明其指控的犯罪事实，且证明要达到法定的标准。在自诉案件中，举证责任则由自诉人承担。这并不意味着被告人在任何情况下都不承担举证责任。基于无罪推定原则的举证责任分配规则只是明确了整个案件的举证责任应由指控方承担，在某些情况下，举证责任也会从控诉方倒置或转移到被告方。关于阻却违法或阻却责任事由的举证责任，台湾学者有不同的主张。陈朴生教授认为，被告对此应负举证责任，其主要理由是刑事诉讼法仅规定检察官对被告的犯罪事实负举证责任，阻却违法或阻却责任是抗辩，应由被告负责。王兆鹏教授则认为，被告对此事由有提出证据使法院合理相信其存在的责任，但检察官有说服法院阻却违法或阻却责任事由不存在的责任，且应说服到毋庸置疑的程度。[①] 笔者比较赞同王兆鹏教授的观点，这种区分更符合刑事诉讼的特点，更有利于保障辩护方的合法权益。

根据澳门《刑事诉讼法典》的规定，嫌犯无须证明其无罪；嫌犯有权在审判中保持沉默，嫌犯不因在审判中沉默而遭受损害。侦查属于检察院的职责范畴，检察院负责在侦查阶段收集证据并对嫌犯提起控诉。检察院如果在侦查期间收集到充分的证据，显示有犯罪发生及何人为犯罪行为人，则须对该人提出控诉。一经收集足够证据，证明无犯罪发生、嫌犯未犯罪或提起诉讼程序是法律所不容许的，检察院须将侦查归档。法官应对案件的真实性进行评估，在审判时应遵守合法性、客观性和公正性原则。如果遇到证据缺乏或证据不足的情况，法院必须按照疑点利益归于被告原则宣告被告无罪，这也体现了无罪推定原则的要求。

二 民事诉讼证明责任的分配

证明责任被称为"民事诉讼的脊梁"，如何分配证明责任是民事诉讼法

---

① 王兆鹏：《刑事诉讼讲义》，元照出版公司，2010，第679页。

学的重大问题。举证责任分配实质标准应遵循的原则依次为实体法律规定（包括实体法司法解释及实体法附属法、隐形法）、当事人的约定、经验法则、公平或诚实信用原则。[①] 从审判的逻辑结构来看，民事审判结构的搭建是以证据制度为骨干和基础的，而民事证据制度改革的最初切入点就是证明责任制度。[②] 德国罗森贝克教授将实体法法律规范区分为权利发生规范、权利障碍规范、权利消灭规范和权利抑制规范。[③] 这些规范指引了举证责任的分配。

澳门《民法典》第 335 条规定，创设权利的事实由主张权利的人负责证明。就他人主张的权利存在阻碍、变更或消灭权利的事实，由主张权利所针对的人负责证明。如有疑问，有关事实应视为创设权利的事实。该法典第 336 条还规定了特别情况下的举证责任。在消极确认之诉中，由被告负责证明有关创设其主张的权利的事实。如果属于原告应自获悉某一事实之日起一定期间内提起的诉讼，则被告负责证明该期间已届满，但法律另有特别规定者除外。如果原告主张的权利受停止条件或始期约束，则由原告负责证明停止条件已成就或期限已届至；有关权利受解除条件或终期约束时，被告负责证明解除条件已成就或期限已届至。如果当事人不提供协助，则法官自由评价该行为在证明力方面的效力，且不妨碍将澳门《民法典》规定的举证责任倒置。总的来看，这一规定非常详细，且具有可操作性。

三　行政诉讼证明责任的分配

行政诉讼的特殊性决定了举证责任不同于其他诉讼活动。根据澳门《行政程序法典》第 86 条第 1 款，有权限机关负有如下义务：如知悉某些事实有助于对程序作出公正及迅速的决定，则有权限机关应设法调查所有此等事实；为调查该等事实，可使用法律容许的一切证据方法。该法典第 87 条第 1 款还规定，利害关系人负证明其陈述事实的责任，但不影响法律课予有权限机关的义务。澳门终审法院认为，在审议行政机关是否遵守适度原则时，只有在行政决定以不能容忍的方式违反该原则的情况下，法官

---

① 程春华：《举证责任分配、举证责任倒置与举证责任转移——以民事诉讼为考察范围》，《现代法学》2008 年第 2 期，第 99 页。

② 〔德〕莱奥·罗森贝克：《证明责任论》，庄敬华译，中国法制出版社，2002，第 3 页。

③ 姜世明：《医师民事责任程序中之举证责任减轻》，《月旦民商法》2004 年总第 6 期，第 9 页。

才可介入。权力偏差是一种瑕疵，是指出于和法律赋予该权力时所要达到的目的不符的主要决定性原因而行使自由裁量权，其前提是法定目的和实际目的（或行政当面切实追求的目的）之间存在差别。对构成权力偏差的事实的举证责任应由提出该瑕疵的利害关系人承担，因为涉及对行政行为中体现的行政意图具有阻碍、变更或消灭作用的事实。根据澳门《行政程序法典》第114、115条，行政当局应扼要阐述有关作出决定的事实及法律依据，对其所作的行政行为进行说明，采纳含糊、矛盾或不充分的依据而未能具体解释作出该行为的理由的情况等同于欠缺理由说明。只要具体的行政行为阐述了导致行政机关作出有关决定的事实和法律依据，对在纪律程序中所查明的所有具体情节以及对嫌疑人的违纪行为所作出的法律适用都作了解释，就履行了说明理由的义务。[1]

澳门《行政诉讼法典》并没有直接规定举证责任问题，但在第43条"起诉状之组成"中规定起诉状必须附具下列文件：①证明司法上诉所针对行为的文件；②旨在证明所陈述事实属实的一切文件，但载于供调查之用的行政卷宗内的文件除外；③如声请采用人证，须附具证人名单，并指出每一证人应陈述的事实；④在法院代理的授权书或等同文件；⑤法定复本。可见，行政起诉需要满足一定的证据条件。原告的起诉启动了行政诉讼程序，原告应当对其起诉是否符合法定条件等相关事项承担举证责任，这些事项包括有具体的诉讼请求和事实根据，这是法律在赋予原告起诉权的同时规定的义务。[2] 澳门法院曾在裁判中明确指出，行政当局负有查明真相之义务。[3] 澳门《行政诉讼法典》第121条第1款规定的中止行政行为效力的要件必须同时成立，只要其中一项不成立便不能批准保全措施，除非出现该条第2~4款规定的情况。声请人有责任具体且详细地提出和证明构成难以弥补的损失的事实，为此，仅使用空洞笼统的言语表述是不够的。[4]

德国行政诉讼原则上准用民事诉讼的一般证据规则，即"受益者负举证责任"的原则，该原则常常被译为"受益规则"。据此，主张该事实的人

① 澳门特别行政区终审法院第68/2012号行政司法上诉案裁判书。
② 李大勇：《行政诉讼证明责任分配：从被告举证到多元主体分担》，《证据科学》2018年第3期，第268页。
③ 澳门特别行政区中级法院第795/2015号行政、税务及海关方面上诉裁判书。
④ 澳门特别行政区终审法院第3/2018号行政司法上诉案裁判书。

对特定事实负有说明和证明义务。① 比较而言，中国的立法及司法解释规定得更为明确，即行政诉讼举证责任由被告方承担，原告方只需要提供相应的证据资料，满足起诉条件即可。《中华人民共和国行政诉讼法》第 32 条对举证责任进行了分配。该条规定，被告对作出的具体行政行为负有举证责任，应当提供作出该具体行政行为的证据和所依据的规范性文件。该法第 33 条规定："在诉讼过程中，被告不得自行向原告和证人收集证据。"《最高人民法院关于执行〈中华人民共和国行政诉讼法〉若干问题的解释》第 26 条规定，在行政诉讼中，被告对其作出的具体行政行为承担举证责任。被告应当在收到起诉状副本之日起 10 日内提交答辩状，并提供作出具体行政行为时的证据、依据；被告不提供或者无正当理由逾期提供的，应当认定该具体行政行为没有证据、依据。《最高人民法院关于行政诉讼证据若干问题的规定》第 4 条规定，公民、法人或者其他组织向人民法院起诉时，应当提供其符合起诉条件的相应的证据材料。被告认为原告起诉超过法定期限的，由被告承担举证责任。

第三节　证明责任的倒置

举证负担的规范原则上属于实体法内容。实体法根据双方利益的平衡和对事实证据的接近程度作出了一些例外规定，即有别于举证责任一般分配规则的举证负担的倒置。② 举证责任倒置是指基于法律规定，原本通常由主张方负担举证责任，转为由对方当事人就某种事实存在与否承担举证责任，如果其举证不能，则推定主张一方的主张成立。大陆法系学者主要从两个含义上使用举证责任的倒置。第一种含义是指在诉讼过程中，承担证明责任的当事人提出本证对主要事实予以证明后，相对方基于使该证明发生动摇的必要性所承担的提供证据责任，这实际上是提供证据责任的转移或转换，指的是在具体诉讼中当事人提供证据与法官形成心证之间的关系问题，而不是指证明责任由一方当事人向另一方当事人的转换；第二种含义是指法律出于维护法政策或法秩序的需要，特别设置一些让相对方承担

---

① 〔德〕弗里德赫尔德·胡芬：《行政诉讼法》，莫光华译，法律出版社，2003，第 573 页。
② 邵建东主编《德国司法制度》，厦门大学出版社，2010，第 166 页。

证明责任的例外规定。① 至于行政诉讼，为了平衡原被告之间力量的悬殊和举证的难易程度，许多国家和地区本身就在立法中规定了举证责任倒置制度，由行政机关承担证明责任，但是起诉仍须符合法定条件，原告须提交被诉行为的初步证据。

一 刑事诉讼中的证明责任倒置

刑事诉讼实行控方举证原则，因此，举证责任倒置、举证责任转换或举证责任分配在刑事诉讼程序上只是角度的不同，并无实质分别，均涉及被告方在一定情形下负担证明的问题。举证责任的倒置或转换是从检察官应证明的角度思考，如果检察官的证明达到法定要求，此时将转换特定要件由被告承担；举证责任分配则是以审判者的角度认定，尤其在当事人进行主义下，为了实现实体法规范的目的，由双方当事人分配应证明的事项。② 从举证责任的双重内涵来讲，结果责任仍由控方承担。提出证据责任通常由对犯罪事实负说服责任的检察官开始，如果检察官已提出足够支持其主张的表面证据，被告为了胜诉而另外提出积极事实，以反驳检察官的主张，则被告亦负有提出证据责任。③

《日本刑法》第 207 条规定，二人以上实施暴行伤害他人的，在不能辨别各个暴行所造成何种伤害后果的情况下，被告人负有证明自己行为及其后果的责任，否则，将推定为共犯处断。美国法学会起草的《模范刑法典》第 223.1 条（b）款规定："行为人以达到优越证据的程度证明盗窃数额少于 50 美元的，盗窃成了微罪。"④ 英国刑法规定被告人以意外事件、被害人承诺、精神错乱、法定罪行的限制条款和免责条款等抗辩时，应负相应的证明责任，并对不能说出合理来源的受贿款、持有法律禁止持有物品的合理性等情形承担举证责任。⑤ 此外，为了打击贪污贿赂犯罪，维护政府的清

---

① 陈刚：《证明责任概念辨析》，载《证据法论文选萃》，中国法制出版社，2005，第 166 页。

② 姜世明：《民事诉讼法总论：第七讲——举证责任法》，《月旦法学教室》2005 年总第 30 期，第 79 页。

③ 吴巡龙：《刑事举证责任与幽灵抗辩》，《月旦法学杂志》2006 年总第 133 期，第 27 页。

④ 高艳东：《网络犯罪定量证明标准的优化路径：从印证论到综合认定》，《中国刑事法杂志》2019 年第 1 期，第 132 页。

⑤ 〔英〕鲁伯特·罗克斯：《英国刑法导论》，赵秉志等译，中国人民大学出版社，1991，第 53~54 页。

廉形象以及公共利益，此类犯罪中有时会将举证责任倒置，以解决侦查取证方面的困难。《联合国反腐败公约》第 20 条规定，在不违背本国宪法和本国法律制度基本原则的情况下，各缔约国均应当考虑采取必要的立法和其他措施，将下述故意实施的行为规定为犯罪：资产非法增加，即公职人员的资产显著增加，而本人无法以其合法收入作出合理解释。2003 年 11 月 13 日中国最高人民法院印发的《全国法院审理经济犯罪案件工作座谈会纪要》中对"行为人不能说明巨额财产来源合法的认定"就包括了"行为人所说的财产来源因线索不具体等原因，司法机关无法查实，但能排除存在来源合法的可能性和合理性的"情形。很多国家和地区在刑法中规定了"巨额财产来源不明罪"，被告人应当对巨额财产的来源进行说明，否则可能承担不利的后果。

不过，对于被告举证的要求相对较低，被告方应对自己的抗辩主张提供线索或材料，再交由办案人员调查核实。鉴于控辩双方的力量对比，被告人对抗辩事由的证明标准低于控方，只要达到证据优势即可。否则，被告的抗辩只具有可能性，不能构成有效抗辩，法院只需要根据检察官提交的证据作出裁判。如果检察官对被告的全部抗辩均负举证责任，将导致被告胡乱抗辩拖延诉讼，而检察官无从举证说明抗辩不实的窘境。[1] 台湾地区还提出了"幽灵抗辩"的概念。"幽灵抗辩"又称海盗抗辩，是指在刑事诉讼中，被告人为减轻或免除刑事责任而提出的类似于幽灵一般难以查证的辩解。两大法系对于"幽灵抗辩"的处理方式有所不同。当事人主义诉讼模式将积极抗辩的举证责任转移由被告人承担，因而一旦出现"幽灵抗辩"，法官将直接判决被告人承担不利后果；而职权主义诉讼模式则免除被告人的举证责任，在被告人提出"幽灵抗辩"的情形下，法官将依职权进行证据调查，进而根据调查结果作出不同的处理。[2] 实践中，被告方的辩解可能是根本不存在的人、物，即虚拟的，也可能是存在但很难找到，或者即使找到了也不一定能够提供与案件相关的有价值的线索，甚至可能引出新的幽灵抗辩。[3] 海盗抗辩是一种防御性的权利，与控方意义上的举证责任

① 吴巡龙：《刑事举证责任与幽灵抗辩》，《月旦法学杂志》2006 年总第 133 期，第 30 页。
② 万毅：《幽灵抗辩之对策研究》，《法商研究》2008 年第 4 期，第 79 页。
③ 周丽娜、曲磊：《刑事"幽灵抗辩"的诉讼应对》，《中国检察官》2015 年第 12 期，第 37 页。

并不矛盾。① 在欧洲人权法院审理的林根思诉奥地利②一案中，申诉人认为奥地利刑法规定被告必须证明其言论真实的规范违背了举证责任由被告负担的禁止，且违背无罪推定原则。然而，欧洲人权法院认为该规范是在借由法律规范促使言论发表者能够谨慎，并确认其陈述能够被证明为真实。如果检察官能够证明犯罪的一般要件，此时举证责任的转换不被禁止，只是被告的证明程度不应要求达到无合理怀疑的程度。

二　民事、行政诉讼中的证明责任倒置

澳门《民法典》和澳门《民事诉讼法典》中均有证明责任倒置的规定，澳门《行政诉讼法典》虽无直接规定，但与民事诉讼相似。澳门《民事诉讼法典》第 437 条规定了遇有疑问时须遵守的原则。该条规定，如就一事实之真相或举证责任之归属有疑问，则以对因该事实而得利之当事人不利之方法解决。澳门《民法典》第 337 条规定了举证责任倒置。该条规定，如存在法律上的推定、举证责任的免除或解除，或存在具有上述意义的有效约定，则以上各条规则中的责任倒置；在一般情况下，法律每有此倒置责任的规定时亦然。因对方的过错使负举证责任的人不能提出证据时，举证责任亦倒置，但诉讼法对违令或虚假声明所特别规定适用的制裁仍予适用。澳门《民法典》第 338 条还规定，倒置举证责任的约定，如涉及不可处分的权利，或责任倒置使一方当事人极难行使权利，则属无效。在相同条件下，排除某种法定证据方法的约定或采纳某种与法定证据方法不同方法的约定均无效；然而，如果规范证据的法律规定是以公共秩序上的理由为依据，则上述约定在任何情况下均属无效。

在一些特殊性质的诉讼中，例如消费者诉讼、公害诉讼等，由于原告时常居于相对弱势地位，难以证明公害发生的过失、因果关系或产品瑕疵等，因此，立法上可能将举证责任转换给被告，要求被告证明自己没有过失或产品没有瑕疵。可见，举证责任倒置在这些案件中更有利于实现举证责任上的平等与公正，提高诉讼效率，合理保护弱势一方当事人的利益，降低举证难度。

---

① 吴丹红：《刑事举证责任与"海盗抗辩"》，《人民检察》2008 年第 19 期，第 55 页。
② Lingens v. Austria（1986）8 EHRR 407.

　　随着社会生活水平的提高，人们对身体健康的关心程度显著增加，医疗纠纷层出不穷。关于医疗纠纷，一些国家和地区实行举证责任倒置。对此，也有学者提出了批评，认为在司法实践中，对医疗损害责任因果关系要件的证明采取完全的因果关系推定，实行举证责任倒置，违背了民事诉讼中双方武器平等原则，给医疗机构造成了极大的压力，应当实行有条件的因果关系推定，实行举证责任缓和，在受害患者一方的证明达到一定程度时，才能够实行因果关系推定，由医疗机构举证证明医疗行为与损害事实之间没有因果关系。①

　　中国有关民事诉讼举证责任倒置的规定比较丰富和具体，集中体现在特殊侵权案件中，主要包括以下8类：①因新产品制造方法发明专利引起的专利侵权诉讼，由制造同样产品的单位或者个人对其产品制造方法不同于专利方法承担举证责任；②高度危险作业致人损害的侵权诉讼，由加害人就受害人故意造成损害的事实承担举证责任；③因环境污染引起的损害赔偿诉讼，由加害人就法律规定的免责事由及其行为与损害结果之间不存在因果关系承担举证责任；④建筑物或者其他设施以及建筑物上的搁置物、悬挂物发生倒塌、脱落、坠落致人损害的侵权诉讼，由所有人或者管理人对其无过错承担举证责任；⑤饲养动物致人损害的侵权诉讼，由动物饲养人或者管理人就受害人有过错或第三人有过错承担举证责任；⑥因缺陷产品致人损害的侵权诉讼，由产品的生产者就法律规定的免责事由承担举证责任；⑦因共同危险行为致人损害的侵权诉讼，由实施危险行为的人就其行为与损害结果之间不存在因果关系承担举证责任；⑧因医疗行为引起的侵权诉讼，由医疗机构就医疗行为与损害结果之间不存在因果关系及不存在医疗过错承担举证责任。有关法律对侵权诉讼的举证责任有特殊规定的，从其规定。

---

① 杨立新：《医疗损害责任的因果关系证明及举证责任》，《法学》2009年第1期，第35页。

第十章

证明标准

　　承担举证责任的诉讼主体证明到何种程度才算完成证明，这就是证明标准的问题。证明标准是证据制度的核心和灵魂，如果没有确立证明标准，就不可能成为完善的证据制度。① 可以说，证明主体、证明责任和证明标准这三个证明要素具有内在的逻辑性，能否达到证明要求，决定了证明主体是否完成证明责任。

第一节　证明标准概述

　　所谓证明标准，是指举证责任承担者运用证据证明案件事实所要求达到的标准、尺度、要求或程度。因此，证明标准也称证明尺度、证明额度、证明强度或证明要求。这是一把尺子，衡量什么时候证明成功了，也决定了对某个具体内容的法官心证，法官必须凭什么才算得到心证。② 只有达到

---

① 裴苍龄：《论证明标准》，《法学研究》2010 年第 3 期，第 71 页。
② 〔德〕汉斯·普维庭：《现代证明责任问题》，吴越译，法律出版社，2000，第 90 ~ 91 页。

证明标准，法官才能认定相关事实并据此裁判。

一 证明责任和证明标准的关系

证明责任和证明标准的关系十分密切。可以说，证明责任是从诉讼主体角度观察的证明标准，实质上是证明标准的主体化；证明标准是从诉讼客体角度观察的证明责任，实质上是证明责任的客体化。[①] 两者相辅相成，离开证明责任谈证明标准是没有意义的，同样，离开证明标准谈证明责任也是空谈。在诉讼中，承担证明责任的主体必须明确证明标准，并以此为目标，才能达到维护自身合法权益的目的。在证明责任的双重含义中，结果责任和证明标准的联系尤为直接和紧密，因为如果达不到证明标准，承担举证责任的一方当事人将承担败诉后果。美国教授迈克尔·贝勒斯认为："人们常指出，说服责任有三级标准：较为可靠、确凿可信、勿庸置疑。从理论上讲，较为可靠指证据的真实性超过 50%，其他标准的要求更高。"[②]

二 证明标准的分类

证明标准在不同法系或者不同的国家、地区有不同的分类方法，这种分类大多是理论上的一种划分，但是对于理解证明标准有一定帮助。

在大陆法系证据法理论中，证明可分为严格证明和自由证明，相关理论是德国学者迪恩茨于 1926 年在其论文《刑事诉讼程序之三种证明》一文中提出的。具体而言，严格证明是指使用具有证据能力的证据，经过法律规定的证明方式和程序进行调查的证明规则；自由证明则是指使用不一定具有证据能力的证据，由法官进行自由裁量就可径直作出判断的证明规则。[③] 在德国，严格证明的限制条件仅包含证据的法定形式和法定的证据调

---

① 汤维建、陈开欣：《试论英美证据法上的刑事证明标准》，《政法论坛》1993 年第 4 期，第 77 页。

② 〔美〕迈克尔·D. 贝勒斯：《法律的原则——一个规范的分析》，张文显等译，中国大百科全书出版社，1996，第 67 页。

③ 竺常赟：《刑事诉讼严格证明与自由证明规则的构建》，《华东政法大学学报》2009 年第 4 期，第 83 页。

查程序两个方面，但其立法规定的法定证据种类并不是绝对的。[①] 严格证明理论在荷兰、奥地利以及整个欧盟（《欧盟刑事法典》）的刑事证明制度中都有所反映。[②] 在自由证明中，证据是否需要在庭审中出示以及出示后的调查程序，可由法官自由裁量。这一划分方式具有多重意义，例如，防止公权力滥用，保障当事人合法权益，提高诉讼效率等。在案件的争议事实上，采用严格证明，有利于查明案件真相，避免草率大意以及暗箱操作；在双方没有争议或争议不大的事实上，通过自由证明，则可减少司法资源的浪费。在日本、中国台湾地区的证据理论中，也有类似的分类，如（狭义）证明与释明。两者在法律上要求的心证程度并不相同：狭义证明使法官获得确信程度的心证；释明仅使法官相信待证事实具有可能性。

在英美证据法上，按照证明所需的确定性程度划分，证明标准由高而低分为以下 9 种：①绝对的确定性；②排除合理怀疑；③清楚而令人信服的证据；④优势证据；⑤可成立的理由；⑥合理相信；⑦有合理怀疑；⑧怀疑；⑨没有信息。[③] 例如，美国的刑事证明标准通常就是排除合理怀疑，合理怀疑是一种基于理智和常识的怀疑，会使理性之人在采取行动或作出决定时犹豫不决。

第二节　证明标准的多元化

"近代德国证据法理论所提倡的证明等级分类，事实上是有关证明本质和证明功能的理性思考。"[④] 诉讼是一个比较漫长的过程，随着时间的推移和阶段的推进，案情调查和证据情况都在不断变化，因此，从头至尾采取同一证明标准是不现实的，很多国家和地区针对不同证明事项、不同诉讼阶段设置了不同的证明标准。

---

① 何家弘：《外国证据法》，法律出版社，2003，第 342 页。

② 林钰雄等：《严格证明的映射：自由证明法则及其运用》，《国家检察官学院学报》2007 年第 5 期，第 4 页。

③ 汤维建、陈开欣：《试论英美证据法上的刑事证明标准》，《政法论坛》1993 年第 4 期，第 78 页。

④ 陈浩然：《证据学原理》，华东理工大学出版社，2003，第 377 页。

一　程序性事项的证明标准

刑事诉讼中的强制措施大多涉及人身自由，因而在证明标准上是比较严格的。在德国，羁押的证明标准表述为"高度的可能性"，即具有很高的定罪可能性；在日本，羁押的法定理由之一就是"有相当理由足以怀疑犯罪"。[①] 在美国，逮捕的证明标准为"合理根据"或"相当理由"。其法律定义是：在执法人员的知识与其合理可信的情报本身足以证明一个合理小心的人相信违法行为已完成或正在进行中，则相当理由是存在的；其实务定义为："当嫌犯已经违法或证物将可能在特定地点被找到之可能性高于50%时，相当理由是存在的。"[②]

对于某些侦查措施，例如针对犯罪嫌疑人的拦截和拍身搜查，美国联邦最高法院通过判例确定了专门的证明标准，一般表述为"合理怀疑"，以区别于宪法所规定的逮捕和搜查的证明标准；德国的临检与美国的拦截和拍身搜查在一定程度上类似，其证明标准通常表述为"犯罪嫌疑"或"一般怀疑"，从心证的程度来说可能与美国的"合理怀疑"差不多。[③]

关于非法证据的证明标准，《中华人民共和国刑事诉讼法》第60条规定，对于经过法庭审理，确认或者不能排除存在该法第56条规定的以非法方法收集证据情形的，对有关证据应当予以排除。显而易见，"确认或者不能排除"的证明标准更有利于保障被告方的合法权益。

二　认罪协商中的证明标准

1985年在意大利米兰召开的第七届联合国预防犯罪和罪犯待遇大会通过了《为罪行和滥用权力行为受害者取得公理的基本原则宣言》（*Declaration of Basic Principles of Justice for Victims of Crime and Abuse of Power*）。该宣言明确提出，应当斟酌情况尽可能利用非正规的解决争端办法，包括调解、仲裁、常理公道或地方惯例，以协助调解和向受害者提供补救。也就是说，现代

---

① 〔日〕田口守一：《刑事诉讼法》，刘迪等译，法律出版社，2000，第54页。
② 〔美〕罗南多·戴尔卡门：《美国刑事侦查法制与实务》，李政峰等译，五南图书出版有限公司，2006，第85页。
③ 周洪波：《实质证据与辅助证据》，《法学研究》2011年第3期，第169页。

刑事司法所追求的价值目标更加多元化，刑事协商恰好满足了这一需要。在协商的方式上，不同的国家和地区存在差异。

辩诉交易在美国刑事诉讼中非常普遍。根据《布莱克法律辞典》的解释，"辩诉交易（plea bargaining）是指在刑事诉讼中，检察官和被告之间进行协商，被告就较轻的罪名或者数项指控中的一项或几项作出有罪答辩，以换取较轻的处罚或者由检察官撤销其他指控"。① 美国联邦最高法院在阿尔弗德案中认为，如果辩诉交易的案卷材料包含了被告人有罪的"有力证据"（strong evidence），即使被告人主张无罪，法院仍可采纳有罪答辩，对其作出有罪判决。美国联邦最高法院虽未解释"有力证据"，但认为该案中确实存在证明阿尔弗德有罪的"压倒性证据"（overwhelming evidence）。②

大陆法系国家和地区则大多采取认罪协商、刑事和解、刑事调解等形式。在认罪协商制度中，无论是立法还是判例，德国均坚持法官的真实发现义务以及相应的职权调查原则。法官有责任为发现实体真实而对被告人有罪供述的真实性进行独立调查和核实，不能简单地因为被告人在公开法庭上供述了罪行，便直接宣告其有罪，因而证明标准与被告人不认罪案件相比并未降低。只是由于被告人作了有罪供述，法庭上的证据调查和言词辩论程序被简化了而已，不再完全适用严格证明的证据规则。③ 中国2018年10月写入《中华人民共和国刑事诉讼法》的"认罪认罚从宽"程序也要求达到案件事实清楚、证据确实充分的程度。可见，大陆法系的认罪协商案件和其他刑事案件的证明标准一般没有本质区别，只是证明程序上的繁简程度有所差异。

三　提起公诉的标准

1994年英国《皇家检察官守则》（*The Code for Crown Prosecutors*）第5条第2款明确规定了提起公诉的证明标准，即皇家检察官必须确信有充足的证据以支持对每一个被告人提出的每一项指控，并证明至预期可定罪的程

---

① Bryan A. Garner（ed.），*Black's Law Dictionary*，8th ed.，St. Paul，Minn：West Publishing Company，2004，p. 3657.
② 谢登科：《论刑事简易程序中的证明标准》，《当代法学》2015年第3期，第137页。
③ 孙长永：《认罪认罚案件的证明标准》，《法学研究》2018年第1期，第176页。

度。[①] 美国加州证据法第 520 条也提到，检察官举证必须达到表面证据程度，这一程度是指检察官所提出的证据，在无相反证据的情况下，可据此认定其所证明之事为真实的程度，若未能达到此程度，被告即可请求法院作出无罪判决。[②] 中国则要求公诉人提起公诉必须达到案件事实清楚、证据确实充分的标准。

四 作出判决的证明标准

由于刑事案件和民事案件的性质有很大不同，事关的利益或者权利也有明显的差异，大多数国家和地区对于两类案件的判决标准要求不同。

源自基督教神学怀疑理论的"排除合理怀疑"现已发展为普通法的一项刑事证明标准。[③] 排除合理怀疑是指案件的一种状态，在对所有证据作了总体比较和考虑之后，陪审团不能说他们感到已对指控的真实性形成了定罪方面的道德上的确定性。[④] 英国学者麦克埃文悲观地指出："一直都在尝试为合理怀疑下定义，以方便陪审团裁断，但是这些努力至少与对概念的表述本身一样让人糊涂。"[⑤] 台湾学者李学灯的相关见解则非常具体。他认为，怀疑是一种可以说出理由的怀疑，并不是无缘无故的，否则，任何纷纭的人事都可以发生想象或幻想的怀疑。因此，合理怀疑不是任意妄想的怀疑；不是过于敏感机巧的怀疑；不是仅凭臆测的怀疑；不是吹毛求疵、强词夺理的怀疑；不是于证言无征的怀疑；不是故意为被告解脱以逃避刑责的怀疑。上述怀疑不是通常有理性之人的合理、公正、诚实的怀疑。[⑥] 有实证研究对 171 位美国联邦法官进行调查，要求其量化"超越合理怀疑的"

---

① 江礼华：《外国刑事诉讼制度探微》，法律出版社，2000，第 122 页。

② John L. Worrall et al. , *Criminal Evidence: An Introduction*, 2nd ed. , US: Oxford University Press, 2012, p. 53.

③ 〔法〕罗伯特·雅各布：《上天·审判——中国与欧洲司法观念历史的初步比较》，李滨译，上海交通大学出版社，2013，第 77 页。

④ 〔美〕巴巴拉·J. 夏皮罗：《对英美"排除合理怀疑"主义之历史透视》，熊秋红译，载《公法》（第 4 卷），法律出版社，2003，第 64~65 页。

⑤ 〔英〕詹妮·麦克埃文：《现代证据法与对抗式程序》，蔡巍译，法律出版社，2006，第 106 页。

⑥ 李学灯主编《证据法比较研究》，五南图书出版有限公司，1992，第 667 页。

标准，所得到的平均值为 90.28%。[①]

民事判决的证明标准则通常低于刑事判决的证明标准。德国民事诉讼证明标准被主流学者界定为"完全证明"，并不要求待证事实客观上百分百为真，而只是裁判者个人对争议事实的主观确信；法官的主观确信也不是排除所有抽象怀疑的绝对确定，而是达到一般生活所需的确定程度即可。学说和判例上不乏以"高度盖然性"来界定此论述。[②] 中国民事诉讼的一般证明标准是高度盖然性；特殊证明标准是排除合理怀疑。例如，当事人对于欺诈、胁迫、恶意串通事实的证明以及对口头遗嘱、赠与事实的证明，法院确信此待证事实存在的可能性能够排除合理怀疑的，应认定该事实存在。

五　证明标准的新发展

从诉讼史来看，证明标准处于不断的调整和变化中。此外，科技发展的成果也在向司法领域流动和转化。例如，2017 年初，中央政法工作会议明确提出"运用大数据技术，形成操作性强、可数据化的统一法定证明标准"。大数据的优势在于看似客观的数据对决策过程去情绪化和去特殊化，以运算法则取代审判员和评价者的主观评价，不再以追究责任的形式表明决策的严肃性，而是将其表述成更客观的"风险"和风险规避。[③] 澳门的诉讼传统和现实崇尚法官自由心证，在现代科技的影响和冲击之下，未来会发生何种变化很难预见，但是科技已经彻底改变了人类的生活方式，司法活动也不可能例外，只是程度的差别而已。

第三节　澳门的证明标准

澳门三大诉讼中的证明标准颇具特色，尤其是刑事案件的证明标准，

---

① C. M. A. McCauliff, "Burdens of Proof: Degrees of Belief, Quanta of Evidence, or Constitution Guarantees?", *Vanderbilt Law Review*, Vol. 35, No. 6, 1982, p. 1332.

② 吴泽勇：《"正义标尺"还是"乌托邦"？——比较视野中的民事诉讼证明标准》，《法学家》2014 年第 3 期，第 149 页。

③ 〔英〕维克托·迈尔等：《大数据时代》，盛杨燕、周涛译，浙江人民出版社，2013，第 225 页。

划分得比较精细，明显考虑到不同主体和不同阶段的特殊性，较好地体现了区分度。相对而言，民事、行政案件只是在法院裁判，主要还是取决于法官的自由心证。

一 刑事案件的证明标准

根据澳门《刑事诉讼法典》的相关规定，刑事诉讼的不同行为和不同阶段需要达到的证明标准不一样，可以说是随着诉讼进程的推进而逐步提高的。这不仅符合人的认识规律，也有利于推动诉讼程序顺利进行和保障人权。

（一）有迹象

澳门《刑事诉讼法典》第 159 条第 1 款规定，如有迹象显示某人身上隐藏任何与犯罪有关或可作为证据的对象，则命令进行搜查。"迹象"指的是一系列有说服力的要素，能够使人相信嫌犯犯下了能对其归责的犯罪事实。[1] "迹象"相当于足够、充分的痕迹、疑点、推定、征兆和指示，以使人相信存在犯罪且嫌犯是此犯罪的责任人。[2] 在澳门刑事诉讼证明标准体系中，"有迹象"是最低标准，这也符合搜查措施的特点及严厉程度。

（二）强烈迹象

根据澳门《刑事诉讼法典》的规定，羁押措施的条件之一是如属下列情况，且法官认为其他措施对于有关情况不适当或不足够，可命令将嫌犯羁押：①有强烈迹象显示嫌犯曾故意实施可处以最高限度超过 3 年徒刑的犯罪；②作为羁押对象的人曾不合规则进入或正不合规则逗留澳门，或正进行将该人移交至另一地区或国家的程序或驱逐该人的程序。澳门法院曾在裁判中指出，"强烈迹象"是不确定的法律概念，被理解为"发生某一特定事实的迹象，从中可合理推断出嫌疑人可能实施了该行为。这种合理的可能性须是肯定大于否定，或者说，面对收集到的证据可形成嫌疑人更有可能实施了该行为、而不是没有实施该行为的心证，这里并不要求刑事裁判

---

① 澳门特别行政区中级法院第 95/2005 号刑事诉讼程序上诉案裁判书。
② 澳门特别行政区中级法院第 287/2005 号刑事诉讼程序上诉案裁判书。

中的肯定性或真确性"。① 羁押措施完全剥夺了嫌疑人的人身自由，严厉程度远远超过搜查，采取更高标准也是必须的。

(三) 充分迹象

澳门《刑事诉讼法典》第 259 条规定了侦查归档制度。一经收集足够证据，证明无犯罪发生，或嫌犯未以任何方式犯罪，又或提起诉讼程序依法系不容许者，检察院须将侦查归档。如检察院未能获得显示犯罪发生或何人为行为人之充分迹象，侦查亦须归档。归档批示须告知嫌犯、辅助人、具有正当性成为辅助人之检举人、被害人、民事当事人及在有关诉讼程序中曾表示有提出民事损害赔偿请求意图之人。对归档批示，得向直接上级提出异议。同时，澳门《刑事诉讼法典》第 265 条规定了检察院提出控诉的证明要求。如果侦查期间收集到充分迹象，显示有犯罪发生及何人为犯罪行为人，则检察院须对该人提出控诉。所谓充分迹象，是指该等迹象能够合理显示出嫌犯可能最终被科处刑罚或保安处分。对于起诉来说，并不需要确定存在违法行为，但迹象事实应该充分，经过逻辑上的联系与结合，构成对嫌犯过错的确信，形成对所归责之事可能性的判断。② 可见，充分迹象中的"充分"表明了数量和程度上的要求，毕竟提出控诉是一件很重大的事情，一旦起诉，案件就将进入审判程序。

(四) 简单和明显的证据

澳门《刑事诉讼法典》中的"简捷诉讼程序"适用于下列案件：①最高限度不超过 3 年徒刑，包括并科罚金的犯罪，或仅可科罚金的犯罪；②有简单和明显的证据，且有充分迹象显示犯罪的发生及犯罪行为人为何人的案件。简单及明显的证据是指以下任一情况：①行为人在现行犯情况下被拘留，但不能通过简易诉讼程序进行审判；②证据主要为书证；③证据以目击证人所述的事实为基础且其说法倾向于一致。除此以外，简捷诉讼程序也要求有"充分迹象"。

(五) 充分证据

在澳门的审判实践中，法官仅在形成合理证据链的情况下才会认定事

---

① 澳门特别行政区中级法院第 690/2016 号司法上诉案裁判书。
② 澳门特别行政区中级法院第 125/2005 号刑事诉讼程序上诉案裁判书。

实。由于事实的高度可能性，"充分证据"形成法官的完全心证。合理证据链应该是完整的，彼此之间没有矛盾，不存在合理怀疑，并且可以得出确定的结论。

此外，"罪疑唯轻原则"被纳入证据范围，法官对案件的关键事实不确定时，应采用有利于被告的方式进行审理。促使法院作出有利于被告决定的疑问必须是正面的、合理的，能够反驳相反事实，并可阻碍法院的心证。就是在这对立点中开始勾画出罪疑唯轻原则及自由证据原则之间的公式，而后者应假设为法官审查的客观、具理由及可操控的理解。[①] 也就是说，"疑点利益归被告"，法院在认定事实的过程中，对审理的证据所要证明的事实的真伪存有合理怀疑时，应该作出有利于嫌犯的决定。[②] 这是刑事诉讼中有关证据的主导性原则，所有被指控实施犯罪的被告在法院有罪判决转为确定之前被推定无罪，如对诉讼目标存有任何疑问，有关疑问须以有利于被告的方式予以解决。[③] 这也是无罪推定原则的要求，有利于保障刑事被告方的合法权益。

二 民事、行政案件的证明标准

澳门《行政诉讼法典》第 1 条明确指出，行政上的司法争讼程序受本法典的规定及关于司法体系组织的法律规定所规范，且补充适用经作出必要配合的民事诉讼法的规定。总的来看，民事、行政案件的证明标准是相当的，由于不涉及侦查和审查起诉等阶段，较刑事诉讼相对简单，主要取决于法官的自由评价。

（一）保全程序的证明要求

根据澳门《民事诉讼法典》有关保全程序的规定，如果声请人事先能够证明其权利将遭受严重及难以弥补的侵害，便可在诉讼前依据该法第 326 条第 1 款的规定，向法院申请保全程序。但在司法实务上，由于澳门个人资料保护法律制度非常严格，声请人难以知悉被声请人详细的财产资料，在证明其权利将遭受严重及难以弥补的侵害方面存在巨大困难。如今交通、

---

① 澳门特别行政区中级法院第 44/2005 号刑事诉讼程序上诉案裁判书。
② 澳门特别行政区中级法院第 368/2014 号刑事诉讼程序上诉案裁判书。
③ 澳门特别行政区中级法院第 826/2018 号刑事诉讼程序上诉案裁判书。

通讯、科技等十分发达，被声请人很容易转移资产，导致许多保全程序的声请未能获得法院的支持。

（二）证据自由评价原则

根据澳门《民事诉讼法典》第 436～437 条，法院应考虑诉讼程序中取得的一切证据，即使该证据不是由负举证责任的当事人提出，不是由其声请的措施中获得，或并非该当事人查得，但不影响因一事实非由特定利害关系人陈述而声明无须理会该陈述的规定。如果就事实的真相或举证责任的归属有疑问，则以对因该事实而得利的当事人不利的方法解决。证据由法院自由评价，法官须按照对每一事实的审慎心证作出裁判。如果就法律事实的存在或证明，法律规定了特别手续，则不得免除该手续。

行政程序的调查有别于刑事程序的侦查，但亦不能够过于草率，因为只有在进行充分的调查措施后，行政当局才具备条件对司法上诉人是否曾实施违法行为作出判断。[①] 澳门《行政诉讼法典》第 42 条第 1 款 g 项和 h 项[②]及第 64 条[③]的规定应被作出限制性解释，即在司法上诉中不能调查以推翻已在纪律程序中产生的证据为目的的证据。总的来看，除了法定手续以外，对于庭审中的证据认定，全凭法官的心证，证据的数量多寡并不是形成心证的条件。

---

① 澳门特别行政区中级法院第 73/2018 号司法上诉案裁判书。
② 起诉状的要件之：g）指出拟证明之事实；h）声请采用其认为必需之证据方法，并就所指出之事实逐一列明其所对应之证据方法。
③ 采用证据之声请之变更：如无出现上条所指之情况，则命令通知司法上诉人、司法上诉所针对之实体及对立利害关系人，以便其在 5 日期间内行使变更有关采用证据之声请之权能，只要该变更系基于嗣后知悉重要之事实或文件而作出。

第十一章

证明程序

证据准入与证据评估的分离是两大法系证据审查体系的共同特征，其基本要义在于将证据审查从整体上区分为两个步骤。[①] 合法调查程序基于直接审理及言词主义的理论，重在证据的实质，即直接调查证据内容的真实性，以发现实体真实，并非重在调查的形式。[②] 总之，诉讼证明活动是一个环环相扣的过程，任何环节出错都可能导致案件结果偏离正确方向，必须慎之又慎。此外，现代科技正在逐步影响诉讼证明活动，例如，2019 年 12 月 12 日，杭州互联网法院上线智能证据分析系统，综合运用大数据、区块链、人工智能、云计算等前沿技术，裁判者只需一键点击就可获得证据的分析结果。虽然效果还有待实践的进一步检验，但是这一运用无疑节省了大量重复性的机械劳动，有利于提高法院审查判断证据的效率。

---

① 吴洪淇：《证据法的理论面孔》，法律出版社，2018，第 44 页。
② 陈朴生：《刑事证据法》，三民书局，1979，第 182 页。

第一节 证明准备

"在司法事实调查中永远会存在大量非理性的、偶然性的、推测性的因素,而这些因素的存在,则会使人们根本不可能对诉讼结果作出预见。"① 所以,为了尽可能地达到证明目的和证明效果,无论在哪一种诉讼中,都必须进行充分的庭前准备。香港《检控守则2013》规定了控方披露材料的责任。香港《刑事诉讼程序条例》第65D(1)条就"不在犯罪现场的通知"作出规定,即在循公诉程序进行的审讯中,除非被告人已将不在犯罪现场的证据披露,否则未经法庭许可,被告人在法庭上不能援引该证据。《中华人民共和国刑事诉讼法》和《中华人民共和国民事诉讼法》均规定了庭前会议制度;2018年最高人民法院发布了《人民法院办理刑事案件庭前会议规程》。在庭前会议中,法院可以整理双方诉求、交换证据、归纳争议焦点、排除非法证据等。澳门三大诉讼中均有为证明作准备的相关制度安排。

一 证据保全

在澳门刑事诉讼中,即使在接获有权限司法当局的命令进行调查前,刑事警察机关仍有权限作出必需及迫切的保全行为以确保证据:①检查犯罪痕迹,以确保物及地方的状态得以保持;②向有助于发现犯罪行为人及有助于重组犯罪的人收集资料;③对可扣押的物件采取保全措施。即使在司法当局介入后,刑事警察机关仍须确保其获悉的新证据,并应立即将有关证据的消息通知司法当局。在向公众开放且不法分子惯常前往的地方,刑事警察机关可认别身处其中之人的身份。刑事警察机关须认别涉嫌人的身份,并为此目的让涉嫌人与其信任的人联络;如有需要,须进行指纹、照片或类似性质的证明工作,亦须请涉嫌人指出其能够被寻见且能够接收通知的居所。如果有值得怀疑的理由,刑事警察机关可将无能力表明或拒

---

① 〔美〕E.博登海默:《法理学:法律哲学与法律方法》,邓正来译,中国政法大学出版社,1999,第156页。

绝表明身份的人带往最近警区，并可在认别身份所必需的时间内强迫涉嫌人逗留在警区，但任何情况下均不得超逾6小时。

根据澳门《民事诉讼法典》第444、445条，如果有理由恐防其后将不可能或极难取得某些人的陈述或证言，不可能或极难通过鉴定或勘验查核某些事实，可预先取得有关陈述或证言，或进行鉴定、勘验，亦可在提起诉讼前进行。声请人须扼要说明需预行调查的理由，并准确叙述应予证明的事实；如果须取得当事人陈述或证人证言，则须指出其身份资料。

澳门《行政诉讼法典》第138条也有类似的规定，法官可预先调查证据，如果有理由担心将来不可能或难以取得某些人的陈述或证言，不可能或难以通过鉴定或勘验查核某些事实，可在提起有关诉讼程序前，取得其陈述、证言，或进行鉴定、勘验。当某一行政活动可能对居民的权益造成严重及难以弥补的损害，上述特定预防及保全程序未能作出有效保障时，利害关系人可以根据具体情况请求法院作出适当的预防及保全措施。[①]

二 提出答辩

在澳门刑事诉讼中，嫌犯享有沉默权，但嫌犯如果打算答辩，须自指定听证日期的批示作出通知之日起20日内提出，并附证人名单。答辩无须经特别手续。

在澳门民事诉讼中，被告可在获传唤后30日内答辩；如果有中间期间，则答辩期间自中间期间终结时开始。如果有数名被告，而各人的防御期间在不同日期终结，则各被告可在最迟开始的期间终结前共同作出答辩或各自作出答辩。被告应在答辩状中指出有关的诉讼，并阐述反对原告主张的事实理由及法律理由，以及分开列明所提出的抗辩。被告答辩时应对起诉状中分条缕述的事实表明确定的立场。

三 事实筛选

澳门刑事诉讼目前缺乏专门的庭前证据开示、争点及证据整理程序。

---

① 米万英、何伟宁：《澳门地区行政诉讼：制度、立法与案例》，浙江大学出版社，2011，第39页。

证据开示可以帮助双方当事人知悉对方的证据资料或者向对方进行披露，其目的在于做好充分的庭前准备，避免审判中的证据突袭。如今，无论是大陆法系还是英美法系，大多建立了庭审前的开示及整理程序，以提高庭审效率。例如，《美国联邦刑事诉讼规则》第16条区分了检察官与被告应开示的内容。日本则参考了英美等国的证据开示规则，于2004年采取新的证据开示制度，将证据开示与庭前准备相结合，制定了阶段式的开示结构。《日本刑事诉讼法》第316条之2明确指出，法院为确保连续、按计划且迅速地进行充实的公审，认为有必要时，听取检察官及被告人或辩护人的意见，在第一次公审期日前，可进行以整理案件争点及证据为目的的公审准备，以裁定将案件交付公审前整理程序。《韩国刑事诉讼法》第266条之5规定，裁判长为了高效集中审理案件，可适用公审准备程序。公审准备程序应当书面准备主张和质证安排等或确定公审准备日。检察官、被告人或辩护人应当协助公审准备程序的进行，可提前收集、整理证据、材料等。

在澳门，如果民事诉讼程序必须继续进行，且被告已在诉讼中提出答辩，则法官须在清理批示中，或无该批示时在相应的指定期间内，从对有关法律问题的各个可予接受的解决方法中筛选出重要事实事宜，并指出视为已确定的事实，以及因有争论而归入调查基础内容的事实。对于视为已确定的或归入调查基础内容的事实事宜的筛选，当事人可以未包括某些事实、纳入某些事实或所作筛选含糊不清为由提出声明异议。法院办事处须将清理批示、筛选事实的批示或将对声明异议作出裁判的批示通知当事人，当事人应在15日内声请采取证明措施，更改诉辩书状中有关证据的声请，或声请将辩论及审判的听证录制成视听资料。该期间届满，并考虑辩论及审判听证前进行的调查措施可能需要的时间后，法官会立即指定辩论及审判听证的日期。

四　证人名单

在刑事诉讼中，嫌犯须在提交证人名单时，一并指出应被通知出席听证的鉴定人。证人名单按情况而定，可应检察院、辅助人、嫌犯或民事当事人的声请而补充或更改，但必须可以在听证日的3日前告知其他人。如果证人及鉴定人被指定，而指定之人未承诺在听证时带证人及鉴定人到场，则须通知证人及鉴定人到场。应出席听证的上述人士或其代位人的声请，法官可裁定给予一定金额，该金额是按照训令核准的收费表计算得出的，作为已发生的开支的补偿，裁定给予的金额算入诉讼费用内。

在民事诉讼中，当事人可最迟在进行辩论及审判听证的日期前 30 日提供、更改或补充证人名单；同时，须将该事通知他方当事人，以便其欲行使相同权能时能在 5 日内实行。

第二节　证据调查

澳门《刑事诉讼法典》第七卷第三章规定了"证据调查"。澳门《民事诉讼法典》第三卷第三章规定了"诉讼之调查"。澳门《行政诉讼法典》第二章第五节"诉讼程序之进行"中亦有若干条文涉及证据调查。此外，根据澳门《司法组织纲要法》第 7 条，法院在履行职责时，行政当局有服从义务。如果法院把有争议的、未被法定完全证据证明的事实当作已认定事实，并且不允许各当事人对提出的证据进行调查，则违反辩论原则、平等原则等。①

一　刑事审判中的证据调查

一般而言，法院依职权或应声请命令调查所有其认为对发现事实真相及作出良好裁判必须审查的证据。如果法院认为需要调查未载于控诉书、起诉书或答辩状的证据方法，则尽早预先将此事告知各诉讼主体并载于记录内。如果证据或有关方法是法律不容许的，则以批示驳回有关声请。如果明显存在下列情形，则驳回证据的声请：①所声请的证据不重要或不必要；②证据方法不适当、不可能获得或非常怀疑其能否获得；③声请目的纯为拖延时间。

调查证据应遵照下列次序：①嫌犯的声明；②提出由检察院、辅助人及受害人指定的证据方法；③提出由嫌犯及应负民事责任之人指定的证据方法。主持审判的法官须告知嫌犯有权在听证中的任何时刻作出声明，只要该声明涉及诉讼目标，并告知嫌犯无义务作出声明，且不会因沉默而遭

---

① 澳门特别行政区终审法院第 17/2003 号行政司法上诉案裁判书。

受不利后果。如果嫌犯愿意作出声明，则法院听取嫌犯的一切陈述，但不发表任何意见或评论，使人从中可推论出对嫌犯罪过的判断。如果嫌犯愿意作出声明，每一法官均可向其发问关于对其归责事实的问题，并要求其解释所作的声明。嫌犯可自发或应辩护人的建议拒绝回答部分或全部问题，但不会因此而遭受不利后果。应检察院、辩护人、民事当事人律师或辅助人律师的请求，可通过由任一法官或主持审判的法官发问的方式，听取辅助人、民事当事人的声明。鉴定人的声明由主持审判的法官听取，其余法官、检察院、辩护人、辅助人律师及民事当事人律师，可建议主持审判的法官要求鉴定人作出解释，或建议主持审判的法官向鉴定人提出对案件作出良好裁判有用的问题。

调查证据完结后，主持审判的法官会依次让检察院、辅助人律师、民事当事人律师及辩护人发言，以作口头陈述，阐述从已调查证据中得出的事实上及法律上的结论。对口头陈述仅可作一次反驳；如果辩护人要求发言，则辩护人必须是最后发言者，否则无效。反驳应仅限于在确实必需的范围内驳斥先前未经争论的相反论据。每一发言者的口头陈述不得超过 40 分钟，反驳则不得超过 20 分钟；然而，如果法律容许的最长时间已过，发言者以案件复杂为由声请继续发言且有依据的，主持审判的法官可以容许。陈述完结后，主持审判的法官询问嫌犯是否还有其他事情陈述以便为自己辩护，并听取嫌犯为其辩护利益而声明的一切内容。

二 民事审判中的证据调查

诉讼调查是对需要查明的事实提出证据方法的诉讼阶段。诉讼调查起始于法院办事处在调查基础内容确定后对双方当事人所作的通知，以便该等当事人在 15 日内声请采取证明措施，这一诉讼阶段在辩论和审判听证中完成对证人的询问之后即告终结。[①] 调查程序以证据为中心，是法院正确裁判的基础。

（一） 提出证据

在民事诉讼中，当事人、证人或其他应在诉讼程序中作陈述或证言的

---

① 〔葡〕利马：《民事诉讼法教程》（第二版），叶迅生、卢映霞译，澳门法律及司法培训中心，2009，第 277 页。

人，如果是预先作出陈述或证言，必须将其录制成视听资料。如果不能录制成视听资料，则有关陈述或证言按照法官口述的内容作成书面记录；当事人或其诉讼代理人可以提出其认为恰当的声明异议，而作出陈述或证言之人在阅读其陈述或证言的书面记录后确认，或请求作出必需的更正。

如果当事人欲使用动产作为证据，而该物由法院处置不会引致不便，则应在提交文件的指定期间内将该物交予办事处；其他当事人可在办事处查验该物，以任何机械复制方法摄取该物的影像。如果当事人想使用不动产或不可寄存在办事处的动产作为证据，则应在法定期间内声请通知其他当事人，以便其行使相关权能。提交上述证据并不妨碍对其进行鉴定或勘验。

提交文件的规则是文件应与陈述该等文件希望证明的有关事实的诉辩书状一同提交。如果不一同提交，有关文件应在第一审辩论终结前提交，但当事人将被判处罚款，除非证明有关文件不可能与有关诉辩书状一同提交。

（二）争执、反驳或对质

根据澳门《民事诉讼法典》第537、538条，当事人可基于法官拒绝证人作证的相同依据，就证人被接纳一事提出争执。争执须在初步讯问后提出；如果所提出的争执被接纳，须就有关事实事宜向证人发问；如果证人不承认该事实事宜，则提出争执之人可以文件或通过其偕同参与争执的证人，证实该事实事宜，但就每一事实不得提出多于3名证人。法院须立即裁定证人应否作证。如果证言必须以书面方式或录制成视听资料的方式记录，则亦须以相同方式记录争执的依据、证人的答复及曾就争执而被询问证人的证言。

开始进行询问前，须将证人集合在一房间内，以便其按照证人名单所载顺序出庭作证。首先作证的是原告的证人，其后为被告的证人；但法官命令变更证人名单中的顺序或当事人同意变更该顺序的除外。如果法院办事处的任何人员是证人，则其首先作证，即使其属于被告提出的证人，也是如此。主持讯问的法官应防止律师无礼对待证人，以及向证人提出离题、诱导性、误导性或侮辱性的问题或见解，可提出其认为对查明事实真相属必需的问题；如果由合议庭进行审判，助审法官亦可为之。为确保证人心情平静或阻止向其提出不适宜的补充问题，需要由主持讯问的法官进行讯问时，该法官可决定由其亲自讯问。如果发现证人不能到法院或到法院非常困难，经听取当事人的意见后，法官可允许证人以书面文件作证；该书面文件须注明日期，由证人签名，并须逐一记述其在场时发生的事实或其本人发现的事实，以及所援引的科学理由。

根据澳门《民事诉讼法典》第 543、544 条，当事人可反驳证人，陈述任何可质疑有关证言可信性的情况，不论是通过针对证人所援引科学理由的方法或通过使人对证人信任程度降低的方法。反驳应在证言结束时提出。如果反驳应予接纳，须听取证人就提出反驳的当事人所指称的事宜的陈述；如证人不承认该事宜，该当事人可通过文件或证人证实该事宜，但就每一事实不得提出多于 3 名证人。

根据澳门《民事诉讼法典》第 545、546 条，对于某一事实，如果各证人的证言之间，或证人证言与当事人陈述之间有直接矛盾，法官可依职权或应任一当事人声请，让出现矛盾之人对质。如果有关人士均在场，则立即进行对质；如果不在场，则指定日期进行该措施。如果须进行对质的人都曾通过请求书请求在同一地方作证或陈述，则可在受托法院进行对质；如果不能在受托法院进行对质，或矛盾的证言或陈述是在不同地方作出的，则审理有关案件的法官经衡量出庭往来所引致的成本后，可命令该人到场以便在其面前进行对质。如果证言或陈述必须以书面方式或录制成视听资料的方式记录，则须以相同方式记录对质的结果。

（三）视频作证问题

从其他法域来看，随着社会发展和科技水平的提高，视频作证日益普遍。香港 2003 年《证据（杂项修订）条例》新增多项条文，赋予法庭权力，准许当事人借电视直播联系方式提供证据。根据该条例第 17 条，《刑事诉讼程序条例》加入"第 IIIB 部——借电视直播联系录取在香港以外的证人的证据"。所谓电视直播联系（live television link），是指在一个系统中，两个地方设有让分处两地的人能够同时看见和听见对方的视听设置，且该等设施相互联系。法庭可应任何形式法律程序一方的申请，准许某人在法庭认为有关情况属恰当的条件限制下，在香港以外的地方借电视直播联系方式向法庭提供证据。[①]《挪威刑事诉讼法》第 109 条规定，任何人都

---

① 刘玫、卢莹：《香港与内地刑事诉讼制度比较研究》，中国人民公安大学出版社，2015，第 333 页。

有出席地区法院或上诉法院法庭作证的义务。但是，如果证人出庭作证搭乘普通交通工具达到 800 公里以上，或者搭乘其他交通工具达到 125 公里以上，或者搭乘多种交通工具达到类似距离，与其作证对于查明案件事实的意义相比，将造成不成比例的不便或损失，那么法院可以免除证人出庭。根据相关法律，证人有权获得补助。《瑞士刑事诉讼法》第 144 条规定了以视频会议形式进行的审查听证。如果被询问人无法或不便亲自到庭或者亲自到庭将会导致不合理花费时，检察官和法院可通过视频会议进行审查听证。对审查听证应当进行录音和录像。相较而言，挪威的规定最为细致，且具有可操作性。至于澳门，由于恪守直接言词原则，审判程序中一般不接受视频作证。不过，2018 年 1 月，澳门经济财政司司长批示修改《澳门消费争议仲裁中心规章》第 11 条第 2 款，批准仲裁中心通过远距离信息传送方式，例如，通过网络视像会议等方式进行跨域调解及审判听证。① 随着观念的改变和科技手段的进步，这一调查方式将来也会被逐步引入澳门的诉讼程序中。

（四）协助调查义务

根据澳门《民事诉讼法典》第 442 条，任何人均有义务协助发现事实真相，不论其是否为案件的当事人。为此，须回答办案机关向其提出的问题，接受必要的检验，提交被要求提交的物，以及作出被指定的行为。如果当事人以外的人不提供应给予的协助，则判处其缴纳罚款，且不影响依法可采取的强制方法；如果当事人不提供协助，则法官可以自由评价该行为在证明力方面所产生的效力，且不妨碍澳门《民法典》中有关举证责任的倒置。

如果提供协助将导致下列情况，则提供协助义务终止：①侵犯人的身体或精神的完整性；②侵入私人生活、住所、函件或其他通讯方法；③违反保守职业秘密的义务，违反公务员的保密义务，或违反保守本地区机密的义务。如果以此为依据提出推辞提供协助的请求，则刑事诉讼法中关于审查推辞的正当性及免除履行所援引的保密义务规定，根据所涉利益的性质经作出配合后，适用于此情况。

---

① 《修改〈澳门消费争议仲裁中心规章〉将建跨域消费仲裁合作机制》，《华侨报》2018 年 2 月 1 日第 22 版。

三 行政审判中的证据调查

澳门《行政诉讼法典》第 65 条规定，声请变更证据或有关期间完结后，须调查证据。收集证据的期间为 30 日，可延长 15 日。法官或裁判书制作人仅应针对其认为对案件裁判重要且可通过所声请采用的证据方法予以证明的事实调查证据。如果当事人欲证明的事实对案件的裁判并无任何重要性，法官可以不批准进行其提出的证据措施。[①]

关于审理问题的顺序，在判决或合议庭裁判中，法院须首先解决在陈述中提出、检察院在最后检阅时提出或由法官、裁判书制作人提出，且妨碍审理司法上诉的问题，或留待最后作出裁判的问题。如果没有任何妨碍对司法上诉进行审判的问题，则法院优先审理会引致司法上诉所针对的行为被宣告无效或法律上不存在的依据，其后审理会引致该行为被撤销的依据。

审查上述两组依据须遵循下列顺序：①在第一组中，根据法院的谨慎心证，先审查理由成立时能更稳妥或更有效保护受侵害的权利或利益的依据。②在第二组中，如果司法上诉人指明其指出的依据之间存有补充关系，则按司法上诉人指定的顺序审查依据；如果没有该顺序，则根据①中的顺序审查依据。如果检察院提出撤销有关行为的新依据，在审查陈述依据的顺序上，须遵守①中的规则。

为更好保护司法上诉人的权利或利益，如果法院有可能重新作出司法上诉所针对的行为，需要审查其他依据，则一项依据理由成立并不影响按所订定的顺序审查其他依据。司法上诉人对司法上诉的依据作出的错误定性，并不妨碍法院根据其认为恰当的定性而判定该司法上诉理由成立。

第三节　审查判断

在现代法律制度下，一项资料能否作为证据提交庭审调查，通常有两

---

① 澳门特别行政区第 326/2018 号行政、税务及海关方面司法裁判上诉案裁判书。

种裁量模式，即英美法系的规则调整模式和大陆法系的自由裁量模式。① 英美法系的当事人主义具有一定优势，但是其发现事实真相的功能也逐渐受到质疑。其审判宛若将胡椒撒进正在进行开刀手术的外科医师眼中那般，当事人热心且周到的诉讼准备和倾其全力的辩论活动，与其说是帮助法院发现真相，毋宁说是搅乱法院，使之头昏脑涨而看错真相。② 因此，需要大量的证据规则来制约当事人和引导裁判者。大陆法系则奉行职权主义审判，近年来也在吸收当事人主义的成功经验，但总的来讲，法官在庭审中的指挥作用明显，在证据调查和法庭辩论中常常通过阐明使当事人更好地理解和行使诉讼权利，依法对庭审中的证据进行审查判断，进而查清案件事实真相。法官"必须将他所拥有的成分，他的哲学、他的逻辑、他的类比、他的历史、他的习惯、他的权利感以及所有其他成分加以平衡，在这里加一点，在那里减一点，他必须尽可能明智地决定哪种因素将起决定性作用"。③

一 诉讼取证原则

根据澳门《民事诉讼法典》第 436 条的诉讼取证原则，任何一方当事人提交的材料为诉讼已取得的材料，法院应考虑在诉讼程序中取得的一切证据，即使该等证据不是由负举证责任的当事人提出，不是从其所声请进行的措施中获得，或不是通过该当事人所查得。有关原则体现为证据的整体性，倘若已就一方当事人提交的证据进行调查，则当事人不得放弃，除非事前该当事人已舍弃有关证据。在他方当事人逐一接受有关自认后，当事人不得撤回诉辩书状中明确自认的事实。当事人可声明不打算使用有关文件，则在案件中不得考虑该文件。④ 此外，澳门《行政诉讼法典》第 67 条规定，法官或裁判书制作人可依职权或应检察院的声请，命令采取其认为对案件作出公正裁判所必需的证明措施。

① 吴宏耀、魏晓娜：《诉讼证明原理》，法律出版社，2002，第112页。

② 黄东熊：《刑事诉讼法研究》（第三册），元照出版公司，2017，第27～28页。

③ 〔美〕本杰明·卡多佐：《司法过程的性质》，苏力译，商务印书馆，2005，第101页。

④ 〔葡〕利马：《民事诉讼法教程》（第二版），叶迅生、卢映霞译，澳门法律及司法培训中心，2009，第18页。

二 法官完全参与原则

只有曾参与所有庭审调查及辩论行为的法官，方可参与对事实事宜的裁判。如果任何法官在辩论及审判期间死亡或长期不能参与，则先前所作的行为须重新作出；如果暂时不能参与，则中断听证一段必要期间，但有关情况显示重新作出先前所作行为较适宜的除外；对决定中断听证或重新作出行为的裁判不得提起上诉，但该裁判由应主持继续进行听证或主持新听证的法官以附理由说明的批示作出。被调任、任用于更高职级或退休的法官，应先完成有关审判；但属强迫退休或因无能力担任有关职务而须退休的，或在上述任一情况下依法重新作出先前所作行为较适宜的，不在此限。即使正式负责有关案件的法官恢复工作，代任法官仍继续参与有关程序。

根据澳门《民事诉讼法典》第 553 条，主持听证的法官具有使辩论有效进行且尽快完成，以及确保案件公平裁判所必需的一切权力，尤其具有下列权限：①领导有关工作；②维持秩序及使人尊重法律、法院及其他机构；③采取必需措施，使案件辩论在庄严及平静的情况下进行；④在律师或检察院的声请或陈述明显过于冗长时，劝谕其简述，并指出其声明或陈述仅可涉及案件的事宜；如果其不听从有关劝谕，则禁止其发言；⑤向律师及检察院说明需要解释含糊或有疑问的地方；⑥在辩论终结前采取措施，扩大案件调查的基础内容，但当事人可指出有关证据方法，为此须遵守人证方面的限制。

三 对事实事宜的审判

对事实事宜的辩论终结后，合议庭须开会以便作出裁判；如果认为尚有未充分了解的地方，合议庭可听取其欲听取之人的陈述，或命令采取必要措施。对事实事宜的裁判须以合议庭裁判的方式作出，由独任法官负责审判时，须通过批示作出；所作裁判中须宣告法院认为已证实及未证实的事实，并分析有关证据，衡量其价值，详细说明构成审判者心证的决定性依据。合议庭裁判以多数票决定，裁判书由主持合议庭的法官缮写；主持合议庭的法官以及其他法官均可以在签署时指出就裁判中任何一点投票落败，亦可就理由说明部分作出不同立场的声明。此外，对事实事宜审理存在技术困难须借助专门知识解决时，如果法官不具备该知识，可指定具备该专门知识之人参与辩论及审判听证，并在听证时提供必需的解释；法官应在确定听证日期的批示中作出该指定。

只要未指明已证或未证事实，或未指明用于形成法院心证的证据，即无裁判事实的理由，裁判均属无效。[①] 当裁判存在审查证据方面的明显错误时，当事人可以提出上诉。根据澳门各级法院在裁判书中的解释，审查证据方面的明显错误是指对于一名普通市民来说，其明显知道被认定或未被认定的事实与实际不符，或者从某一被认定的事实中得出逻辑上无法接受的某一结论。[②] 也就是说，已认定的事实之间互不兼容。错误还指违反限定证据的价值的规则或职业准则。这种错误必须是显而易见的，明显到只要一般留意就会发现。法律要求法院在审理时对证据作出批判性分析，尤其是指出作为心证基础的证据。法院采纳证人证言并说明理由，只要不违反一般生活常理，所得出的结论完全是法官自由心证的范围，就不能成为上诉的目标。[③]

根据澳门《刑事诉讼法典》第 352 条，法官可以为了确定制裁而重开听证，如果需要补充证据调查，则法官须返回听证室，并由主持审判的法官宣告重开听证。随后须调查必需的证据，尽可能听取犯罪学鉴定人、社会重返技术员以及任何就嫌犯人格与生活条件能够提供重要陈述之人的意见。讯问必须由主持审判的法官进行，讯问完结后，其余法官、检察官、辩护人及辅助人律师可建议该法官要求作出解释，或建议该法官提出对案件裁判有用的问题。补充证据调查完结后，检察官、辅助人律师及辩护人可以各自在不超过 20 分钟的时间内作结论陈述。补充证据的调查不公开进行，但主持审判的法官通过批示认为公开进行不会侵犯嫌犯尊严的除外。

四 证据方面的明显瑕疵

澳门《刑事诉讼法典》第 400 条第 2 款规定了就事实或证据内容上诉的三种情形："a) 获证明之事实上之事宜不足以支持作出该裁判；b) 在说

① 澳门特别行政区中级法院第 7/2003 号刑事诉讼程序上诉案裁判书。
② 澳门特别行政区中级法院第 147/2006 号刑事诉讼程序上诉案裁判书。
③ 澳门特别行政区中级法院第 719/2018 号刑事诉讼程序上诉案裁判书。

明理由方面出现不可补救之矛盾；c）审查证据方面明显有错误。"澳门三级法院曾多次在裁判中解释过这一条款的含义。

该款 a 项中"获证明之事实上之事宜不足以支持作出该裁判"即"事实不足的瑕疵"，是指被认定的事实不足以支持裁判，在案件目标范围内查明事实时存在漏洞，作为裁判依据的被认定事实存在不足或不完整。[①] 也就是说，法院在调查事实时出现遗漏，所认定的事实不完整或不充分，依据这些事实不可能作出有关裁判中的法律决定。[②] 只有在遗漏审理与诉讼目标有关的事实时，尤其是在所认定的事实存在漏洞而无法进行法律适用的情况下，才有此瑕疵。[③] 法院审理事实问题时，如果载于控诉书、起诉书、自诉书、答辩状等文书中的待证事实没有被全面调查，则一审法院作出的判决欠缺足够的事实基础。这种瑕疵并不是指法院所认定的事实缺乏任何可归罪的要件，也不同于认定事实所基于的证据不足；前者属于法律问题，后者属于不能成为上诉理由的问题。[④]

该款 b 项中"不可补救之矛盾"是裁判本身的瑕疵，指在事实方面的证据性理据说明、法院认定的事实或已认定事实与未认定事实之间存在矛盾。这种矛盾是绝对的，不能存在于被指互相矛盾的事实之间，以及各自所表达的意思不同或各自证实内容不同的事实之间。[⑤]

该款 c 项中"审查证据方面明显有错误"是指对于原审法庭所认定的事实及未认定的事实，任何一个能够阅读原审判决书内容的人士按照日常生活经验法则，均会认为原审法庭对争议事实的审判结果明显不合理，或法院从某个认定事实中得出逻辑上无法被接受的结论，或者法院在审查证据时违反了必须遵守的有关证据价值的规则或一般经验法则，这种错误显而易见。[⑥] 当已证事实与未证事实之间存在或显示出逻辑上的歪曲，或证据审查是明显没有逻辑的、任意的、完全没有理由的以及错误的，任何普通人立即就能察觉并发现它的存在时，只在被上诉裁判的文本和结构中出现的理由不充分。[⑦] 或者说，"明显发生连一般普通市民也能察觉的将互不兼

---

① 澳门特别行政区中级法院第 74/2018 号刑事诉讼程序上诉案裁判书。
② 澳门特别行政区中级法院第 532/2019 号刑事诉讼程序上诉案裁判书。
③ 澳门特别行政区中级法院第 138/2018 号刑事诉讼程序上诉案裁判书。
④ 澳门特别行政区中级法院第 67/2018 号刑事诉讼程序上诉案裁判书。
⑤ 澳门特别行政区中级法院第 368/2014 号刑事诉讼程序上诉案裁判书。
⑥ 澳门特别行政区中级法院第 784/2018 号刑事诉讼程序上诉案裁判书。
⑦ 澳门特别行政区中级法院第 84/2006 号刑事诉讼程序上诉案裁判书。

容的事实视为获证实，或者违反受约束的证据价值规则或职业操守"。①

五　关于新证据

所有在原审（事实审）法院判决时不知道而未予审酌的证据，皆具有"崭新性"，最为典型的新证据是判决后才出现的证据，此时同时符合法院不知及未予审酌两项指标。② 一般而言，在审理上诉案件时，上诉法院只能以原审法院判决时的卷宗资料为依据，并不能接受未经原审法院审理的新证据。③ 不过，上诉人可以请求陈述嗣后知悉的新依据。

澳门法院还对再审中的新事实或新证据作出了解释。如果对判决予以再审的理由与新发现的事实或证据有关，且此等事实及证据方法经与有关诉讼程序中曾被审查的其他事实或证据相结合后，使人非常怀疑判罪是否公正，则要求这种事实或证据方法客观上或主观上应当是新的事实或证据方法。④ 2019 年 11 月，澳门终审法院合议庭根据澳门《刑事诉讼法典》第427 条，制定了如下统一司法见解。根据澳门《刑事诉讼法典》第 431 条第1 款 d 项，上诉人在审判时便已知悉的事实或证据方法不属于新的事实或证据方法，除非他充分地说明相关理由，以便法院对其未在审判时将它们提出的做法作出评价。⑤ 总之，对"新证据"作出严格规范可避免突袭审判的现象，也可防止审判不公或者拖延。

六　其他

国务院《新一代人工智能发展规划》从司法管理的角度对"智慧法院"作出明确规定："建设集审判、人员、数据应用、司法公开和动态监控于一体的智慧法庭数据平台，促进人工智能在证据收集、案例分析、法律文件阅读与分析中的应用，实现法院审判体系和审判能力智能化。"随着大数据

---

① 澳门特别行政区中级法院第 32/2005 号民事诉讼程序上诉案裁判书。
② 林钰雄：《刑事法理论与实践》，中国人民大学出版社，2008，第 184 页。
③ 澳门特别行政区中级法院第 56/2010 号刑事诉讼程序上诉案裁判书。
④ 澳门特别行政区中级法院第 162/2002 号刑事诉讼程序上诉案裁判书。
⑤ 请参见澳门特别行政区终审法院 2019 年 10 月 30 日统一司法见解的合议庭裁判，《澳门特别行政区公报》2019 年 11 月 18 日。

和人工智能的发展，科技和司法的关系将越来越密切，在复杂的诉讼案件和法律科技领域，可以通过电脑技术认定证据。在相似判决中为法官提供意见方面，统计软件已被使用了很长时间。此外，它可以评估犯罪记录、犯罪的严重性与频繁度以及一些在判决时需要考虑的其他因素，系统会权衡这些因素，进而为法官提供判决的推理过程。[①] 这些都是澳门目前比较缺乏的，澳门诉讼活动的电子化程度不高，对现代科技成果的吸收和运用有限，而司法活动不可能一直滞后于社会发展，应适时作出回应。

[①] 〔美〕Pamela S. Katz：《专家机器人：利用人工智能协助法官采纳科学性专家证言》，邓桐、刘鑫译，《证据科学》2017 年第 4 期，第 506 页。

第十二章
司法认知

　　司法认知是指对于某些事实无须提出任何证据，法官可根据日常生活经验加以判断和确认，又称"审判上的知悉"。司法认知和证明对象中的"免证事实"之间既有联系，也有差异。例如，两者的角度不同，司法认知的主体是法官，而免证事实是指提出事实的一方当事人无须证明，对方当事人若想推翻该事实，则须举证。但是，两者的内容又存在交叉重复的部分。根据《荷兰刑事诉讼法》第339条，合法的证据形式有法官的司法认知、被告人的供述、证人证言、专家证言以及书证。可见，荷兰将司法认知作为一种法定证据形式。澳门法律中虽然没有"司法认知"的表述，但法官必须根据预先制定的，以一般经验、逻辑和理性为本质的标准来审查和衡量证据的价值。[①] 从历史来看，司法认知起源于罗马法和教会法时代，在提高诉讼效率、减轻当事人举证负担等方面发挥了较大作用。

---

　　① 澳门特别行政区中级法院第53/2005号刑事诉讼程序上诉案裁判书。

第一节　推定

推定是证据法中非常重要的概念。不过，正如德国证据法学家罗森贝克所言："没有哪个学说会像推定学说这样，对推定概念的界定如此混乱。可以肯定地说，迄今为止人们还不能成功地阐明推定的概念。"①"推定"一词的本义是对事实的预先假定，但在法律语境中，人们往往强调这种假定的基础是事实之间的关系或事实发生的概率，也许威格摩尔就是在这种复杂的语意上才把推定称为"法律之蝙蝠"。②按照不同的标准，推定可进行若干分类。

一　推定的分类

基于推定的依据不同，可将其分为事实推定和法律推定。事实推定与法律推定均建立在经验法则的基础上，两者因推定是否有法律规定得以区分。③事实推定是法律推定的重要来源。无论是何种推定，均涉及基础事实（前提事实）和推定事实两个部分。

（一）事实推定与法律推定

事实推定也称自然推定、司法推定，是指法官基于经验法则或论理法则所作的推断或推论。承担举证责任的一方当事人须证明基础事实的真实性，而不是证明推定事实。事实推定可能会使另一方当事人受到不利的负担，但其可以提出反证推翻。司法推定基于审判者的简单推理，基于可能性的一般判断，基于逻辑原则或人类直觉的本身资料。④《拿破仑法典》第1353条规定，非法律上的推定由审判员根据学识与智虑定之，但审判员只得为真诚、正确且前后一致的推定，并且只有在法律许可使用人证的情形

---

① 〔德〕罗森贝克：《证明责任论》，庄敬华译，中国法制出版社，2002，第206页。
② 何家弘：《论推定概念的界定标准》，《法学》2008年第10期，第39页。
③ 杨宗辉：《刑事案件的事实推定：诱惑、困惑与解惑》，《中国刑事法杂志》2019年第4期，第123页。
④ 澳门特别行政区中级法院第114/2003号刑事诉讼程序上诉案裁判书。

下始得为之，但以欺诈为理由提起取消证书之诉的情形，不在此限。①

此外，表见证明与事实推定有相似之处，又被称为表象证明、第一视界证明、盖然性证明或经验证明等，因已存在的某表征（事实）在经验上有足够的盖然性，可借此推断另一事实的存在。② 关于表见证明的性质亦存在一定争议。德国实务与通说认为，表见证明是法院适用经验法则的问题，为法官自由心证下的有关证据评价规则，其作用在于减轻原告的举证责任；待被告举出反证推翻该推论，使待证事实再度陷入真伪不明时，由原告继续负担举证责任。③ 表见证明通常以典型事实经过为前提，这种事件因其发展过程的规律性、通常性、习惯性和经常性，而依照日常生活经验获得"典型性"特征。表见证明的效力在于，借助普遍的生活经验来弥补事实认定中缺失的具体依据或填补信息漏洞。④ 澳门的审判实务认为，表象证据或表证不产生法官的完全心证，程度较低的可能性，足以要求对方作出反证。⑤

法律推定，顾名思义，是指法律明文规定，如果某一事实获得确实，则另一事实视为证实。如果推定因不接受完全反证而成为不可反驳的推定，那么这一推定即为合法和依法的推定。⑥ 即使是简单的法律推定，对法律所优待的一方也有极大的好处，因为法律不但免除了对他来说可能困难的证明，而且把一切疑难案件留给对方负担。⑦ 大陆法系比较有代表性的立法，如法国《道路交通法》、日本《公害犯罪法》和《毒品特例法》、德国《反有组织犯罪法》等，都规定了部分推定规则，主要涉及对违章停车时的责任、公害犯罪中的因果关系、毒品犯罪中的违法所得等事实的认定。⑧《美国联邦证据规则》仅适用于民事推定，推定是一条实质性法律规则，通过

---

① 《拿破仑法典（1803－1804）》，李浩培等译，商务印书馆，1979，第185页。
② 姜世明：《表见证明之研究》，《政大法学评论》2007年总第104期，第185～186页。
③ 谢荣堂：《两岸医疗纠纷之处理法制比较——以诉讼上举证责任为中心》，《华冈法粹》2018年第2期，第56页。
④ 周翠：《从事实推定走向表见证明》，《现代法学》2014年第6期，第119页。
⑤ 澳门特别行政区中级法院第114/2003号刑事诉讼程序上诉案裁判书。
⑥ 〔葡〕利马：《民事诉讼法教程》（第二版），叶迅生、卢映霞译，澳门法律及司法培训中心，2009，第279页。
⑦ 沈达明编著《英美证据法》，中信出版社，1996，第271页。
⑧ 杨春洗等编著《香港刑法与罪案》，人民法院出版社，1996，第298～299页。

对另一项事实存在的必要推理来证明某一特定事实的成立。[①] 香港《火器及弹药条例》第 24 条第 2 款规定，任何人经证明或推定为管有任何枪械或弹药或管有任何枪械和弹药，在相反证明成立前，须推定其为已知悉该等枪械或弹药或该等枪械和弹药的性质。香港《危险药物条例》第 47 条第 2 款也作出了类似规定，即任何人经证明或被推定管有危险药物，则直至相反证明成立为止，须被推定为已知悉该药物的性质。

（二）可推翻的推定与不可推翻的推定

一般而言，法律中的"视为"或"以……而论"，均是一种不可推翻的推定。不过，英美法认为可推翻的推定才属于真正的推定。根据《牛津法律大辞典》，推定只有两种，即可反驳的法律推定和事实推定；结论性的或不可反驳的推定不是真正意义上的推定，只是一种法律原则。[②] 至于推定的影响效果，可能存在以下两种情形：一是对于陪审团的影响，二是对于举证责任的影响。[③] 关于推定对于举证责任的具体影响，美国存在不同的学说。赛耶学说的主张被概括为"气泡爆裂说"，认为推定的唯一效果是转移有关推定事实的提出证据责任；而根据摩根学说，一项推定将提出证据责任和说服责任全都转移给了对方。[④]

二 推定的原则

推定固然具有其优势，但也有一定的局限性和负面作用。在刑事诉讼中，其是否继续存在取决于刑事法律体系是否严密以及法律是否具备解决特定犯罪案件司法证明困难的能力。[⑤] 在其他诉讼中也是如此，为了防范推定的风险，适用推定时应遵循以下原则。

[①] 〔美〕阿维娃·奥伦斯坦：《证据法要义》，汪诸豪、黄燕妮译，中国政法大学出版社，2018，第 220 页。

[②] 〔英〕戴维·M. 沃克：《牛津法律大辞典》，李双元等译，法律出版社，2003，第 895 页。

[③] John L. Worrall et al., *Criminal Evidence: An Introduction*, 2nd ed., Oxford University Press, 2012, p.85.

[④] 〔美〕Michael H. Graham, *Federal Rules of Evidence*, 4th ed., 法律出版社，1999，第 49～50 页。转引自褚福民、徐雅丽《论美国刑事诉讼中的推定》，《证据学论坛》（第十三卷），法律出版社，2007，第 96 页。

[⑤] 陈瑞华：《论刑事法中的推定》，《法学》2015 年第 5 期，第 105 页。

（一） 末位适用原则

推定是为了降低证明难度而不得已使用的一种证明手段。当有关案件事实无法证明或难以证明时，才可以考虑适用推定规则。也就是说，推定规则在诉讼证明中不是优先适用的，仅仅处于补充、替代的地位。法官不能首先或直接适用事实推定，因为推定一般基于经验法则，未必符合事实真相。

（二） 禁止二次推定

在诉讼过程中，对于某一案件事实的认定只能推定一次，禁止连续适用推定。因此，作为推定前提的基础事实不能是通过推定获取的。如果连续推定，势必导致事实认定上的极大风险，不利于实现司法公正。

（三） 事实推定过程公开说明理由

事实推定也是司法推定，法官基于经验、论理作出推论。为了消除当事人和其他人可能存在的质疑，法官应当对推定的过程阐明理由。此外，为了平衡双方当事人的权利保障，因事实推定遭受不利的当事人可以通过反证来推翻。

三 澳门的推定规则

根据澳门《民法典》第 342 条，推定是指法律或审判者为确定未知事实而从已知事实中作出的推论。该法典第 343 条规定了法律推定。因法律推定而受益的一方，对所推定的事实无须举证。法律推定得以完全反证推翻，但受法律禁止者除外。该法典第 344 条规定，事实推定仅在采纳人证的情况及条件下，方予采纳。也就是说，事实推定和人证的证明力属于同一水平。因此，如果可以通过人证或经验法则证明某一疑点，则上诉法院原则上不能单凭事实推定就改变一审法院对该疑点的回答，因为不能肯定在一审审判中该推定是否被其他人证所推翻。①

生效刑事裁判所确认的事实在民事诉讼中具有推定的效果。澳门《民

---

① 澳门特别行政区终审法院第 12/2006 号民事诉讼程序上诉案裁判书。

事诉讼法典》第 578 条规定了刑事有罪裁判对第三人的可对抗性。"刑事诉讼程序中所作之判刑确定后，在任何就取决于作出有关违法行为之法律关系进行争议之民事诉讼中，对第三人而言，构成处罚前提及法定罪状要素之事实推定存在，而涉及犯罪形式之事实亦推定存在，但该等推定可予以推翻。"该法第 579 条还规定了刑事无罪裁判的效力。以嫌犯并未作出其被归责之事实为由判嫌犯无罪之刑事裁判确定后，在任何民事诉讼中，于法律上推定该等事实不存在，但该推定可通过完全反证予以推翻。这里的推定优于民法中关于过错的任何推定。不过，在以证据不足以及疑点利益归被告原则为依据裁定被告无罪的情况下，无罪判决不构成澳门《民事诉讼法典》第 579 条第 1 款所规定的推定。①

澳门《刑法典》则规定了"推定同意"制度。根据该法第 37 条，除法律特别规定同意阻却事实之不法性的情况外，如涉及的法律利益可自由处分，且事实不侵犯善良风俗，则事实的不法性亦为同意所阻却。同意得以任何方法表示，只要能表现出受法律保护利益人的认真、自由及已明了情况的意思；同意可在事实实行前自由废止。同意之人必须满 14 岁，并且其在表示同意时具有评价同意的意义及其可及范围的必要辨别能力，同意才有效力。如同意并未被行为人所知悉，对行为人可科处犯罪未遂的刑罚。根据该法第 38 条，推定同意等同于实际同意。此外，澳门《刑事诉讼法典》第 149 条规定的推定是不属于审判者自由评价范围的判断，但容许法官表达有别于鉴定意见的心证，只要说明分歧的理由。

在澳门特别刑法中，《有组织犯罪法》第 1 条界定了黑社会的含义，即为取得不法利益或好处所成立的所有组织，而其存在是以协议、协定或其他途径表现出来，特别是从事下列一项或多项罪行者，概视为黑社会：杀人及侵犯他人身体完整性；剥夺他人行动自由、绑架及国际性贩卖人口；威胁、胁迫及以保护为名而勒索；犯罪性暴利；盗窃、抢掠及损毁财物；引诱及协助非法移民；不法经营博彩、彩票或互相博彩及联群的不法赌博；与动物竞跑有关的不法行为；供给博彩而得的暴利；违禁武器及弹药、爆炸性或燃烧性物质，或适合从事澳门《刑法典》第 264、265 条所指罪行的任何装置或制品的入口、出口、购买、出售、制造、使用、携带及藏有；选举及选民登记的不法行为；炒卖运输凭证；伪造货币、债权证券、信用

---

① 澳门特别行政区终审法院第 36/2019 号行政司法裁判上诉案裁判书。

咭（即信用卡）、身份证件及旅行证件；行贿；勒索文件；身份证件及旅行证件的不当扣留；滥用担保卡或信用卡；在许可地点以外的外贸活动；非法拥有能收听或干扰警务或保安部队及机构通讯内容的技术工具。这里的"视为"黑社会，就是一种法律推定。

澳门《道路交通法》第 132 条对轻微违法行为人或责任人的身份作出推定，车辆所有人如果未在 15 日内指出违法行为人，则被推定为有关轻微违反的责任人。这是一个可推翻的推定，车辆所有人是否真正需要承担责任必须经过审判，从而确定车辆所有人是否为真正驾驶者的基本事实。此外，针对超速行为，当车辆物权人为一法人时，不能仅以法律推定规则作为归罪依据，追究有关法人的违法责任。①

根据澳门第 13/2012 号法律《司法援助的一般制度》，澳门居民和住所设于澳门的非营利法人如属经济能力不足，有权获得司法援助。该法第 8 条第 1 款规定："申请人及其家团成员的可支配财产的金额，如不超出法定限额，视为经济能力不足。"此外，免除缴付职业税的人士被推定为经济能力不足。该推定可被相反的证据方法推翻。

第二节　常识

古罗马法谚有云："显著之事，无须证明。"众所周知的事实相当于"常识"，常识可以帮助法官与一般社会大众、其他法律人之间形成一种较为普遍化的结构对应，使得"司法知识"获得一种具有较为普遍的与社会日常活动的关联性，因而在支撑司法判决的知识推理上具有更为稳固的力量。② 不过，"众所周知"不代表地球上的每个人都知道，通常是指在一定区域和时间内为大众所熟知；其真实性不存在争议，或通过简单便捷的途径、自由证明的方式就可获知或查实。在诉讼中，构成众所周知的事实的最低标准是在受诉法院管辖区内为一般人或大多数人所知晓。③ 澳门法律对此也作出了相关规定。

---

① 澳门特别行政区中级法院第 592/2016 号刑事诉讼程序上诉案裁判书。
② 孔祥俊：《法官如何裁判》，中国法制出版社，2017，封面。
③ 邵明：《民事诉讼法学》（第二版），中国人民大学出版社，2016，第 145 页。

一　英美法系的相关规定

《美国联邦证据规则》将司法认知分为以下两大类：审判管辖范围内所周知的事实；借某种准确性的手段加以确认的事实。[1] 英美法系有陪审团审判，陪审员作为法律的门外汉，恰恰弥补了职业法官的不足，尤其可以提供普通民众的知识和评价。英国一位法官曾言："法官误认为一切的人都有像他们一样的逻辑规则，而陪审员则往往更明了普通人的混乱和谬误。"[2] 美国比较法学家达马斯卡教授曾预言："随着科学在日常生活的各项事务中持续不断地证明自己最适合担任最终裁判者的角色……它会将经验常识从事实认定中彻底清除。"[3] 虽然科技发展会减轻常识的作用，但是无法完全消除，尤其在司法诉讼活动中，人类的纠纷本来就和日常生活紧密相关，常识的力量仍不容小觑。

二　大陆法系的相关规定

大陆法系国家和地区通常没有陪审团，陪审员主要采取参与审判的形式，和职业法官的权利义务并无太大分别。《日本民事诉讼法》第 179 条规定了"显著的事实无须证明"，包括众所周知的事实和职务上显著的事实。台湾地区"刑事诉讼法"第 158 条规定，事实于法院已显著，或为其职务上所已知者，无庸举证。台湾地区"民事诉讼法"第 278 条亦规定，司法认知的对象包括显著的事实和职务上已经知悉的事实，与日本的规定基本一致；第 283 条还规定，对于习惯、地方制定法规和外国法，如果法院是知悉的，那么也属于司法认知的对象。[4] 中国《最高人民法院关于适用〈中华人民共和国民事诉讼法〉若干问题的意见》第 75 条、2019 年《最高人民法院关于民事诉讼证据的若干规定》第 10 条、《最高人民法院关于行政诉讼

---

[1]　陈卫东、谢佑平主编《证据法学》，复旦大学出版社，2005，第 104 页。
[2]　〔美〕哈罗德·伯曼：《美国法律讲话》，陈若恒译，三联书店，1988，第 41 页。
[3]　〔美〕米尔吉安·R. 达马斯卡：《比较法视野中的证据制度》，吴宏耀等译，中国人民公安大学出版社，2006，第 36 页。
[4]　马连龙：《域外和我国台湾地区证据法中的司法认知规则概览》，《人民法院报》2019 年 5 月 24 日第 08 版。

证据若干问题的规定》第 68 条将众所周知的事实列为免证事实之一，成为证据裁判主义原则的例外。

三 澳门审判实践中的常识

澳门审判实践中也会大量涉及法官对常识的认知。例如，只要是对事物有一般认知能力的人均会明白携带菜刀指吓他人的行为是法律所不容许的，即使上诉人不了解法律规定，作为一个具有一般常识和经验的人，亦不会无知到认为这种行为是合法的。[①] 又如，从客观医学常识可知，麻醉品或精神科物质对人体机能的影响是必然的，吸食分量达到一定水平才能被侦测出来。一旦侦测出人体内存有麻醉品成分，正如本案情况，上诉人体内被验出含有氯氨酮及可卡因，就代表上诉人已吸食了足够分量且并未完全代谢，因此已具备影响人体机能的能力。[②] 再如，判定嫌犯是否以诈骗作为生活方式是一个法律问题，需要通过一系列事实得出结论。在理解生活方式的概念时，应该少去管其法律上的规范性意义，而应该着重于其社会价值的意义，其中要做的就是在分析此因素的时候尽量避免将"生活方式"与"习惯"联系起来。确定生活方式的定义并不需要"惯常性"，更不需要"职业化"，只要证明存在少量次数的诈骗且按照普通市民的审查标准，其中含有赋予生活方式以实质内容的意图，就已足够。从嫌犯实施犯罪行为的数量以及重复性，其本人的生活社会状况"在半年之内已经没有工作"的事实，完全可以得出以诈骗为生活方式的结论。[③] 从上述裁判来看，法官在各种类型的案件中都会结合常识对案件事实作出判断。

第三节 逻辑法则

逻辑学与法学、证据学的关系密切。逻辑虽然不生产知识，但是可以提供一套严谨的规则，用来组织和运用知识，帮助我们拓宽认知的边界，检验和纠正我们的判断，有利于在诉讼证明中理清思路，贴近真相。联合

[①] 澳门特别行政区中级法院第 590/2017 号刑事诉讼程序上诉案裁判书。
[②] 澳门特别行政区中级法院第 451/2017 号刑事诉讼程序上诉案裁判书。
[③] 澳门特别行政区中级法院第 797/2014 号刑事诉讼程序上诉案裁判书。

国教科文组织甚至把逻辑列为七门基础学科的第二门，仅次于数学。在有些地区，逻辑法则也被表述为论理法则，台湾地区"民事诉讼法"就规定了论理法则。法官在判断证据证明力的有无及其大小程度时，应当遵守论理法则。

一 逻辑法则的内涵

逻辑是关于判断、推理、论证等思维活动的科学，司法裁判是人类的高级思维活动，当然离不开逻辑法则。法官在司法裁判中应发挥逻辑和论理的作用，以提高裁判的准确性。从中西方文化和历史来看，逻辑与辩论相关，在日常生活中也被广泛应用。逻辑并不是符号化的公式和规则，也不是抽象化的形式。概念是逻辑的基础，也是判断、推理和论证的基础。在逻辑学上，简单判断和复合判断及二者之间的关系形成推理，也就是从已知判断推出新的判断。司法裁判过程包含着无数个判断和推理，论证比判断、推理更为复杂，即使论证的前提是真实的，论证的过程是合乎逻辑的，所得出的结论也未必正确。不过，借助于逻辑法则，理解证据对于案件事实证明作用的不同思路，有利于正确识别证据与论证之间的关系，进而提高论证的有效性。

二 逻辑法则对自由心证的保障和限制

就证据制度的发展历史而言，从神明裁判制度到法定证据制度，再到现代自由心证制度，这本身就是一个逻辑化的过程。逻辑法则在司法证明中的保障和限制作用贯穿法官形成心证的全过程，无论是证据资料的筛选，还是对心证结果的论证。其实，推定也会运用逻辑法则，司法推定基于审判者的简单推理，基于可能性的一般判断、逻辑原则或人类直觉的本身资料。[1] 人类的诉讼实践表明，大多数裁判错误是如此造成的，即证据材料错误或者不充分，但出于种种原因形成了合乎逻辑的结论。[2] 不过，即使在真实的证据材料面前，判断和推理的失误也可能造成裁判错误。因此，法官

---

[1] 澳门特别行政区中级法院第 114/2003 号刑事诉讼程序上诉案裁判书。
[2] 〔法〕勒内·弗洛里奥：《错案》，赵淑美、张洪竹译，法律出版社，2013，第 24、49 页。

必须充分说明其心证形成的过程。

三　逻辑法则在澳门司法裁判中的运用

自由心证作为寻求真实的一种方法，并不是一种无依据的断言，而是符合理由和逻辑，不受外在形式、时效限制的自由结论。[①] 如果不遵守逻辑法则，就可能导致审查证据中的明显错误或者说明理由方面的矛盾。在澳门，审查证据中的明显错误可能发生在以下情况中：从视为获证实的事实中得出的一项结论是不合逻辑、不合理、任意擅断或明显违反一般经验法则、决定以及对某特定事实列举证据所要求的规则。[②] 说明理由方面不可补正的矛盾则是指法院所认定的已证事实之间、已证事实和未证事实之间，或者在事实事宜方面的证据性理据说明中存在矛盾，并且这样的矛盾是绝对的，即一方面说"是一"，另一方面又说"不是一"，而不能同时存在于被指互相矛盾的事实之间，以及各自表达意思不同或各自证实内容不同的事实之间。[③] 可见，澳门法院在裁判时非常注重逻辑法则的运用。

第四节　经验法则

英国历史学家迈克尔·奥克肖特认为，事实是一个结论、一个结果、一个推论、一个判断，因而属于当下经验世界。[④] 经验法则是指人们从生活经验中归纳获得的关于事物因果关系或属性状态的法则或知识。[⑤] 自然法则、定理、逻辑法则能够反映事物间的因果关系，具有其必然性或极高的盖然性；日常生活经验法则相对于前者而言，盖然性程度有一定差异，其本身也存在盖然性差异。判断和运用经验法则的主体是法官，因此会受到法官个体认识差异的影响，未必在任何情形下都会客观反映经验法则的存

---

① 澳门特别行政区中级法院第 167/2004 号行政、税务及海关方面司法裁判上诉案裁判书。
② 澳门特别行政区中级法院第 44/2005 号刑事诉讼程序上诉案裁判书。
③ 澳门特别行政区中级法院第 67/2018 号刑事诉讼程序上诉案裁判书。
④ 〔英〕迈克尔·奥克肖特：《经验及其模式》，吴玉军译，文津出版社，2005，第110页。
⑤ 〔日〕新堂幸司：《民事诉讼法》，林剑锋译，法律出版社，2008，第375页。

在状态。[1] 从澳门的裁判文书来看，经验法则的运用无处不在，对法官心证产生了直接或间接的影响。

一 经验法则的内涵

经验法则是大陆法系立法中经常使用的概念。德国学者罗森贝克等人区分了经验定律和经验原则。经验定律是一般生活经验规则，亦包括艺术、科学、手工业、商业及交易的专业及专门知识的规则。其部分基于对人类生活、行为及往来观察所得，部分是科学研究或手工业、艺术活动的成果。经验原则是表见证明中所使用的一般生活定律，必须能够使法院对于某事实主张的真实性产生完全的确信。[2] 经验法则的构成要素有以下三个：一是该生活经验必须是由重复发生的相同的生活现象所导出；二是该生活经验必须与该种经验的最新发展趋势相吻合；三是该经验法则可以明确地用验证方式描述。[3] 司法诉讼是人的一种活动，必然包含人类的经验。不过，经验也是有范围或概率之分的，个人的经验未必是集体的经验，在运用经验法则时，需要考量经验的局限性。

二 经验法则与自由心证的关系

自由心证受制于经验法则，经验法则是法官进行判断的基本依据。《葡萄牙刑事诉讼法典》第 127 条规定，除法律另有规定外，相关机关根据经验法则以及自由心证原则对证据的效力进行评价。日本要求法官对事实的认定是"根据合理的经验法则而形成的合理心证"。[4] 中国 2019 年《最高人民法院关于民事诉讼证据的若干规定》第 85 条第 2 款规定："审判人员应当依照法定程序，全面、客观地审核证据，依据法律的规定，遵守法官职业道德，运用逻辑推理和日常生活经验，对证据有无证明力和证明力大小独立进行判断，并公开判决的理由和结果。"《最高人民法院关于行政诉讼

---

① 张卫平：《认识经验法则》，《清华法学》2008 年第 6 期，第 24 页。
② 姜世明：《论经验法则》，《政大法学评论》2008 年总第 107 期，第 5 页。
③ 樊崇义主编《证据法学》，法律出版社，2004，第 355 页。
④ 〔日〕西原春夫主编《日本刑事法的形成与特色》，李海东等译，法律出版社、成文堂，1997，第 182 页。

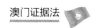
证据若干问题的规定》第 68 条亦规定，根据日常生活经验法则推定的事实，法庭可以直接认定，确立了经验法则在事实认定中的地位。可见，将逻辑法则和经验法则作为法官审查判断证据的基础或形成心证的工具，已为许多国家或地区的立法和实践所接受。

三　经验法则在澳门司法裁判中的运用

法官在调查事实时，可自由评价所有证据，按照一般经验法则和常理决定采信或不采信证人证言或其他不具有完全证明力的证据方法。[①] 自由心证原则不意味可以随心所欲或完全主观地形成心证，而是要以客观性和一般经验法则为标准。[②] 经验法则在澳门各种性质的裁判中均扮演了重要角色。例如，在某借贷案中，有关借条上用了"借"一字而非"借了"或"欠"，根据一般经验法则，借条只有在借款后才发出，私人间的借贷需要书面"借款建议"或"借款申请"相当罕见。故此，原审法院认定有关借条构成执行名义是正确的，应予以维持。[③] 在某伤害案中，法院这样说明裁判理由：从录像影像中显示，三名上诉人与案中其他嫌犯围着被害人，且对其作出拉扯头发、撑掴及推拉入电梯的动作，上述影像再结合被害人的声明，从经验法则及逻辑的角度考虑，上述证据可以客观、直接及合理地证明各上诉人实施了有关罪行。[④] 在一起加重诈骗罪案件中，法院指出，上诉人先后两次在事隔仅十天的时间内前往不同的押店就"同款同牌子或同型号"手表进行典当。从经验法则及逻辑法则的角度考虑，上述证据可以客观、直接及合理地证明上诉人实施了有关罪行，而原审法院在审查证据方面并不存在上诉人所提出的任何错误，更遑论明显错误。[⑤] 在一起贩毒案中，上诉人在庭审期间误以为贩卖的是催情药的辩解从未在之前的首次司法讯问中有所提及。相反，上诉人曾详细及清晰地向预审法官交代整个"贩毒"过程，甚至连曾经贩毒的次数及从中获得的不法利益都主动及自愿地作出了说明，更交代了分别出售一包冰毒和一粒麻古的金额，以及分别

---

① 澳门特别行政区中级法院第 793/2016 号民事及劳动诉讼程序上诉案裁判书。
② 澳门特别行政区终审法院第 13/2001 号刑事诉讼程序上诉案裁判书。
③ 澳门特别行政区中级法院第 257/2018 号民事及劳动诉讼程序上诉案裁判书。
④ 澳门特别行政区中级法院第 517/2017 号刑事诉讼程序上诉案裁判书。
⑤ 澳门特别行政区中级法院第 885/2017 号刑事诉讼程序上诉案裁判书。

可以获得的报酬，亦描述了 B 游说上诉人再次来澳门贩毒，以提高报酬吸引上诉人继续贩毒。因此，原审法院根据经验法则及自由心证，认为上诉人在刑事起诉法庭提供的版本更为合理、可信。[①]

不仅如此，澳门法院还在裁判中指出，经验法则也是可以质疑的，但是要遵循一定的规则。有些事物确实可能不向一般经验法则所理解的方向发展，但是质疑这些一般经验法则的时候，应该至少依据客观原则，以证据为依据，而不能单纯以某种臆想的可能性而不顾一般的事情产生、发展的规律，甚至予以否定。[②] 毕竟，大千世界、无奇不有，经验法则也不是客观案件事实本身，保留一定的质疑更有利于查明真相，避免错判。

[①] 澳门特别行政区中级法院第 378/2018 号刑事诉讼程序上诉案裁判书。
[②] 澳门特别行政区中级法院第 349/2017 号刑事诉讼程序上诉案裁判书。

第十三章
区际刑事司法协助中的证据问题

　　目前，澳门与内地民商事司法协助基本实现全覆盖，包括相互之间协助调查取证，但是区际刑事司法协助进展缓慢。随着各地之间经济文化交流的日益频繁，港珠澳大桥的开通，粤港澳大湾区战略的提出，各地的互动与发展迎来更好的机遇与环境。然而，跨境犯罪案件也在日益增多，犯罪集团和犯罪分子在利用各种机会从事跨境犯罪，给各方造成了巨大损失。近来我国跨境犯罪还出现了新的发展态势，以前大多是诈骗、毒品犯罪等案件，如今逐渐蔓延到互联网虚拟空间以及金融领域，涉及面更广，科技含量更高，破坏力更强，给案件调查带来了很大的困难。尤其是跨境犯罪中的证据分散于各地，根据区际刑事司法的现状，相关案件通常无法在某地法院合并审判，因此，相互之间请求协助调查取证无疑是当前区际刑事司法互助工作的重点，也是促进区际刑事司法互助取得突破性进展的关键。从整体来看，虽然各地在个案上已有一些相互支持与协助，有关协议的磋商也在进行中，但尚未达成系统的区际刑事司法互助协议，鉴于各地社会经济发展及司法实践的需求，相关问题应尽快解决。

第一节　问题的提出

《香港基本法》第 95 条和《澳门基本法》第 93 条均规定，可与全国其他地区的司法机关通过协商依法进行司法方面的联系和相互提供协助。目前，香港、澳门与内地在民商事司法协助方面已基本实现全覆盖，但在刑事司法协助领域明显滞后。此外，2009 年 4 月 26 日，台湾地区与大陆签订了《海峡两岸共同打击犯罪及司法互助协议》（以下简称《两岸司法互助协议》）。从审判实务来看，跨境取证的证据能力问题在各地法庭上常常成为诉讼的争点。证据能力是个法律问题，是指法律规定的证据进入法庭审判的资格和条件。[①] 证据能力通过证据规则来规范和体现，在刑事司法协助中，由于当事人或其他诉讼参与人常常不出庭，各地之间的法律制度存在较大差异，在传闻证据规则和非法证据排除规则（以下简称"排非规则"）的多重约束下，某些证据会被认为缺乏证据能力而被排除，这无疑影响了追究犯罪的效果，需要有针对性地深入研究。

一　区际调查取证的现状

在民商事司法协助的调查取证方面，澳门、香港已分别与内地达成了有关协议，即《最高人民法院关于内地与澳门特别行政区法院就民商事案件相互委托送达司法文书和调取证据的安排》（以下简称《内地与澳门送达和取证安排》）、《最高人民法院关于内地与香港特别行政区法院就民商事案件相互委托提取证据的安排》（以下简称《内地与香港取证安排》）。2020 年 1 月 14 日澳门又和内地签署了《内地与澳门送达和取证安排》的修改文本，并于 2020 年 3 月 1 日生效。上述两个安排旨在协助当事人和其他诉讼参与人在跨境民事或商事诉讼中更有效地获取证据。自 2016 年 1 月 1 日起，第一个涵盖四级法院的跨区域司法协助案件管理平台系统正式启动，实现了 5 类涉港澳台案件的司法协助，内容包括送达、调查取证、赃款赃物的移

---

① 陈瑞华：《刑事证据法学》（第二版），北京大学出版社，2014，第 92 页。

交、罪犯的移管和裁判的相互认可等。① 此外，广东省珠海市人民检察院的"涉澳个案协查办公室"也是内地与澳门开展司法协助的重要平台，近年来平均每年相互协助调查取证 20 余件次。② 总的来说，我国区际间刑事司法协助的进展缓慢。目前，港澳之间仅签署了移交被判刑人的安排；文书的送达、证据的调取、刑事判决的承认和执行等工作尚未开始；澳门与内地之间的刑事司法协助则更少。这显然不符合内地、香港、澳门之间密切往来以及粤港澳大湾区建设的需求，不利于打击日益增加的跨境犯罪和维护澳门法制的尊严，也有损澳门作为法治之区的形象。③ 香港与内地之间也是类似的状况。不过，随着云计算服务的普及，网络资讯跨越地域界限及不同司法管辖区，成为刑事调查的重大法律障碍，在某些情况下甚至会使调查中断，导致不能处罚，因此，澳门特别行政区政府于 2019 年提出修改澳门《打击电脑犯罪法》法案，④ 其中一项内容就是明确规定允许对存储于澳门以外的电脑数据资料提取副本以作为刑事诉讼程序的证据，只要通过位于澳门的电脑系统查阅或获取该等资料是合法的。一般而言，在线取证包括以下 4 种方式：①对网上公开资料进行线上取证；②在合法、自愿的情况下进行线上取证；③在司法机关或有权限部门的许可或命令下进行线上取证；④在搜证时，有理由相信所寻找的资料储存于另一系统，则可对该系统进行取证。目前，澳门只有第①②种，该法案增加了第③种。

二 刑事判决中的见解

从澳门、香港、台湾、内地的部分裁判文书来看，由于缺乏统一的协议，法院大多会结合个案的具体情况来评价域外取得的证据。澳门法院曾指出："虽然澳门和内地仍没有签定任何刑事司法互助协议，但这仅代表任

---

① 李阳、吴延波：《根相连 心相契 终相守——内地与香港构建中国特色区际司法协助机制 20 年回顾与展望》，《人民法院报》2017 年 6 月 30 日第 6 版。

② 《澳门检察院代表团访问珠海市检察院探讨深化"自贸区时代"的司法合作》，珠海市人民检察院网站，http://www.zhjc.gov.cn/zhjcy - new/art_show.jsp? id = 1508，最后访问日期：2020 年 1 月 1 日。

③ 岑浩辉：《在 2018 至 2019 年澳门特别行政区司法年度开幕典礼上的讲话》，2018 年 10 月 19 日。

④ 澳门特别行政区行政长官办公室：《修改第 11/2009 号法律〈打击电脑犯罪法〉法案》理由陈述。

一方没有任何法律义务去协助另一请求方作出相关的调查取证措施，并不代表所获得的调查结果不能采纳为证据。"①

（一）澳门法院的相关判决

从澳门法院的裁判意见来看，有时会认可内地等其他法域取得的证据。根据澳门《刑事诉讼法典》第112条，法律不禁止的证据均可以采纳，立法也未禁止将在澳门以外形成的公文书或私文书作为证据。② 在另一起案件中，澳门法官指出，广西公安厅下属的公共信息网络安全监察处和湖北省三真司法鉴定所分别出具的电子数据鉴定报告都来自内地的相关机构，或许不具备澳门《刑事诉讼法典》第139条等条款规定的证据效力，但并不妨碍法院将上述报告作为参考文件。③

然而，相关证据不能被采纳的情况也较为常见。2014年6月6日，澳门初级法院合议庭曾经裁定被告甲、乙二人以实质共犯、既遂及实质竞合的方式触犯假造货币罪、假币转手罪等。同年12月16日，澳门中级法院裁定两位被告的上诉部分胜诉。但两被告仍不服，上诉至终审法院，并指出审查证据方面存在明显错误的瑕疵，认为法庭单凭内地警方提供的资料就认定了假造货币罪的相关事实。对此，合议庭认为，④ 所有与以实质共犯方式触犯澳门《刑法典》假造货币罪的有关事实发生在内地，其中一份重要材料是内地公安部门的报告，表明两个被告是伪造信用卡犯罪集团的成员。澳门实际上没有在两个被告那里找到任何伪造信用卡的工具；法庭上没有听取任何内地警察的证言，澳门司法警察局的证人并没有前往内地，也没有询问参与相关事实的任何人，且两被告并没有承认相关事实，这些证人对于事件的认知只能从上述报告中了解。法院单凭一份内地警方寄来的指出两被告是伪造信用卡集团成员的报告便认定了相关犯罪事实，违反了澳门《刑事诉讼法典》第336条的规定。未经调查或审查的任何证据在审判中均属无效，特别是在法官形成心证上无效。在本案中，警察报告没有在庭上宣读，程序上也不能宣读。因此，本案在审查证据方面存在明显错误。最终，合议庭裁决上诉理由成立。

---

① 澳门特别行政区中级法院第778/2012号司法上诉案裁判书。
② 澳门特别行政区中级法院第778/2012号司法上诉案裁判书。
③ 澳门特别行政区中级法院第626/2014号刑事诉讼程序上诉案裁判书。
④ 澳门特别行政区终审法院第12/2015号刑事诉讼程序上诉案裁判书。

（二）香港法院的相关判决

在香港的审判实践中，警察从其他人转述的调查结果是不可采纳的传闻证据，法庭不应该也不能够据此作出任何考虑。如果需要向域外取得证据，法庭可命令发出请求书，请求协助取证。在香港区域法院"刑事案件2015年第1035号"香港特别行政区诉曾雄伟案中，被告被指控"处理已知道或相信为代表从可公诉罪行的得益的财产罪"（俗称"洗黑钱"），2017年9月，按照控方的申请，香港高等法院签发了请求书，广东省韶关市浈江区人民法院提供协助，向内地海关2名工作人员取证，在韶关监狱内向2名囚犯取证。

（三）台湾法院的相关判决

在一起常业诈欺案中，上诉人指出，大陆公安机关的笔录不是出于任意性自白，且有夜间讯问的情况等。但是法院经调查认为，台湾可以请求大陆公安机关协助调查，虽然大陆公安机关传唤上诉人等三人制作的笔录、讯问录像带等证据并未全程同步录音录像，还有夜间讯问的情形，但是被讯问人已经审阅并签字捺指印，也符合《中华人民共和国刑事诉讼法》的规定，因而认定上述证据具有证据能力。① 证人在审判外的陈述等传闻证据一般不可采纳，如果当事人在审判中同意作为证据的，不在此限。不过，即使当事人同意，法院亦有权斟酌庭外供述证据的制作程序、内容、作用等，进而认定其有无证据能力。

（四）内地法院的相关判决

根据《最高人民法院关于适用〈中华人民共和国刑事诉讼法〉的解释》第405条第1款，法院应围绕材料来源、提供或提取材料的人员及时间等方面审查来自境外的证据材料。经审查，能够证明案件事实且符合刑事诉讼法规定的，一般可使用；但来源不明或无法确认真实性的，则不得作为定案根据。在一起偷越国（边）境案中，被告人吴某从珠海香洲区的淇澳岛乘船去香港，同日在香港大屿山的海上被警方查获。珠海香洲法院在审判中认可了香港入境事务处提供的遣返名单以及说贴等证据。② 在一起绑架案

---

① 台湾地区终审法院2013年度台上字第675号判决书。
② 广东省珠海市香洲区人民法院吴悦均偷越国（边）境一审刑事判决书，（2018）粤0402刑初1768号。

中，河北高院认定的证据之一是澳门司法警察局提供的清洗黑钱案的回复证明和相关手续复印件，还调取了李某账户有关的交易资料和部分交易的监控录像。[①] 从上述案件来看，内地法院经过审查认为港澳台地区收集的证据来源明确、能够证明案件事实且不存在违法情形的，一般予以认定。

第二节　传闻规则和区际刑事取证的证据能力

无论是大陆法系还是英美法系，均强调审判的直接性、亲历性，除非法律另有规定，当事人或证人等应当出庭接受询问。但是在跨境刑事案件审判中，由于制度差异、路途遥远、逗留期限、出庭成本等因素，证人或被害人返回原居地之后，通常不能、不便或不想再返回当地参加法庭审判，导致相关证据成为传闻证据而不能被法庭采纳，因此，很难确定具体的犯罪事实或及时有效地追究刑事责任。

一　审判中的直接原则和辩论原则

澳门受到欧陆传统的影响，在各类诉讼中坚持直接审理、言词审理等原则。一般而言，所有证据都应在法庭上提出，并且只有在双方当庭质证后才能被法官接纳。直接审理有以下三个方面的含义：第一，法院的审理只能通过直接证据；第二，法院的审理必须直接基于亲自见闻或体验案件事实之人的供述；第三，法院的审理必须基于亲自调查证据的方式。第一、二种含义是关于证据能力的原则；第三种含义是关于调查证据程序的原则。[②] 直接言词审理原则有利于确保当事人和其他诉讼参与人的程序参与权和法庭对质权，也有利于发现刑事案件的真相。

辩论原则亦是澳门《刑事诉讼法典》明确规定的基本原则。法官必须确保对证据的辩论，并保障被告方就证据发表意见的权利。如果在听证期间出现附随问题，法院应在听取利害关系人的陈述后再作出裁判。澳门终审法院认为，辩论原则是为了让利害关系人充分陈述意见，将遗漏的事实

---

① 河北省高级人民法院赵盛钧、陶梦军绑架二审刑事裁定书，（2017）冀刑终 131 号。
② 黄东熊：《刑事诉讼法论》，三民书局，1995，第 16 页。

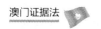
或法律依据告知法院，让法院对案情有更全面、更准确的认识，进而作出公正的裁判。①

二 传闻规则的要求

英美法系之外的国家和地区亦知道传闻证据的危险性，但很少加以排除，在刑事诉讼中偶尔排除也是考虑到正当程序和保护法官免受不靠谱信息的影响。② 澳门《刑事诉讼法典》明确规定了传闻证言的排除。该法第115条规定，必须询问证人直接知悉且属于证明对象的事实。除了法定的特殊情况，证人应亲自出庭作证。该法第116条还规定了间接证言。如果证言的内容是来自某些人士的听闻，法官可以传召他们作证；如果法官不传召其作证，其证言不得使用，但这类人士因死亡、精神失常或者无法找到而不能询问的，不在此限。如果证言来自于阅读文件的内容，证人本身并不是该文件的作者，亦采取同样的处理方式。拒绝指出或者不具备条件指出消息来源的任何证词均不能使用。不过，为了更有效地打击有组织犯罪并消除出庭证人的后顾之忧，澳门《有组织犯罪法》规定了特殊规则。如果有理由相信被害人、证人、辅助人、民事当事人或鉴定人担心打击报复而可能离境，或者以任何方式表明其无法在审判中提供证据的，可以记录供未来备忘用的声明。这样，实际上扩大了传闻证据的采纳范围。香港《证据条例》第46条将"传闻"定义为：不是在有关法律程序中提供口头证据的人所作出的，但又作为相关事实的证据而提交的陈述，包括任何程度的传闻。台湾地区"刑事诉讼法"第159条也有类似的规定，即除非法律另有规定，被告以外的人在审判外的口头或书面陈述均不得用作证据。因此，在区际刑事司法中，有关证据来自域外，证人又不能出庭作证的，有关证据可能被视为传闻证据而排除。此外，香港制定了《证人保护条例》，台湾则有"证人保护法"，但澳门目前还没有专门的证人保护法，内地也只是在立法中作出了原则性规定，司法解释中亦有若干条文，总的来看，还有待进一步完善。

---

① 澳门特别行政区终审法院第31/2007号案刑事诉讼程序上诉案裁判书。
② 〔美〕米尔建·R.达马斯卡：《漂移的证据法》，李学军等译，中国政法大学出版社，2003，第20~21页。

第三节 "排非规则" 和区际刑事取证的证据能力

在刑事司法体制上，内地的公安机关具有独立的刑事侦查权，除逮捕措施外，其有权直接决定和实施其他全部强制措施；而在澳门和台湾地区，刑事案件的侦查由检察官主导，检察官负责领导和指挥警察开展侦查。在刑事诉讼的具体程序上，各地差异也不小，取证应适用何地法律是个问题；即使顺利取证，其证据能力也可能在法庭上受到质疑。

一 各地刑事司法制度的差异

从侦查模式来看，澳门和台湾采用欧洲大陆的传统侦查模式，即检察官领导刑事侦查。例如，获悉有关犯罪消息后，澳门检察院有权决定是否将其作为刑事案件进行侦查。根据澳门《刑事诉讼法典》第 246 条，侦查由检察院领导、刑事警察机关辅助；检察院直接指引刑事警察机关，在职务上，刑事警察机关的行动从属于检察院。澳门检察院对刑事侦查的领导主要包括以下内容：接收和处理犯罪消息的专属权；立案侦查权；对拘留嫌犯的知悉权；采用强制措施的建议权；采用获得证据方法的决定权；侦查进展的控制权；侦查归档权和提出控诉权；重开侦查的决定权；上诉权；归档和中止诉讼的建议权。澳门检察院还可以授权刑事警察机关负责实施某些侦查行为。但内地的刑事侦查主体比较多元，不同的案件类型，侦查主体不一，以公安机关为主，但不受检察机关领导。尽管检察院有时提前介入侦查阶段进行监督，但并无领导、指挥警察侦查的权力。

从讯问机制来看，澳门《刑事诉讼法典》中的讯问包括司法讯问和非司法讯问，两者的主体不同。在侦查期间，仅预审法官有权对被拘留嫌犯进行第一次司法讯问，检察院则对被拘留嫌犯进行第一次非司法讯问。如果嫌犯在拘留后没有立即被预审法官讯问，必须将其送到检察院，检察院可以通过简要的方式听取其陈述。讯问活动必须遵守第一次司法讯问的有关规定，但辩护人协助的规定除外；嫌犯被告知权利后提出要求由辩护人援助的，才可以由辩护人援助。简要讯问之后，如果检察院不释放被拘留嫌犯，则必须采取措施，将其送交预审法官。如果是恐怖主义、暴力犯罪或有高度组织犯罪的情形，检察院可以命令被拘留者在进行第一次司法讯问前，除了辩护人以外不得联络其他人。在内地，侦查讯问或询问一般由侦查机关自行完成。除刑事诉讼法规定证人应出庭作证的情形外，公安机关讯问犯罪嫌疑人或询问证人的笔录经当庭宣读后，可作为证据。而在港澳台地区，这样的笔录则可能被排除适用，不能作为判断事实的依据。

从侦查行为的决定权来看，逮捕以外的强制措施、勘验检查、搜查、扣押、鉴定、查询、冻结等，内地公安机关均有权直接决定和实施；但在港澳台地区，大多需要由检察官或法官决定。例如，根据澳门《刑事诉讼法典》第四卷"强制措施及财产担保措施"中的有关规定，担保、定期报到义务、禁止离境及接触、执行职务、中止从事职业或行使权利、羁押等强制措施的决定权属于刑事起诉法庭的预审法官。澳门有权限的司法当局以批示许可或命令的方式进行搜查及搜索，并且应当尽可能主持相关活动；扣押也必须基于司法当局的批示许可或命令，或由其宣告有效；刑事警察机关进行的扣押应在 72 小时内交由司法机关予以确认。

二 "排非规则"的要求

由于各法域的刑事诉讼制度不同，在某地合法取得的证据，未必在外地合法，这就产生了是否需要适用"排非规则"的问题。不过，"排非规则"旨在遏制违法侦查行为，并为相关受害者提供基本权利救济。[①] 在区际刑事司法互助的情境中，如果被请求方违法取证，请求方排除非法证据能否达到遏制被请求方非法取证的目的，难免让人生疑。况且，跨境取证原本不易，一律排除则可能使得有效打击跨境犯罪的目标更难实现。根据司法协助相互尊重的原则，请求方已通过互助途径申请被请求方协助调查和取证的，请求方法院原则上应接受被请求方收集到的证据，直接审查被请求方是否存在非法取证的情形是不合适的。否则，可能有损刑事司法互助的基本精神，不利于日后的持续互助与合作。不仅如此，请求方法院对于被请求方的法律制度和实务运作往往并不熟悉，也难以真正有效地审查。

澳门《刑事诉讼法典》第 113 条列出了禁止使用的证据方法。通过酷刑、胁迫或一般侵犯人的身心完整而获得的证据无效，不得使用。即使有

---

① 陈瑞华：《非法证据排除规则的理论反思》，《法律适用》2006 年第 6 期，第 4 页。

关人员同意，以下方式也属于侵犯身心完整：①通过虐待、伤害身体、使用任何手段、催眠或施以残忍、欺骗的手段，扰乱意思自由或作出决定的自由；②以任何手段扰乱记忆或评估能力；③在法律容许的情况及限度以外使用武力；④以非法措施，拒绝或限制给予合法利益来威胁；⑤承诺给予非法利益。此外，未经相关权利人同意，通过侵入私人生活、住宅、通讯而获得的证据无效，除非法律另有规定。如果使用上述取证方法构成犯罪，则此类证据可用来追诉相关行为人。总的来看，澳门禁用的证据方法可分为绝对禁止和相对禁止。其中，通过酷刑、胁迫、伤害他人身体等手段获得的证据属于绝对禁止；侵害私人生活、住所、通讯等则属于相对禁止。大陆与香港、台湾也分别规定了"排非规则"，各地规定有相似之处，但也存在不少差异，这无疑增加了取证和认证的难度。

第四节　区际刑事取证的证据能力规制

由于民事诉讼与刑事诉讼有很大不同，且大陆与港澳地区民商事部分已全面达成相关互助协议，因此，刑事部分的调查取证需要单独规定。从目前已出台的区际民商事司法互助协议来看，海峡两岸使用了"协议"一词，内地与港澳特区大多采用"安排"一词，在区际刑事取证方面可以参考相关表述。法庭在评判跨境证据时应当考虑传闻规则和"排非规则"等要求，可通过协商达成共识，并建立相应配套机制，解决目前存在的问题。在保障诉讼公正的前提下，简化跨境取证的程序，确保相关证据的可采性，进一步提高惩治跨境犯罪的效率。

一　划定取证的范围和用途

根据《两岸司法互助协议》第 8 条，收集证据的范围相对广泛，包括获取证言和陈述，提供物证、书证和视听资料，确认有关人员所在地及其身份，勘验检查、鉴定、访视、调查，搜索和扣押。根据 2018 年《中华人民共和国国际刑事司法协助法》第 25 条第 1 款，办案机关可就以下事项请求司法协助：查找、辨认有关人员；查实涉案财产和金融账户信息；获取并提供证言或陈述；获取并提供相关文件、记录、电子数据、物品或鉴定

意见；勘验、检查场所、物品、人身、尸体；搜查人身、物品、住所和其他有关场所等。这一规定更为全面和具体，区际间的刑事司法互助协议可以采用列举式，并尽可能覆盖所有证据方法。

为了防止所获证据被滥用，还可限制证据的用途。依据《内地与香港取证安排》第 5 条的规定，委托方获得的证据材料只能用于委托书提及的相关诉讼。此外，还有公共利益和公共秩序保留的问题，例如，《内地与澳门送达和取证安排》第 8 条第 2 款规定，受托事项不属于法院的职权范围，或者某一方法院认为在本地执行该受托事项将违反其基本法律原则或公共秩序的，可以不予执行，但应及时向委托法院书面说明理由。《两岸司法互助协议》第 15 条亦规定，因请求内容不符合本地规定，或者执行请求将损害本地公序良俗等情形，可以不予协助，但应向对方说明理由；第 17 条则限制了证据的用途，除非另有约定，双方只能依据请求书所载事项使用对方协助提供的资料。

二 明确取证的准据法

收集证据应适用请求方的法律还是被请求方的法律也是一个重要的问题。从目前已有的协议或安排来看，做法不一。例如，《两岸司法互助协议》第 8 条规定，协助方根据自己的法律规定提供协助，证据评价则适用请求方的法律规定。在这种情况下，收集证据的准据法与审查判断证据的准据法不一致，实践中可能会产生不少问题。但其他一些安排或协议体现了灵活性，例如，《内地与香港取证安排》第 7 条明确规定，受托方应根据本地法律安排取证；受托方认为不违反本地法律的，亦可采取委托方请求的方式。再如，根据《最高人民法院关于人民法院办理海峡两岸送达文书和调查取证司法互助案件的规定》第 16 条的规定、人民法院应当采用民事诉讼法、刑事诉讼法、行政诉讼法等法律和有关司法解释规定的方式协助台湾地区法院调查取证。在不违反法律规定、不损害公共利益、不妨碍诉讼程序的前提下，人民法院应作出最大努力，并尽可能考虑台湾地区提出的请求方式和内容。相较而言，这种处理方式更有利于确保证据在请求方诉讼程序中的证据能力，有利于提高取证和打击跨境犯罪的效率，且兼顾了请求方与被请求方的利益。

三 充分保障诉讼权利

在一个国家的前提下，区际司法互助应建立在相互尊重和相互支持的基础之上。如果每个区际司法互助的案件都要逐层转递，耗时更多，成本更高。特别是收集证据，错失机会可能会影响取证的及时性和有效性。在区际间刑事调查取证方面，为了提高案件处理的效率，可以由中华人民共和国最高人民检察院、香港律政司、澳门检察院、台湾法务主管部门作为各地的统一联络机关。"一国"前提下的区际司法协助应简化请求或受理的程序，可由各地统一联络机关直接进行联系。不过，简化程序应当以不影响诉讼权利为前提。对于境外获得的证据，当事人及其他诉讼参与人的对质权应得到充分保障，关键证人原则上应出庭；但也允许适当变通，例如，请求方的追诉机关已作出足够努力，未能对质的情形不归咎于请求方，已为被告人提供了充分的辩护机会等。此外，为了充分保障关键证人的出庭，内地和澳门应制定专门的证人保护法，以便和港台地区对接。

四 协助下的派员异地取证

在司法实践中，取得供述、证言等言词证据是比较常见的办案需要，但言词证据的主观性强，受到陈述主体认知、记忆和表达能力的种种影响，可信度往往低于实物证据。所以，言词证据特别需要在法庭上对质，以确保其真实性。根据前文提及的澳门法院关于一起伪造信用卡案件的判决理由，即"澳门司法警察局的证人没有前往内地"等，建议请求方必要时派出办案人员去被请求方参与取证。但是为了体现互相尊重，必须提前告知被请求方，征求其意见，并且在被请求方的协助下完成取证。这样，在请求方所在地开庭审判时，被外派取证的人可以出庭作证，有利于保障辩护方的法庭对质权。当然，如果能够在取证时进行全程录音录像，程序则会更加公正，外派人员的出庭证言和录音录像情况能够相互印证，也更有利于说服法官。

五　确立传闻规则的例外情形

在跨境司法中还需要兼顾灵活性，因为当事人及其他诉讼参与人可能不愿、不宜、不便或不能亲赴请求方所在地出庭作证，可以考虑将其列为传闻证据的例外，同时要求该项证据不得作为定案的唯一证据，需要其他补强证据才可认定相关陈述的真实性。如果是鉴定意见证据，鉴于鉴定的专业性，通常可以信赖，除非有相反证据能够推翻该鉴定报告的可靠性。

六　推广远程视频调查方式的适用

近年来，澳门不时收到外地司法机关提出以网络视频方式向身处澳门的证人或者当事人进行听证取证的司法互助请求，但澳门目前对司法机关进行远程网络视频取证的合法性尚未作出法律规范，应就网络视频的远程取证诉讼措施开展相关研究工作，适时推动相应的立法措施。[①] 根据澳门特别行政区检察院 2017 年度刑事案件被控诉人所持证件分类统计表，澳门本地占 41.13%，内地、港台及其他地区占近 60%。其余年份也大致如此。可见，在非本地居民超过半数、且大量证人身处境外的情况下，引入远程网络视频取证是必要的。

一是查明案件事实的需要。如今，澳门与周边地区的经济文化交流日益频繁，港珠澳大桥的开通、粤港澳大湾区战略的提出亦为各地的互动与发展提供了更好的机遇与环境。与此同时，犯罪分子也在利用各种机会从事跨境犯罪，给各方造成了巨大损失。跨境犯罪涉及面广，当事人及证人分布在不同法域，给案件调查带来很大困难，甚至可能放纵犯罪。此外，时间越久，当事人或证人可能记忆越模糊，证据越可能灭失或难以取得。

二是提高诉讼效率，节约诉讼资源的需要。联合国《公民权利和政治权利国际公约》第 14 条第 3 款（丙）项规定："受审时间不能无故拖延。"《澳门基本法》第 29 条第 2 款亦规定："澳门居民在被指控犯罪时，享有尽早接受法院审判的权利，在法院判罪之前均假定无罪。"如果当事人或证人身处境外而无法及时接受讯问或询问，则拖延了诉讼，降低了司法效率。

---

① 《叶迅生冀增不当收利益罪》，《澳门日报》2019 年 10 月 19 日第 A02 版。

　　三是保障当事人合法权益的需要。现代人的生活节奏快，人口流动日益频繁。如果无论案件轻重，都一律要求当事人或其他诉讼参与人亲临法庭，既不现实，也没必要。因此，在符合条件的情况下，适当允许远程视频取证可以兼顾诉讼主体的不同需要，减轻诉讼参与人的诉讼成本。

　　四是开展司法协助的需要。目前，《联合国打击跨国有组织犯罪公约》第18条和《联合国反腐败公约》第46条已将远程视频取证作为跨境司法互助的重要方式之一。2001年《欧洲刑事司法互助公约》第二附加议定书增加了相关条款，例如，通过联合调查、视频录像、电话会议提供证据。[①]《欧盟调查令》第25～27条规定了若干特殊取证形式，如视频或电话会议听审、通讯截取、银行信息或交易监控、控制下的交付等。[②] 根据台湾"刑事诉讼法"第177条，当证人不能出席或有其他必要情况时，可以在听取当事人和辩护人的意见后进行讯问。如果证人所在地与法院之间有音像传送科技设备，法院认为适合的，可以直接讯问。2003年8月22日，台湾地区还制定了《刑事诉讼远距讯问作业办法》。香港法院"实务指示9.9"是关于和香港以外的证人通过电视直播联系的规定，在刑事诉讼中，如果一方申请法庭向香港之外的证人以电视直播的方式向法庭提供证据，必须在申请中写明证人的姓名、证人作证时所在地、申请电视直播联系的理由等；为了顺利联系以及保证开庭效果，申请方应该在开庭前进行测试。可见，如果澳门缺乏相应的制度，则可能影响司法协助的效果。

　　将来区际之间应当以协议等方式明确对此作出规定。为了充分保障相关人士的合法权利，有关程序应细化和严格规范，例如，当事人或证人有权获得通知，有权在确认笔录内容之后签名或提出异议等。此外，这一取证手段依赖于科技设备，需要做好相关的保管、维护及调试工作。但办案机关不能过分依赖远程视频调查取证的方式，应当在做出充分的努力后，当事人或其他诉讼参与人确实不能或不便出庭，确有必要通过远程视频取证时，才可以使用此方式。在远程审判中，法庭的剧场效应很难形成，审判的威严感和神圣感显著下降，在利益的驱动下，虚假陈述也可能比开庭

---

① 《欧洲刑事司法互助公约》，欧盟委员会网站，https://www.coe.int/t/dghl/standardsetting/pc-oc/PCOC_documents/PC-OC_2011_15 Rev Consolidated document mutual legal assistance.pdf，最后访问日期：2020年1月1日。

② 冯俊伟：《欧盟跨境刑事取证的立法模式》，《证据科学》2016年第1期，第94页。

审理多。① 因此，需要结合其他证据综合全案作出判断。如果证人在视频作证时有作伪证的情况，在国际法上，请求方和被请求方都有权依照本地法律规定追究证人的刑事责任，区际刑事司法也可以借鉴这一做法，防止证人抱有侥幸心理，也有利于夯实庭审调查的基础。

---

① 熊秋红：《远程庭审有哪些优势与不足》，《人民论坛》2016 年第 27 期，第 101 页。

参考文献

一 中文著作

蔡墩铭：《审判心理学》，水牛出版社，1986。

陈刚：《证明责任法研究》，中国人民大学出版社，2000。

陈光中等：《司法改革问题研究》，法律出版社，2018。

陈浩然：《证据学原理》，华东理工大学出版社，2002。

陈朴生：《刑事证据法》，三民书局，1979。

陈瑞华：《刑事诉讼的中国模式》（第三版），法律出版社，2018。

陈瑞华：《刑事诉讼中的问题与主义》（第二版），中国人民大学出版社，2013。

陈瑞华：《刑事证据法学》（第二版），北京大学出版社，2014。

陈卫东、谢佑平主编《证据法学》，复旦大学出版社，2005。

陈卫东主编《刑事证据问题研究》，中国人民大学出版社，2016。

陈运财：《直接审理与传闻法则》，五南图书出版有限公司，2001。

程雷：《秘密侦查的中国问题研究》，中国检察出版社，2018。

樊崇义、顾永忠主编《侦查讯问程序改革实证研究：侦查讯问中律师

在场、录音、录像制度试验》，中国人民公安大学出版社，2007。

樊崇义主编《证据法学》，法律出版社，2004。

高忠智：《美国证据法新解——相关性证据及其排除规则》，法律出版社，2004。

何家弘：《外国证据法》，法律出版社，2003。

胡云腾主编《网络犯罪刑事诉讼程序意见暨相关司法解释理解与适用》，人民法院出版社，2014。

黄朝义：《刑事诉讼法》，新学林出版股份有限公司，2014。

黄朝义：《刑事证据法·证据篇》，元照出版公司，2002。

黄东熊：《刑事诉讼法论》，三民书局，1999。

黄东熊：《刑事诉讼法研究》（第三册），元照出版公司，2017。

黄维智：《刑事证明责任研究：穿梭于实体与程序之间》，北京大学出版社，2007。

江礼华：《外国刑事诉讼制度探微》，法律出版社，2000。

姜世明：《举证责任与真实义务》，新学林出版股份有限公司，2006。

姜世明：《数位证据与程序法理——比较法视野的观察》，新学林出版股份有限公司，2018。

姜世明：《新民事证据法论》，新学林出版股份有限公司，2009。

柯葛壮：《刑事诉讼法比较研究》，法律出版社，2012。

孔祥俊：《法官如何裁判》，中国法制出版社，2017。

李学灯主编《证据法比较研究》，五南图书出版有限公司，1992。

林灿璋、林信雄：《侦查管理——以重大刑案为例》，五南图书出版有限公司，2004。

林辉煌：《论证据排除——美国法之理论与实务》，元照出版公司，2006。

林辉煌：《刑事审判之证明负担及证明程度》，元照出版公司，2011。

林逸：《社会科学概论》，五南图书出版有限公司，1977。

林钰雄：《干预处分与刑事证据》，北京大学出版社，2010。

林钰雄：《刑事诉讼法》（上册·总论编），元照出版公司，2013。

刘金友主编《证据法学》，中国政法大学出版社，2001。

刘玫、卢莹：《香港与内地刑事诉讼制度比较研究》，中国人民公安大学出版社，2015。

刘晓丹主编《美国证据规则》，中国检察出版社，2003。

刘元亮等：《科学认识论与方法论》，清华大学出版社，1987。

骆怡安：《刑事鉴识学》，明文书局，2003。

米万英、何伟宁：《澳门地区行政诉讼：制度、立法与案例》，浙江大学出版社，2011。

齐树洁主编《英国证据法》，厦门大学出版社，2014。

邵建东主编《德国司法制度》，厦门大学出版社，2010。

沈达明编著《英美证据法》，中信出版社，1996。

沈志先主编《刑事证据规则研究》，法律出版社，2011。

宋寒松主编《大数据与职务犯罪侦查》，中国检察出版社，2017。

宋英辉等：《外国刑事诉讼法》，法律出版社，2006。

孙业群：《司法鉴定制度改革研究》，法律出版社，2002。

王昌学：《证据与断案》，新疆大学出版社，1988。

王燃：《大数据侦查》，元照出版公司，2018。

王兆鹏：《刑事诉讼讲义》，元照出版公司，2010。

王兆鹏等：《传闻法则理论与实践》，元照出版公司，2004。

吴宏耀、魏晓娜：《诉讼证明原理》，法律出版社，2002。

吴洪淇：《证据法的理论面孔》，法律出版社，2018。

徐京辉、程立福：《澳门刑事诉讼法》，澳门基金会，1999。

徐昕：《英国民事诉讼与民事司法改革》，中国政法大学出版社，2002。

许文义：《个人资料保护法论》，三民书局，2001。

杨春洗等编著《香港刑法与罪案》，人民法院出版社，1996。

叶自强：《举证责任及其分配标准》，法律出版社，2005。

易延友：《证据法的体系与精神——以英美法为特别参照》，北京大学出版社，2010。

袁志：《勘验、检查笔录研究》，西南财经大学出版社，2007。

张保生主编《〈人民法院统一证据规定〉司法解释建议稿及论证》，中国政法大学出版社，2008。

张丽卿：《刑事诉讼制度与刑事证据》，元照出版公司，2003。

张秦初主编《临床法医学鉴定问答》，人民卫生出版社，2002。

张卫平：《外国民事证据制度研究》，清华大学出版社，2003。

周荣编著《证据法要论》，商务印书馆，1936。

朱富美：《科学鉴定与刑事侦查》，翰芦图书出版社，2004。

最高人民法院修改后民事诉讼法贯彻实施工作领导小组编《最高人民法院民事诉讼法司法解释理解与适用》，人民法院出版社，2015。

二 译著

〔葡〕Candida da Silva Antunes Pires：《民事诉讼法入门》（第一卷），冯文庄译，澳门大学法学院、澳门基金会，1996。

〔美〕阿维娃·奥伦斯坦：《证据法要义》，汪诸豪、黄燕妮译，中国政法大学出版社，2018。

〔美〕爱伦·豪切斯特勒：《美国刑事法院诉讼程序》，陈卫东、徐美君译，中国人民大学出版社，2002。

〔美〕盎格洛·昂舍塔：《科学证据与法律的平等保护》，王进喜等译，中国法制出版社，2016。

〔日〕浜田寿美男：《自白的心理学》，片成男译，中国轻工业出版社，2006。

〔意〕贝卡利亚：《论犯罪与刑罚》，黄风译，中国法制出版社，2005。

〔美〕本杰明·卡多佐：《司法过程的性质》，苏力译，商务印书馆，2005。

〔英〕彼得·斯坦、约翰·香德：《西方社会的法律价值》，王献平译，中国人民公安大学出版社，1989。

〔美〕布莱恩·肯尼迪：《证人询问之技巧》，郭乃嘉译，元照出版公司，2002。

〔美〕戴维·T. 约翰逊：《日本刑事司法的语境与特色——以检察起诉为例》，林喜芬等译，上海交通大学出版社，2017。

〔美〕丹尼尔·夏科特：《记忆的七宗罪》，李安龙译，中国社会科学出版社、海南出版社，2003。

〔美〕丹尼斯·帕特森：《布莱克维尔法哲学和法律理论指南》，汪庆华、魏双娟译，上海人民出版社，2013。

〔美〕菲利普·K. 霍华德：《无法生活：将美国人民从法律丛林中解放出来》，林彦、杨珍译，法律出版社，2011。

〔法〕弗洛里奥：《错案》，赵淑美、张洪竹译，法律出版社，2013。

〔日〕高木光太郎：《证言的心理学——相信记忆、怀疑记忆》，片成男译，中国政法大学出版社，2013。

〔日〕高桥宏志：《民事诉讼法——制度与理论的深层分析》，林剑锋译，法律出版社，2003。

〔美〕哈罗德·伯曼：《美国法律讲话》，陈若恒译，三联书店，1988。

〔德〕汉斯·普维庭：《现代证明责任问题》，吴越译，法律出版社，2000。

〔日〕菊田幸一：《犯罪学》，海沫等译，群众出版社，1989。

〔英〕K. S. 肯尼、J. W. 塞西尔·特纳：《肯尼刑法原理》，王国庆等译，华夏出版社，1989。

〔德〕克劳思·罗科信：《刑事诉讼法》，吴丽琪译，法律出版社，2003。

〔德〕莱奥·罗森贝克：《证明责任论——以德国民法典和民事诉讼法典为基础撰写》，庄敬华译，中国法制出版社，2002。

〔美〕理查德·A. 波斯纳：《证据法的经济分析》，徐昕等译，中国法制出版社，2001。

〔美〕理查德·罗蒂：《哲学和自然之镜》，李幼蒸译，商务印书馆，2003。

〔葡〕利马：《民事诉讼法教程》（第二版），叶迅生、卢映霞译，澳门法律及司法培训中心，2009。

〔英〕鲁伯特·罗克斯：《英国刑法导论》，赵秉志等译，中国人民大学出版社，1991。

〔法〕罗伯特·雅各布：《上天·审判——中国与欧洲司法观念历史的初步比较》，李滨译，上海交通大学出版社，2013。

〔美〕罗纳德·艾伦等：《证据法：文本、问题和案例》，张保生等译，高等教育出版社，2006。

〔美〕罗南多·戴尔卡门：《美国刑事侦查法制与实务》，李政峰等译，五南图书出版有限公司，2006。

〔德〕罗森贝克等：《德国民事诉讼法》，李大雪译，中国法制出版社，2007。

〔葡〕Manuel Leal-Henriques：《澳门刑事诉讼法教程》（第二版），卢映霞、梁凤明译，澳门法律及司法培训中心，2011。

〔美〕迈克尔·D. 贝勒斯：《法律的原则——一个规范的分析》，张文

显等译，中国大百科全书出版社，1996。

〔英〕迈克尔·奥克肖特：《经验及其模式》，吴玉军译，文津出版社，2005。

〔美〕米尔吉安·R. 达马斯卡：《比较法视野中的证据制度》，吴宏耀等译，中国人民公安大学出版社，2006。

〔美〕米尔建·R. 达马斯卡：《漂移的证据法》，李学军等译，中国政法大学出版社，2003。

〔美〕米尔伊安·R. 达玛什卡：《司法和国家权力的多种面孔》，郑戈译，中国政法大学出版社，2004。

〔美〕摩根：《证据法之基本问题》，李学灯译，世界书局，1982。

〔意〕莫诺·卡佩莱蒂等：《当事人基本程序保障权与未来的民事诉讼》，徐昕译，法律出版社，2000。

〔美〕诺曼·嘉兰等：《执法人员刑事证据教程》，但彦铮等译，中国检察出版社，2007。

〔葡〕乔治·德·菲格雷多·迪亚士：《刑事诉讼法》，马哲、缴洁译，社会科学文献出版社，2019。

〔比〕R. C. 范·卡内冈：《英国普通法的诞生》，李红海译，中国政法大学出版社，2003。

〔瑞士〕萨拉·J. 萨默斯：《公正审判：欧洲刑事诉讼传统与欧洲人权法院》，朱奎彬、谢进杰译，中国政法大学出版社，2012。

〔日〕石井一正：《日本实用刑事证据法》，陈浩然译，五南图书出版有限公司，1988。

〔美〕史蒂文·L. 伊曼纽尔：《证据法》（第四版），中信出版社，2003。

〔美〕史蒂文·鲁贝特：《现代诉辩策略与技巧》，王进喜等译，中国人民公安大学出版社，2005。

〔美〕斯蒂文·J. 伯顿：《法律的道路及其影响——小奥利弗·温德尔·霍姆斯的遗产》，张芝梅等译，北京大学出版社，2005。

〔日〕松本博之：《日本人事诉讼法》，郭美松译，厦门大学出版社，2012。

〔日〕松冈义正：《民事证据论》，张知本译，中国政法大学出版社，2004。

〔日〕松尾浩也：《日本刑事诉讼法》，张凌译，中国人民大学出版社，2005。

〔英〕汤因比：《汤因比论汤因比》，王少如、沈晓红译，三联书店，1997。

〔美〕特伦斯·安德森：《证据分析》（第二版），张保生等译，中国人民大学出版社，2012。

〔日〕田口守一：《刑事诉讼法》，张凌、于秀峰译，中国人民大学出版社，2010。

〔日〕土本武司：《日本刑事诉讼法要义》，董璠舆、宋英辉译，五南图书出版有限公司，1997。

〔德〕托马斯·魏根特：《德国刑事诉讼程序》，岳礼玲、温小洁译，中国政法大学出版社，2004。

〔美〕W. 杰瑞·奇泽姆、布伦特·E. 特维：《犯罪现场重建》，刘静坤译，中国人民公安大学出版社，2010。

〔英〕威廉·特文宁：《反思证据——开拓性论著》，吴洪淇等译，中国人民大学出版社，2015。

〔美〕威廉·特文宁：《证据理论：边沁与威格摩尔》，吴洪淇等译，中国人民大学出版社，2015。

〔英〕维克托·迈尔等：《大数据时代》，盛杨燕、周涛译，浙江人民出版社，2013。

〔德〕维特根斯坦：《哲学研究》，李步楼等译，商务印书馆，1996。

〔日〕西原春夫主编《日本刑事法的形成与特色》，李海东等译，法律出版社、成文堂，1997。

〔日〕新堂幸司：《民事诉讼法》，林剑锋译，法律出版社，2008。

〔美〕亚历克斯·斯坦：《证据法的根基》，樊传明等译，中国人民大学出版社，2018。

〔美〕亚历山大·M. 比克尔：《最小危险的部门——政治法庭上的最高法院》，姚中秋译，北京大学出版社，2007。

〔美〕伊丽莎白·罗芙托斯等：《辩方证人：一个心理学家的法庭故事》，浩平译，中国政法大学出版社，2012。

〔美〕约翰·W. 斯特龙主编《麦考密克论证据》，汤维建等译，中国政法大学出版社，2004。

〔英〕詹妮·麦克埃文：《现代证据法与对抗式程序》，蔡巍译，法律出

版社，2006。

〔日〕中村英郎：《新民事诉讼法讲义》，陈刚等译，法律出版社，2001。

三 外文著作

Alan M. Gahtan, *Electronic Evidence*, New York: Thomson Professional Publishing, 2000.

Alan Taylor, *Principles of Evidence*, 2nd ed., New York: Routledge-Cavendish, 2000.

Barry Scheck et al., *Actual Innocence: When Justice Goes Wrong and How to Make It Right*, New York: NAL Trade, 2003.

Bruce Middleton, *Cyber Crime Investigator's Field Guide*, New York: Routledge, 2005.

Christopher B. Mueller et al., *Evidence Under the Rules: Text, Cases, and Problems*, New York: Wolters Kluwer, 2019.

Christopher B. Mueller, Laird C. Kirkpatrick, *Evidence*, 4th ed., New York: West Academic Publishing, 2015.

Eoghan Casey, *Digital Evidence and Computer Crime*, 3rd ed., Massachusetts: Academic Press, 2011.

Fred E. Inbau et al., *Criminal Interrogation and Confessions*, 5th ed., Massachusetts: Jones & Bartlett Learning, 2011.

George C. Thomas III, Richard A. Leo, *Confessions of Guilt: From Torture to Miranda and Beyond*, UK: Oxford University Press, 2012.

G. H. Gudjonsson, *The Psychology of Interrogations and Confessions: A Handbook*, London: Wiley, 2003.

I. H. Dennis, *The Law of Evidence*, London: Sweet & Maxwell Press, 1999.

John Vacca, *Computer Forensics: Computer Crime Scene Investigation*, Boston: Charles River Media, 2002.

Johne C. Klotter, *Criminal Evidence*, 5th ed., New York: Anderson Publishing Co., 1992.

Jonathan Law, *A Dictionary of Law*, 8th ed., online version, UK: Oxford University Press, 2015.

Judy Hails, *Criminal Evidence*, 8th ed. , Boston：Cengage Learning, 2013.

Keith Inman, Norah Rudin, *An Introduction to Forensic DNA Analysis*, New York：CRC Press, 1997.

Kenneth S. Broun, *McCormick on Evidence*, Minnesota：West Publishing Company, 2007.

Michael A. Caloyannides, *Computer Forensics and Privacy*, London：Artech House Publishers, 2001.

Michael J. Saks, Barbara Spellman, *The Psychological Foundations of Evidence Law*, New York：New York University Press, 2016.

Paul Bergman, Sara J. Berman-Barrett, *The Criminal Law Handbook：Know Your Rights, Survive the System*, Berkeley：NOLO, 2015.

Peter Murphy, *Murphy on Evidence*, 12th ed. , US：Oxford University Press, 2011.

Rolando V. Del Carmen, *Criminal Procedure：Law and Practice*, 10th ed. , Boston：Cengage Learning, 2016.

Ronald Joseph Delisle et al. , *Evidence：Principles and Problems*, 12th ed. , Toronto：Thomson Reuters, 2018.

Ronald J. Allen et al. , *An Analytical Approach to Evidence：Text, Problems, and Cases*, 6th ed. , Netherlands：Wolters Kluwer, 2016.

Thomas J. Gardner, Terry M. Anderson, *Criminal Evidence：Principles and Cases*, 9th ed. , Massachusetts：Cengage Learning, 2015.

Walter P. Signorelli, *Criminal Law, Procedure, and Evidence*, New York：Routledge, 2011.

四 中文期刊论文

〔英〕A. A. S. Zuckerman：《英国证据法上的事实认定》，魏晓娜译，《研究生法学》2002 年第 2 期。

Sabine Gless：《法定证据使用禁止——瑞士是先驱?》，王士帆译，《月旦法学杂志》2017 年总第 265 期。

毕玉谦：《电子数据庭审证据调查模式识辨》，《国家检察官学院学报》

2016 年第 1 期。

〔澳大利亚〕布鲁斯·托马斯·兰德尔：《澳大利亚联邦法院对专家证据的采纳》，汪诸豪译，《证据科学》2014 年第 5 期。

蔡巍：《美国联邦品格证据规则及其诉讼理念》，《法学杂志》2003 年第 4 期。

蔡宗珍：《电信相关资料之存取与利用的基本权关连性》（下），《月旦法学杂志》2018 年总第 275 期。

陈光中、陈海光、魏晓娜：《刑事证据制度与认识论》，《中国法学》2001 年第 1 期。

陈沛林：《香港特别行政区区际刑事司法协助的现状与展望》，《法学杂志》2008 年第 2 期。

陈瑞华：《从认识论到价值论——证据法学理论基础的反思与重构》，《法学》2001 年第 1 期。

陈瑞华：《非法证据排除规则的理论反思》，《法律适用》2006 年第 6 期。

陈瑞华：《实物证据的鉴真问题》，《法学研究》2011 年第 5 期。

陈瑞华：《以限制证据证明力为核心的新法定证据主义》，《法学研究》2012 年第 6 期。

陈瑞华：《证据的概念与法定种类》，《法律适用》2012 年第 1 期。

陈卫东：《论刑事证据法的基本原则》，《中外法学》2004 年第 4 期。

陈学权：《刑事程序法视野中的法庭科学 DNA 数据库》，《中国刑事法杂志》2007 年第 11 期。

陈运财：《监听之性质及其法律规范——兼评通讯监察法草案之争议》，《东海大学法学研究》1998 年第 13 期。

陈运财：《刑事妥速审判法第九条限制上诉第三审事由之检讨》，《月旦法学杂志》2012 年总第 209 期。

陈志龙：《超越合理怀疑与证据证明》，《台北大学法学论丛》2009 年总第 69 期。

程春华：《举证责任分配、举证责任倒置与举证责任转移——以民事诉讼为考察范围》，《现代法学》2008 年第 2 期。

程雷：《大数据侦查的法律控制》，《中国社会科学》2018 年第 11 期。

程雷：《技术侦查证据使用问题研究》，《法学研究》2018 年第 5 期。

樊崇义、吴光升：《鉴定意见的审查与运用规则》，《中国刑事法杂志》2013 年第 5 期。

冯姣：《互联网电子证据的收集》，《国家检察官学院学报》2018 年第 5 期。

冯俊伟：《荷兰刑事鉴定制度介评》，《中国司法鉴定》2012 年第 5 期。

冯俊伟：《欧盟跨境刑事取证的立法模式》，《证据科学》2016 年第 1 期。

高艳东：《网络犯罪定量证明标准的优化路径：从印证论到综合认定》，《中国刑事法杂志》2019 年第 1 期。

高一飞、吴刚：《手机解锁搜查中强制企业协助行为的法律调整》，《河北法学》2018 年第 11 期。

何家弘：《论推定概念的界定标准》，《法学》2008 年第 10 期。

何家弘：《论推定规则适用中的证明责任和证明标准》，《中外法学》2008 年第 6 期。

何家弘：《司法证明标准与乌托邦》，《法学研究》2004 年第 6 期。

洪兰：《从证人证词到被压抑的记忆——记忆是可靠的吗?》，《刑事法杂志》1998 年第 3 期。

胡铭：《电子数据在刑事证据体系中的定位与审查判断规则——基于网络假货犯罪刑事裁判文书的经验分析》，《法学研究》2019 年第 2 期。

黄河：《论德国电信监听的法律规制——基于基本权利的分析》，《比较法研究》2017 年第 3 期。

黄京平：《刑事司法人工智能的负面清单》，《探索与争鸣》2017 年第 10 期。

黄梅月：《"鉴定人'行鉴定时'辩护人的在场权"与谈记录》，《台湾本土法学杂志》2007 年总第 100 期。

黄敏：《我国应当建立"专家辅助人"制度——意大利"技术顾问"制度之借鉴》，《中国司法》2003 年第 4 期。

黄少泽：《电话监听手段正当程序化的理论与实践》，《刑侦与法制》2006 年总第 34 期。

黄伟：《论反洗钱的举证责任倒置原则——兼论对中国反洗钱立法的建议》，《探索与争鸣》2009 年第 4 期。

季美君：《澳大利亚专家证据可采性规则研究》，《证据科学》2008 年第 2 期。

季美君：《专家证据的价值与我国司法鉴定制度的修改》，《法学研究》2013 年第 2 期。

江舜明：《证据排除之适用标准——兼论违法监听案例类型》，《法学丛刊》2007 年第 2 期。

姜世明：《表见证明之研究》，《政大法学评论》2007 年总第 104 期。

姜世明：《间接证明之研究》，《政大法学评论》2013 年总第 135 期。

姜世明：《举证责任转换》，《月旦法学教室》2004 年总第 17 期。

姜世明：《论经验法则》，《政大法学评论》2008 年总第 107 期。

姜世明：《民事诉讼法总论：第七讲——举证责任法》，《月旦法学教室》2005 年总第 30 期。

姜世明：《医师民事责任程序中之举证责任减轻》，《月旦民商法》2004 年总第 6 期。

荆琴、邱雪梅：《英国证据法的传闻规则研究》，《厦门大学法律评论》2002 年第 3 期。

劳东燕：《刑事推定、证明标准与正当程序——对 20 世纪 70 年代美国联邦最高法院判例的解读》，《中外法学》2010 年第 5 期。

李大勇：《行政诉讼证明责任分配：从被告举证到多元主体分担》，《证据科学》2018 年第 3 期。

李浩：《当事人陈述：比较、借鉴与重构》，《现代法学》2005 年第 3 期。

李惠宗：《法定证据主义的幽灵》，《法令月刊》2010 年第 3 期。

李建东：《"幽灵抗辩"问题及其对策》，《河南警察学院学报》2011 年第 6 期。

李学宽等：《论刑事证明标准及其层次性》，《中国法学》2001 年第 5 期。

李兆隆等：《"鉴证科学"与"法庭科学"之辩》，《刑事技术》2012 年第 2 期。

林俊益：《刑事集中审理制》，《月旦法学教室》2005 年总第 31 期。

林丽莹：《刑事法上的举证责任——有疑则利被告原则、不自证己罪原则》，《月旦法学杂志》2006 年总第 133 期。

林钰雄：《从基本权论身体检查处分》，《台大法学论丛》2003 年第 3 期。

林钰雄等：《严格证明的映射：自由证明法则及其运用》，《国家检察官学院学报》2007 年第 5 期。

刘静怡：《通讯监察与民主监督：欧美争议发展趋势之反思》，《欧美研究》2017 年第 1 期。

刘明生：《摸索证明禁止之原则》，《月旦法学教室》2017 年总第 181 期。

刘品新：《电子证据的关联性》，《法学研究》2016 年第 6 期。

刘品新：《电子证据的基础理论》，《国家检察官学院学报》2017 年第 1 期。

刘品新：《论大数据证据》，《环球法律评论》2019 年第 1 期。

刘振红：《科学证据何以可能——兼论常识证据》，《中国刑事法杂志》2011 年第 9 期。

龙宗智：《证据分类制度及其改革》，《法学研究》2005 年第 5 期。

〔美〕罗纳德·J. 艾伦：《刑事诉讼的法理和政治基础》，张保生等译，《证据科学》2007 年第 5 期。

〔美〕罗纳德·J. 艾伦：《证据的相关性和可采性》，张保生等译，《证据科学》2010 年第 3 期。

〔美〕罗纳德·J. 艾伦：《证据法、诉讼法和实体法的关系》，张保生等译，《证据科学》2010 年第 6 期。

〔美〕罗纳德·J. 艾伦：《证据法革新的框架》，汪诸豪、李吟译，《证据科学》2013 年第 5 期。

马贵翔：《论证据裁判主义与自由心证的衡平》，《北方法学》2017 年第 6 期。

〔加〕玛丽安·K. 布朗：《澳大利亚、新西兰、香港、加拿大传闻法律改革及酝酿中的改革——以"先前不一致陈述"为重要视角》，刘玫、初殿清译，《证据科学》2008 年第 6 期。

〔美〕Pamela S. Katz：《专家机器人：利用人工智能协助法官采纳科学性专家证言》，邓桐、刘鑫译，《证据科学》2017 年第 4 期。

庞小菊、徐英倩：《不负证明责任当事人的事案解明义务》，《国家检察官学院学报》2015 年第 3 期。

裴苍龄：《论证据的种类》，《法学研究》2003 年第 5 期。

裴苍龄：《论证明标准》，《法学研究》2010 年第 3 期。

裴兆斌：《论刑事诉讼中电子数据取证模式》，《东方法学》2014 年第 5 期。

史明洲：《区块链时代的民事司法》，《东方法学》2019 年第 3 期。

宋维彬：《传闻法则与直接言词原则之比较研究》，《东方法学》2016 年第 5 期。

宋维彬：《论刑事辨认笔录的证据能力》，《当代法学》2017 年第 2 期。

宋维彬：《论刑事诉讼中勘验、检查笔录的证据能力》，《现代法学》2016 年第 2 期。

〔美〕苏珊·哈克：《专家证据：美国的经验与教训》，邓晓霞译，《证据科学》2016 年第 3 期。

孙长永：《认罪认罚案件的证明标准》，《法学研究》2018 年第 1 期。

汤维建、陈开欣：《试论英美证据法上的刑事证明标准》，《政法论坛》1993 年第 4 期。

万毅：《幽灵抗辩之对策研究》，《法商研究》2008 年第 4 期。

汪建成：《司法鉴定基础理论研究》，《法学家》2009 年第 4 期。

王皇玉：《德国刑事诉讼法上关于"证人保护"之立法动向》，《月旦法学杂志》1999 年总第 53 期。

王嘉铭：《侦查过程中偶然监听所得材料的证据能力》，《河北法学》2019 年第 2 期。

王亚新：《刑事诉讼中发现案件真相与抑制主观随意性的问题——关于自由心证原则历史和现状的比较研究》，《比较法研究》1993 年第 2 期。

王兆鹏：《当事人进行主义争辩之评议》，《刑事法杂志》2004 年第 4 期。

王兆鹏：《审判阶段缄默权之理论研究》（上、下），《月旦法学杂志》1996 年总第 16、17 期。

王兆鹏：《刑事举证责任理论》，《台大法学论丛》1999 年第 4 期。

王兆鹏：《证据排除法则的相关问题》，《刑事法杂志》1999 年第 3 期。

魏晓娜：《非法言词证据认定路径的完善》，《人民检察》2017 年第 18 期。

魏晓娜：《审判中心视角下的证据法基本概念》，《证据科学》2016 年第 3 期。

吴灿：《勘验笔录之证据能力》，《月旦法学教室》2018 年总第 188 期。

吴丹红：《刑事举证责任与"海盗抗辩"》，《人民检察》2008 年第 19 期。

吴洪淇：《阐释与理论：英美证据法研究传统的二元格局》，《华东政法大学学报》2011 年第 1 期。

吴洪淇：《证据法中的跨学科研究：挑战与回应》，《北大法律评论》2016 年第 1 期。

吴俊毅：《刑事诉讼上身体检查措施被告忍受义务之界线》，《刑事法杂志》2009 年第 2 期。

吴巡龙：《监听偶然获得另案证据之证据能力》，《月旦法学教室》2006 年总第 47 期。

吴巡龙：《私人取证》，《月旦法学教室》2013 年总第 133 期。

吴巡龙：《刑事举证责任与幽灵抗辩》，《月旦法学杂志》2006 年总第 133 期。

吴巡龙：《照片的证据性质》，《台湾法学杂志》2010 年总第 166 期。

吴泽勇：《"正义标尺"还是"乌托邦"？——比较视野中的民事诉讼证明标准》，《法学家》2014 年第 3 期。

吴泽勇：《不负证明责任当事人的事案解明义务》，《中外法学》2018 年第 5 期。

谢登科：《论刑事简易程序中的证明标准》，《当代法学》2015 年第 3 期。

熊秋红：《英国刑事诉讼中对非法获得的证据处理之评析》，《中央检察官管理学院学报》1997 年第 2 期。

杨桔等：《植物证据在校园犯罪案件中的应用》，《刑事技术》2019 年第 1 期。

杨立新：《医疗损害责任的因果关系证明及举证责任》，《法学》2009 年第 1 期。

易延友：《证据法学的理论基础——以裁判事实的可接受性为中心》，《法学研究》2004 年第 1 期。

〔美〕约翰·J. 凯博思奇：《证据法典化、统一立法与分别立法》，封利强译，《证据科学》2008 年第 2 期。

云凤飞、提亚运：《"幽灵抗辩"的应对——以蒋某盗窃案为例》，《中国检察官》2015 年第 6 期。

张建伟：《排除非法证据的价值预期与制度分析》，《中国刑事法杂志》2017 年第 4 期。

张建伟：《证据法学的理论基础》，《现代法学》2002年第2期。

张建伟：《自白任意性规则的法律价值》，《法学研究》2012年第6期。

张俊岳：《"大数据"背景下侦查工作的变革》，《北京警察学院学报》2014年第4期。

张南宁：《科学证据可采性标准的认识论反思与重构》，《法学研究》2010年第1期。

张卫平：《认识经验法则》，《清华法学》2008年第6期。

张卫平：《证明标准建构的乌托邦》，《法学研究》2003年第4期。

张卫平：《自由心证原则的再认识：制约与保障——以民事诉讼的事实认定为中心》，《政法论丛》2017年第4期。

张玉洁：《区块链技术的司法适用、体系难题与证据法革新》，《东方法学》2019年第1期。

郑戈：《区块链与未来法治》，《东方法学》2018年第3期。

郑曦：《〈反腐败公约〉规定的特殊侦查手段的实施状况与困境》，《中国刑事法杂志》2014年第1期。

郑昱：《论英美法系专家证人制度对我国的借鉴》，《海峡法学》2011年第2期。

周洪波：《实质证据与辅助证据》，《法学研究》2011年第3期。

周丽娜、曲磊：《刑事"幽灵抗辩"的诉讼应对》，《中国检察官》2015年第12期。

周新：《刑事电子搜查程序规范之研究》，《政治与法律》2016年第7期。

朱帅俊：《论电子证据之分类与传闻法则》，《司法新声》2018年总第99期。

竺常赟：《刑事诉讼严格证明与自由证明规则的构建》，《华东政法大学学报》2009年第4期。

纵博：《"孤证不能定案"规则之反思与重塑》，《环球法律评论》2019年第1期。

左卫民：《"热"与"冷"：非法证据排除规则适用的实证研究》，《法商研究》2015年第3期。

左卫民：《反思过度客观化的重罪案件证据裁判》，《法律科学》2018年第6期。

五 外文期刊论文

Adam Wolfson, "Electronic Fingerprints: Doing Away with the Conception of Computer-Generated Records as Hearsay", *Michigan Law Review*, Vol. 104, No. 1, 2005.

Andrew Guthrie Ferguson, "Big Data and Predictive Reasonable Suspicion", *University of Pennsylvania Law Review*, Vol. 163, No. 2, 2015.

Anthony Davidson Gray, "The Presumption of Innocence under Attack", *New Criminal Law Review*, Vol. 20, No. 4, 2017.

Christopher Slobogin, "Lying and Confessing", *Texas Tech Law Review*, Vol. 39, No. 4, 2007.

Clarence Watson et al., "False Confessions, Expert Testimony, and Admissibility", *The Journal of the American Academy of Psychiatry and the Law*, Vol. 38, No. 2, 2010.

C. M. A. McCauliff, "Burdens of Proof: Degrees of Belief, Quanta of Evidence, or Constitution Guarantees?", *Vanderbilt Law Review*, Vol. 35, No. 6, 1982.

Daniel Epps, "The Consequences of Error in Criminal Justice", *Harvard Law Review*, Vol. 128, No. 4, 2015.

Daniel J. Capra, "Electronically Stored Information and the Ancient Documents Exception to the Hearsay Rule: Fix It Before People Find Out About It", *Yale Journal of Law & Technology*, Vol. 17, No. 1, 2015.

Danielle E. Chojnacki et al., "An Empirical Basis for the Admission of Expert Testimony on False Confessions", *Arizona State Law Journal*, Vol. 40, No. 1, 2008.

David H. Kaye, "Digging into the Foundations of Evidence Law", *Michigan Law Review*, Vol. 115, No. 6, 2017.

David P. Bryden, Sonja Lengnick, "Rape in the Criminal Justice System", *Journal of Criminal Law and Criminology*, Vol. 87, No. 4, 1997.

Deborah Paruch, "Testimonial Statements, Reliability, and the Sole or Decisive Evidence Rule: A Comparative Look at the Right of Confrontation in the United States, Canada, and Europe", *Catholic University Law Review*, Vol. 67, No. 1,

2018.

Eve Brensike Primus, "The Future of Confession Law: Toward Rules for the Voluntariness Test", *Michigan Law Review*, Vol. 114, No. 1, 2015.

Franziska Gorlitz et al., "The Legal Issue of Entrapment in Germany and Possible Solutions", *German Law Journal*, Vol. 20, No. 4, 2019.

Irina Khasin, "Honesty is the Best Policy: A Case for the Limitation of Deceptive Police Interrogation Practices in the United States", *Vanderbilt Journal of Transnational Law*, Vol. 42, No. 3, 2009.

John D. Lanue, "Electronic Surveillance and Conversations in Plain View: Admitting Intercepted Communications Relating to Crimes Not Specified in The Surveillance Order", *Notre Dame Law Review*, Vol. 65, No. 3, 1999.

Lisa Kern Griffin, "Silence, Confessions, and The New Accuracy Imperative", *Duke Law Journal*, Vol. 65, No. 4, 2016.

Orin S. Kerr, "Digital Evidence and The New Criminal Procedure", *Columbia Law Review*, Vol. 105, No. 1, 2005.

R. C. L. Lindsay et al., "The Importance of Knowing How a Person Became the Suspect in a Lineup: Multiple Eyewitness Identification Procedures Increase the Risk of Wrongful Conviction", *Manitoba Law Journal*, Vol. 40, No. 3, 2017.

Steven E. Clark et al., "Legitimacy, Procedural Justice, Accuracy, and Eyewitness Identification", *UC Irvine Law Review*, Vol. 8, No. 1, 2018.

Steven W. Teppler, "Digital Data as Hearsay", *Digital Evidence and Electronic Signature Law Review*, Vol. 6, 2009.

S. M. Kassin, R. J. Norwick, "Why People Waive their Miranda Rights: The Power of Innocence", *Law & Human Behavior*, Vol. 28, No. 2, 2004.

六　法院裁判

澳门特别行政区初级法院第 CR2 - 18 - 0329 - PCS 号独任庭普通刑事案裁判书。

澳门特别行政区中级法院第 10/2002 号刑事诉讼程序上诉案裁判书。

澳门特别行政区中级法院第 10/2006 号刑事诉讼程序上诉案裁判书。

澳门特别行政区中级法院第 1098/2017 号刑事诉讼程序上诉案裁判书。

澳门特别行政区中级法院第1118/2017号刑事诉讼程序上诉案裁判书。

澳门特别行政区中级法院第113/2003号刑事诉讼程序上诉案裁判书。

澳门特别行政区中级法院第114/2003号刑事诉讼程序上诉案裁判书。

澳门特别行政区中级法院第125/2005号刑事诉讼程序上诉案裁判书。

澳门特别行政区中级法院第143/2002号刑事诉讼程序上诉案裁判书。

澳门特别行政区中级法院第147/2006号刑事诉讼程序上诉案裁判书。

澳门特别行政区中级法院第162/2002号刑事诉讼程序上诉案裁判书。

澳门特别行政区中级法院第167/2004号行政、税务及海关方面司法裁判上诉案裁判书。

澳门特别行政区中级法院第175/2002号刑事诉讼程序上诉案裁判书。

澳门特别行政区中级法院第178/2012号民事及劳动诉讼程序上诉案裁判书。

澳门特别行政区中级法院第224/2013号刑事诉讼程序上诉案裁判书。

澳门特别行政区中级法院第23/2007号民事及劳动诉讼程序上诉案裁判书。

澳门特别行政区中级法院第242/2001号刑事诉讼程序上诉案裁判书。

澳门特别行政区中级法院第257/2018号民事及劳动诉讼程序上诉案裁判书。

澳门特别行政区中级法院第267/2004号民事及劳动诉讼程序上诉案裁判书。

澳门特别行政区中级法院第274/2005号司法上诉案裁判书。

澳门特别行政区中级法院第287/2005号刑事诉讼程序上诉案裁判书。

澳门特别行政区中级法院第303/2018民事及劳动诉讼程序上诉案裁判书。

澳门特别行政区中级法院第32/2005号民事诉讼程序上诉案裁判书。

澳门特别行政区中级法院第33/2019号刑事诉讼程序上诉案裁判书。

澳门特别行政区中级法院第368/2014号刑事诉讼程序上诉案裁判书。

澳门特别行政区中级法院第379/2018号刑事诉讼程序上诉案裁判书。

澳门特别行政区中级法院第39/2002－I号刑事诉讼程序上诉案裁判书。

澳门特别行政区中级法院第41/2001号司法上诉案裁判书。

澳门特别行政区中级法院第44/2005号刑事诉讼程序上诉案裁判书。

澳门特别行政区中级法院第449/2016号民事及劳动诉讼程序上诉案裁判书。

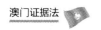

澳门特别行政区中级法院第 451/2017 号刑事诉讼程序上诉案裁判书。

澳门特别行政区中级法院第 517/2017 号刑事诉讼程序上诉案裁判书。

澳门特别行政区中级法院第 53/2005 号刑事诉讼程序上诉案裁判书。

澳门特别行政区中级法院第 532/2019 号刑事诉讼程序上诉案裁判书。

澳门特别行政区中级法院第 550/2014 号刑事诉讼程序上诉案裁判书。

澳门特别行政区中级法院第 553/2015 号民事及劳动诉讼程序上诉案裁判书。

澳门特别行政区中级法院第 554/2014 号刑事诉讼程序上诉案裁判书。

澳门特别行政区中级法院第 56/2010 号刑事诉讼程序上诉案裁判书。

澳门特别行政区中级法院第 582/2018 号民事及劳动诉讼程序上诉案裁判书。

澳门特别行政区中级法院第 590/2017 号刑事诉讼程序上诉案裁判书。

澳门特别行政区中级法院第 592/2016 号刑事诉讼程序上诉案裁判书。

澳门特别行政区中级法院第 594/2016 号民事及劳动诉讼程序上诉案裁判书。

澳门特别行政区中级法院第 623/2010 号刑事诉讼程序上诉案裁判书。

澳门特别行政区中级法院第 652/2010 号刑事诉讼程序上诉案裁判书。

澳门特别行政区中级法院第 660/2012 号刑事诉讼程序上诉案裁判书。

澳门特别行政区中级法院第 67/2018 号刑事诉讼程序上诉案裁判书。

澳门特别行政区中级法院第 672/2012 号民事及劳动诉讼程序上诉案裁判书。

澳门特别行政区中级法院第 678/2017 号刑事诉讼程序上诉案裁判书。

澳门特别行政区中级法院第 690/2016 号司法上诉案裁判书。

澳门特别行政区中级法院第 719/2018 号刑事诉讼程序上诉案裁判书。

澳门特别行政区中级法院第 722/2015 号刑事诉讼程序上诉案裁判书。

澳门特别行政区中级法院第 74/2018 号刑事诉讼程序上诉案裁判书。

澳门特别行政区中级法院第 778/2012 号司法上诉案裁判书。

澳门特别行政区中级法院第 784/2018 号刑事诉讼程序上诉案裁判书。

澳门特别行政区中级法院第 793/2016 号民事及劳动诉讼程序上诉案裁判书。

澳门特别行政区中级法院第 795/2015 号行政、税务及海关方面上诉案裁判书。

澳门特别行政区中级法院第797/2014号刑事诉讼程序上诉案裁判书。

澳门特别行政区中级法院第8/2005号刑事诉讼程序上诉案裁判书。

澳门特别行政区中级法院第822/2018号民事及劳动诉讼程序上诉案裁判书。

澳门特别行政区中级法院第826/2018号刑事诉讼程序上诉案裁判书。

澳门特别行政区中级法院第833/2011号刑事诉讼程序上诉案裁判书。

澳门特别行政区中级法院第885/2017号刑事诉讼程序上诉案裁判书。

澳门特别行政区中级法院第899/2016号民事及劳动诉讼程序上诉案裁判书。

澳门特别行政区中级法院第900/2018号民事及劳动诉讼程序上诉案裁判书。

澳门特别行政区中级法院第924/2015号刑事诉讼程序上诉案裁判书。

澳门特别行政区中级法院第99/2018号刑事诉讼程序上诉案裁判书。

澳门特别行政区终审法院第10/2002号刑事诉讼程序上诉案裁判书。

澳门特别行政区终审法院第11/2007号行政司法上诉案裁判书。

澳门特别行政区终审法院第12/2002号司法上诉案裁判书。

澳门特别行政区终审法院第12/2006号民事诉讼程序上诉案裁判书。

澳门特别行政区终审法院第12/2015号刑事诉讼程序上诉案裁判书。

澳门特别行政区终审法院第13/2001号刑事诉讼程序上诉案裁判书。

澳门特别行政区终审法院第13/2012号行政司法上诉案裁判书。

澳门特别行政区终审法院第17/2003号行政司法上诉案裁判书。

澳门特别行政区终审法院第17/2016号刑事诉讼程序上诉案裁判书。

澳门特别行政区终审法院第18/2010号刑事诉讼程序上诉案裁判书。

澳门特别行政区终审法院第27/2010号刑事诉讼程序上诉案裁判书。

澳门特别行政区终审法院第3/2018号行政司法上诉案裁判书。

澳门特别行政区终审法院第31/2007号刑事诉讼程序上诉案裁判书。

澳门特别行政区终审法院第41/2012号行政司法上诉案裁判书。

澳门特别行政区终审法院第5/2004号行政上诉案裁判书。

澳门特别行政区终审法院第6/2002号刑事诉讼程序上诉案裁判书。

澳门特别行政区终审法院第7/2003号刑事诉讼程序上诉案裁判书。

台湾板桥地方法院2002年度诉字第1028号刑事判决书。

台湾高雄地方法院2005年度诉字第1498号判决书。

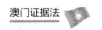
台湾高雄地方法院 2005 年度易字第 1930 号判决书。

台湾高雄地方法院 2016 年度易字第 110 号案裁判书。

台湾台北地方法院 2000 年度诉字第 929 号刑事判决书。

台湾台北地方法院 2003 年度诉字第 1411 号刑事判决书。

台湾台北地方法院 2003 年度诉字第 2083 号刑事判决书。

台湾台北地方法院 2004 年度诉字第 588 号刑事判决书。

台湾台北地方法院 2006 年度诉字第 79 号刑事判决书。

香港特别行政区区域法院刑事案件 2015 年第 403 号案裁判书。

七 法律法规

卞建林主编《刑事证据制度：外国刑事诉讼法有关规定/〈世界各国刑事诉讼法〉分解资料丛书》，中国检察出版社，2017。

陈卫东主编《刑事立案与侦查：外国刑事诉讼法有关规定/〈世界各国刑事诉讼法〉分解资料丛书》，中国检察出版社，2017。

孙谦主编《刑事审判制度：外国刑事诉讼法有关规定/〈世界各国刑事诉讼法〉分解资料丛书》，中国检察出版社，2017。

后 记

　　不知不觉，《澳门证据法》已经是我的第四本个人专著了，前三本分别是《刑事冤案问题研究》《澳门司法制度新论》《欧陆传统与本地意识：澳门刑事法改革研究》。不难发现，我近年来的研究重点是澳门法律制度，而且是逐步具体化、深入化。坦白说，在这几本书中，我觉得《澳门证据法》的写作难度是比较大的。究其原因，首先是相关规定比较分散，不易从整体上掌握和运用；其次是之前没有人系统研究过，因而资料不多；再次是澳门保持了欧洲大陆法系传统，坚持法官自由心证，相对而言，证据法不如英美法系甚至不如内地或者台湾地区发达；最后就是证据法的技术性很强，且具有跨学科的特点，对于某些知识领域，自己了解和研究的不够。所幸的是，澳门特别行政区三级法院的裁判文书提供了极好的研究素材，从中可以发现和总结司法实践对证据的运用规律。

　　实际上，澳门和内地虽然同属大陆法系，但是法律观念、制度设计、相关配套等存在不小的差异。经过多年的观察和思考，我深深体会到，就各地法律制度进行跨域比较研究时，不能站在自己的角度或立场去理解对方，而应该立足于当地的历史和现实去理解其立法及实践，可能才是最符合其本意的，否则就可能产生误解。即便是相同或类似的概念、规则，但由于制度背景或适用主体的不同，也会有不同的内涵和解读。澳门虽小，但是其法律制度可以说在全世界是独一无二的。一方面澳门保留了欧洲大陆法系的传统，四百多年的历史奠定了澳门法律制度的底色；另一方面在澳门特别行政区政府和法律界人士的共同努力下，澳门法律制度又结合本地实际进行了许多改革和创新。在"一国两制"的前提下，这种法律制度具有极强的生命力，也具有其独特的价值。

就证据法而言，澳门与内地、香港及台湾地区呈现不同的历史传统、立法设计和实务操作。很难说孰优孰劣，其中的差异正是研究价值所在。回顾人类社会的证据制度发展史，我更是感慨万千。生产力低下时期的神示证据制度被法定证据制度所取代，过于机械、扼杀法官自由裁量权的法定证据制度又受到诟病，最终走向自由心证主义。不过，随着社会的发展以及两大法系的互相学习借鉴，自由心证也逐步受到影响，英美法系证据法中的证据规则也受到大陆法系的推崇。相比之下，澳门的证据法律制度发展相对缓慢，面对现代科技尤其是互联网、大数据、区块链等技术的强烈冲击，证据法甚至其他法律该何去何从，如何与时俱进，是需要所有法律人去思考的。当然，我的研究只是一个开始，希望有更多法律界同仁持续关注和研究相关问题。

最后，要表达一下感谢之情。自从 2008 年来到澳门，我见证了澳门法律本地化十余年的发展，在此期间也得到了很多老师和朋友的关心和支持。澳门基金会为我的多本专著提供了资助，其工作人员总是耐心解答问题、协助沟通联络，为澳门科学研究工作的发展付出了极大努力，也给予我很多肯定和鼓励，《欧陆传统与本地意识：澳门刑事法改革研究》一书在"第五届澳门人文社会科学研究优秀成果奖"评选中获得著作类"优异奖"。特别感谢澳门基金会和所有的工作人员！也感谢我的工作单位澳门科技大学！澳门特别行政区政府高等教育局曾公开选拔高校教师赴英国剑桥大学、葡萄牙科英布拉大学进修，我有幸两次被选中，这些活动开拓了我的学术视野。衷心感谢澳门特别行政区政府对于高校教师工作的支持！此外，澳门法律工作者联合会、濠江法律学社、澳门刑事法研究会、澳门学者同盟、中国政法大学澳门校友会、澳门环境资源法学研究会等社团的朋友也给予我很多帮助，非常感谢！还有那些虽然不在澳门但是从四面八方给予我关怀的老师和朋友们，尤其是恩师陈光中先生以及母校中国政法大学的老师和同门、同学们（名单太长，就不一一列举了），是你们让我有机会在人生的道路上一路成长！陈先生 90 岁高龄仍然笔耕不辍，是我永远学习的榜样。还有我的家人和朋友们，非常感谢你们一直以来的陪伴、理解和付出！

赵琳琳

2021 年 4 月

澳门特别行政区法律丛书书目

澳门特别行政区基本法新论　　　　　　　　骆伟建/著

澳门刑法概说（犯罪通论）　　　　　　　　赵国强/著

澳门刑事诉讼法分论　　　　　　　　　　　邱庭彪/著

澳门公司法论　　　　　　　　　　　　　　冷铁勋/著

澳门国际私法　　　　　　　　　　　　　　涂广建/著

澳门的居留及身份认别制　　　　　　　度陈海帆/著

澳门刑法各论（上）　　　　　　　　　　　赵国强/著

澳门物权法　　　　　　　　　　　　　　　艾林芝/著

澳门选举制度　　　　　　　　　　　　　　赵向阳/著

国际公法学　　　　　　　　　　　　　　　刘高龙/著

澳门博彩法律制度　　　　　　　　　　　　邱庭彪/著

澳门税法制度　　　　　　　　　　　　　　李莉娜/著

民法一般论题与《澳门民法典》总则（上册）　唐晓晴/编著

澳门特别刑法概论　　　　　　　　　　　　方　泉/著

澳门刑事诉讼法分论（修订版）　　　　　　邱庭彪/著

澳门司法制度新论　　　　　　　　　　　　赵琳琳/著

澳门商法　　　　　　　　　　　　曹锦俊　刘耀强/著

澳门教育制度与受教育权保护　　　　　　　张雪莲/著

澳门个人资料保护制度　　　　　杨崇蔚　廖志汉　廖志聪/著

澳门刑事诉讼法总论　　　　　　　　　　　李　哲/著

澳门金融法律制度　　　　　　　　　　　　欧阳琦/著

澳门刑法总论　　　　　　　　　　　　　　徐京辉/著

澳门民事诉讼法概论：宣告之诉　　　　　　　邱庭彪/著

澳门法制史新编　　　　　　　　　　　　　　何志辉/著

澳门民事执行诉讼制度　　　　　　　　　除滏添　钟小瑜/著

民法典一般论题与《澳门民法典》总则（下册）　唐晓晴　苏建峰　吴奇琦/编著

澳门劳动法概论　　　　　　　　　　　　　　苏建峰/著

澳门刑法概说：犯罪通论（修订版）　　　　　赵国强/著

图书在版编目(CIP)数据

澳门证据法 / 赵琳琳著. -- 北京：社会科学文献
出版社，2022.12
（澳门特别行政区法律丛书）
ISBN 978 - 7 - 5228 - 1039 - 3

Ⅰ.①澳… Ⅱ.①赵… Ⅲ.①证据 - 法学 - 澳门
Ⅳ.①D927.659.511.3

中国版本图书馆 CIP 数据核字(2022)第 213777 号

·澳门特别行政区法律丛书·

澳门证据法

著　　者 / 赵琳琳

出 版 人 / 王利民
责任编辑 / 王晓卿
责任印制 / 王京美

出　　版 / 社会科学文献出版社·当代世界出版分社 (010)59367004
　　　　　　地址：北京市北三环中路甲 29 号院华龙大厦　邮编：100029
　　　　　　网址：www.ssap.com.cn
发　　行 / 社会科学文献出版社 (010) 59367028
印　　装 / 三河市龙林印务有限公司

规　　格 / 开　本：787mm × 1092mm　1/16
　　　　　　印　张：19.5　字　数：327 千字
版　　次 / 2022 年 12 月第 1 版　2022 年 12 月第 1 次印刷
书　　号 / ISBN 978 - 7 - 5228 - 1039 - 3
定　　价 / 98.00 元

读者服务电话：4008918866